지식 기반 사회의

자기표현과 글쓰기

자기표현과 글쓰기

지식 기반 사회의

자기표현과 글쓰기

자기표현과 글쓰기 편찬위원회

세상과 소통하는 지혜 도서출판 경진

머리말

네트워크 사회의 글쓰기와 말하기

1990년대 이래 한국사회는 급속한 구조적 변화를 겪고 있다. '산업사회에서 지식기반 사회로'라는 슬로건으로 요약되는 근자의 사회 변화는 한국인의 삶을 뿌리에서부터 뒤흔들고 있다. 산업의 중심이 제조업에서 부가가치가 높은 지식산업이나 문화산업으로 이동하고 있고, 가치관의 중심 또한 집단에서 개인으로 이동하고 있다. 그에 따라 한국인의 정체성이나 삶의 양식도 급격한 변화의 몸살을 앓게 되었다. 말하자면 과거의 정체성과 삶의 양식은 무너지고 있는데, 새로운 정체성과 삶의 양식은 아직 정립되지 않은 과도기의 국면에 한국인들이 처해 있다는 것이다. 따라서 새로운 시대에 맞는 새로운 정체성을 세우고 새로운 삶의 양식을 형성하는 것이 초미의 과제가 되었거니와 인생의 성패 역시 이 문제에 달려 있다고 해도 지나치지 않을 것이다.

새로운 정체성과 삶의 양식을 정립하기 위해서는 무엇보다 이러한 변화의 핵심이 무엇인가를 간파해야 한다. 이와 관련하여 사회적 관계의 방식이 바뀌고 있는 데 주목할 필요가 있다. 특히 한국사회가 시스템사회에서 네트워크사회로 재편되고 있다는 사실은 결정적 의미를 갖는다. 시스템사회란 개체보다 전체를 중시하고 수직적 위계를 기반으로 하는 사회이다. 반면에 네트워크사회란 전체보다 개체를 중시하고 수평적 관계를 기반으로 하는 사회이다. 그래서 시스템사회에서는 명령과 복종이 관계의 기본 방식을 이루는 데 비해 네트워크사회에서는 소통과 협력이 관계의 기본 방식이 된다. 가령 기업을 비롯한 각종의 사회 기구들이 팀제를 적극 도입하고 있는 것도 네트워크사회의 한 징표라 할 수 있다. 팀제는 상명하달 식의 수직적 위계에서 벗어나 개인의 자율성을 최대한 보장하는 수평적 관계 형태라는 점에서 그러하다. 이렇게 개인의 자율성을 최대한 보장하는 까닭은 명령/복종보다 소통/협력이 생산성의 향상에 훨씬 도움이 된다는 판단 때문이다.

시스템사회에서 네트워크사회로의 변화는 대중 지성의 출현과 밀접한 관련을 맺고 있다. 한국인의 교육열은 세계적으로 유명하다. 게다가 자본주의의 고도화에 따른 경쟁의 격화는 거기에 기름을 부었다. 그에 따라 대학 진학률이 세계 최상위를 기록할 정도로 한국의 고등교육은 보편화되어 있다. 이러한 현상은 한편으로는 한국인들의 삶이 각박하다는 사실을 암시한다. 말하자면 살벌한 경쟁에서 살아남기 위한 고육지책으로 대다수의 한국인들이 교육을 택한 것이다. 하지만 다른 한편으로 높은 교육열은 대중 지성의 양산을 낳았다. 과거의 지식인은 소수 엘리트였다. 하지만 이제는 대중이 곧 지식인이라 할 수 있다. 대중의 지적 수준이 그만큼 높아진 것이다. 인터넷 게시판이나 토론방을 보면, 사이버 지식인들이 넘쳐흐른다. 이들은 전통적인 관점에서 보자면 대중이지만, 전통적 지식인 못지않은 전문 지식과 교양을 갖추고 있다. 그런 점에서 이들은 대중인 동시에 지식인, 곧 대중 지성이라 할 수 있다.

대중 지성이 한국사회 곳곳에 편재하면서 과거와 같은 상명하달 시스템은 존립하기 어렵게 되었다. 지식인인 대중이 일방적 명령/복종의 관계를 받아들이지 않기 때문이다. 1987년 이래 빠르게 진척되어 온 한국사회의 민주화 또한 명령/복종 관계의 해체에 크게 기여했다. 민주주의란 기본적으로 사회적 관계를 평등화하는 체제이다. 당연히 한국사회의 민주화는 수직적 관계를 수평적 관계로 전환시키는 제도적 기반이 돼주었다. 그런 점에서 민주주의와 대중 지성은 선순환적 관계를 맺으면서 한국사회를 아래로부터 바꿔나가는 새로운 역사를 만들고 있다.

네트워크사회는 바로 그러한 아래로부터의 변화의 산물이라 할 수 있다. 그런 만큼 네트워트사회는 개인의 자율성을 존중하고 소통과 협력을 중시하며 수평적 관계를 바탕으로 하는 사회이다. 따라서 네트워크사회에서는 수평적 소통이 모든 인간관계의 기본형이 된다. 자기표현이 중요한 것은 그래서이다. 인간과 인간의 관계 맺기가 수평적 소통에 의거한다면, 자기표현은 인간관계의 핵심을 이루게 된다. 소통이라는 것 자체가 자기표현과 자기표현의 만남 없이는 불가능하기 때문이다. 그렇게 보면, 자기표현과 자기표현의 만남을 통해 소통이 이루어지고, 무수한 소통들이 얽히면서 거대한 네트워크가 형성되는 사회가 곧 네트워크사회인 셈이다. 그런 점에서 자기표현은 네트워크사회의 토대라 할 수 있다.

자기표현의 능력이 사회적 경쟁력의 필수요건인 것은 그래서이다. 자기표현의 능력을 갖추지 못한 사람은 제대로 된 소통을 해나가기 어렵다. 상명하달의 시스템사회에서는 명령 받은 사항만 잘 이행하면 되었고, 그러므로 명령을 제대로 수행할 수 있는 전문지식이나 숙련 기술의 확보가 경쟁력의 요건이었다. 하지만 소통과 협력이 관건인 네트워크사회에서는 소통과 협력을 수행하는 능력 없이는 살아가기 힘들다. 네트워크를 만들 수 없기 때문이다. 시스템의 구성과 유지는 명령/복종의 수직적 질서만으로 가능하지만, 네트워크의 구성과 유지는 그렇지 않다. 따라서 소통을 수행하는 능력의 기초인 자기표현의 능력이 네트워크 사회를 살아가는 필수요건이 되는 것이다. 기업의 입사시험에서 갈수록 자기소개서와 면접의 비중이 커지고 있는 것도 그와 관련이 깊다. 자기표현의 능력을 가장 정확하게 판정할 수 있는 것이 글과 말이기 때문이다. 각종 국가고시에서 논술시험을 중시하는 것도 마찬가지 이유에서이다. 네트워크사회가 발달하면 발달할수록 이러한 경향은 더욱 심화될 것이다. 요컨대 자기표현의 능력은 앞으로 더욱 중요해질 것이라는 말이다.

이 책은 네트워크사회를 살아가는 필수요건인 자기표현의 능력을 길러주기 위해 준비되었다. 그에 맞춰 집필의 기본 방향을 두 가지로 잡았다.

첫째, 이론보다는 실습에 중점을 둔다. 학생들에게 정작 필요한 것은 이론이 아니라 실제적 글쓰기 능력이다. 글쓰기 관련 책들은 기왕에 많이 나와 있지만, 대부분이 이론 중심인 데다 그마저도 외국 것에 지나치게 의존하고 있어 한국의 학생들에게 실질적인 도움이 되지 못하고 있다. 글쓰기를 업으로 삼을 소수의 사람들을 제외하고는, 대다수의 학생이나 일반인들에게 글쓰기에 관한 이론은 하등 필요가 없다. 이들에게 중요한 것은 실질적인 자기표현력인데, 이를 위해서는 글쓰기를 한 번이라도 더 해보는 것이 훨씬 도움이 된다. 따라서 이 책은 학생들이 글을 쓸 때 겪게 되는 구체적인 어려움들을 생각하면서 그에 대한 실질적인 도움을 주고자 했으며, 연습문제를 많이 실어 학생들이 실제적인 글쓰기를 되도록 많이 해볼 수 있도록 했다.

둘째, 단계별 글쓰기를 유도한다. 자기표현은 일상의 영역에서 문학의 영역에 이르기까지 다양하게 존재한다. 크게 보면, 자기표현은 일상/논리/창의의 세 영역으로 나눌 수 있다. 세 영역은 서로 긴밀히 연관되어 있으며, 각각의 영역들이 단계별로 연결되어 있다. 일상적 글쓰기－논리적 글쓰기－창의적 글쓰기의 단계로 책의 순서를 구성한 것은 그래서이다. 논리적 글쓰기만 열심히 한다고 해서 논리적 글쓰기 능력이 만들어지는 것이 아니다. 일상적 글쓰기 단계를 충실히 거치고 창의적 글쓰기 단계까지 나아갈 때 논리적 글쓰기 능력도 향상되는 것이다. 일상적 글쓰기도 마찬가지다. 일상적 글쓰기에서 멈춰서는 일상적 글쓰기 능력의 향상을 기대할 수 없다. 논리적 글쓰기와 창의적 글쓰기까지 진척되어야 비로소 일상적 글쓰기 능력이 제대로 갖춰진다. 일상적 글쓰기 속에는 논리적 글쓰기와 창의적 글쓰기가 중첩되어 있기 때문이다. 논리적 글쓰기 능력과 창의적 글쓰기 능력 없이는 온전한 자기소개서 하나도 쓰기 힘든 것은 그래서이다.

이 책의 또 하나의 특징은 '토론과 발표'라는 장을 집어넣은 것이다. 자기표현에서 글쓰기 못지않게 중요한 것이 말하기이다. 특히 소통 지향의 네트워크사회에서는 토론과 발표의 능력이 필수적이다. 대부분의 의사소통이 토론과 발표를 통해 이루어지기 때문이다. 그래서 이 책은 '토론과 발표'라는 장을 넣어 말하기 능력을 키우는 데 도움을 주고자 했다. '토론과 발표' 역시 실습에 주안점을 두었으며, 토론과 발표의 실제 상황을 상정해 그때그때의 상황에 맞는 토론과 발표의 능력을 길러주는 데 논의의 초점을 맞추었다. 나아가 이 책은 말하기를 글쓰기에 연계시킴으로써 말하기 능력과 글쓰기 능력의 동반 향상이 가능하도록 해놓았다. 말하기와 글쓰기는 별개의 활동이 아니라 자기표현의 두 측면이다. 그런 점에서 둘은 동전의 앞뒷면과 같은 관계라 할 수 있다. 따라서 말하기와 글쓰기는 상호보완적으로 훈련할 때 최대한의 효과를 거둘 수 있는 법이다.

이 책의 집필은 각 장을 해당 분야의 전문가들이 맡아 쓰고, 그것들을 함께 검토한 후 수정·보완해 완성하는 방식으로 이루어졌다. 공동 집필의 방식을 취한 것은 전문성과 체계성을 동시에 확보하기 위해서였다. 요컨대 각각의 장은 그 분야 전문가가 맡아 집필함으로써 전문성을 극대화하고, 그것들을 토론과 검토를 통해 수정하고 보완함으로써 전체적 조화와 균형을 잡고자 한 것이다. 각 장의 집필자는 다음과 같다. '일상적 글쓰기'의 1·4·5절 박경주 선생님, 2·3절 최경봉 선생님, '논리적 글쓰기' 홍성우 선생님, '학술적 글쓰기' 황설중 선생님, '창의적 글쓰기'의 1·2절 강연호 선생님, 3·4절 정영길 선생님, '토론과 발표' 하정일 선생님.

책이 만들어지기까지 도서출판 경진 양정섭 대표와 편집부 여러분의 노고가 많았다. 이 자리를 빌려 감사의 말씀을 전한다. 이 책이 대학생들에게는 자기표현의 능력을 키워주는 적절한 교재가, 일반인들에게는 네트워크사회를 지혜롭게 살아가도록 도와주는 좋은 교양서가 되었으면 하는 바람이다.

2009년 7월

자기표현과 글쓰기 편찬위원회

차 례

논리적 글쓰기

학술적 글쓰기

창의적 글쓰기

토론과 발표

일상적 글쓰기

1. 글쓰기의 절차

1.1. 글쓰기 절차의 이론과 실제

여기서는 글을 쓰는 절차에 대해 각 단계별로 필요한 개념과 구체적 내용을 설명하려 한다. 일반적으로 글쓰기 절차상에 있어서 주제를 설정하고 그에 따른 개요를 작성한 후 구성방법을 결정하는 과정이 집필 전에 반드시 이루어져야 한다. 이어서 실제적인 집필에 들어가게 되며 집필이 끝난 후에는 퇴고의 과정을 거치는 것으로 글쓰기가 최종 마무리 된다.

1.1.1. 주제 설정

어떤 글을 쓰고자 할 때 가장 먼저 해야 할 일은 자신이 쓰고자 하는 내용의 핵심을 정리하는 일이다. 자유롭게 글을 쓸 때는 자신의 생각대로 주제를 정하면 되지만, 특정의 영역을 제시한 후 그 안에서 주제를 정해 글을 쓰도록 하는 경우라면 주어진 영역 안에서 사회적으로 보편성을 가지면서도 자기만의 개성이 발휘될 수 있는 주제를 찾는 모색의 과정이 필요하다. 평소 다양한 영역의 책을 읽고 생각을 정리해 왔다면 주제 설정 단계에서 큰 도움을 받을 수 있다. 주어진 영역 내에서 쉽게 주제가 떠오르지 않는다면 그 영역과 연관된 단어들을 계속적으로 연상해 거미줄처럼 연결시켜보는 마인드맵mind-map을 이용해 주제를 찾아보는 것도 효과적인 방법이 된다. 주제 설정 단계에서 글쓰는 사람의 생각 못지않게 중요한 것이 또한 글을 읽는 사람에 대한 고려이다. 독자를 크게 배려하지 않아도 되는 편안한 장르의 글이라면 별로 문제가 되지 않지만, 특정 독자를 의식하면서 써야 하는 장르의 글이라면 독자의 성향이나 요구를 자세히 파악하여 주제에 반영하는 태도가 필요하다.

일단 주제가 정해지면 이를 문면으로 드러내어 정리해 두어야 한다. 그렇게 하지 않을 경우 이후 단계에서 주제에 대한 집중이 흐려지면서 글이 산만해질 염려가 있기 때문에 정해진 주제를 함축하는 제목을 정하고 이를 한 개의 문장으로 정리해 주제문을 작성해야 한다. 간혹 제목의 경우는 글을 다 쓴 후 다시 약간의 수정을 거칠 수도 있지만 앞으로 진행될 글쓰기 과정의 통일성을 위해 일단 가제假題 형태로라도 정해 놓고 다음 단계로 들어갈 필요가 있다. 주제문의 경우는 한 개의 완결된 문장 형태로 정리되어야 하며, 집필할 글의 내용을 상세하면서도 압축시켜 표현할수록 훌륭한 주제문이라 할 수 있다. 주제문에 담길 내용이 여러 가지라고 생각되면 두세 문장의 단문을 연결어미를 사용하여 이어줌으로써 복합문의 형태로 작성해도 좋다. 다음 두 가지 경우의 주제(제목)와 주제문을 통해 주제문 작성의 요령을 알아보도록 하자.

① **제목: 우리나라 출산율 감소의 원인과 대책**

주제문: 우리나라 출산율이 감소하는 가장 큰 원인으로는 취업여성의 육아문제와 높은 교육비를 들 수 있기 때문에 이에 대한 국가적 차원에서의 대책 마련이 시급하다.

② **제목: 바람직한 대학생활의 모색**

주제문: 바람직한 대학생활을 하기 위해서는 학업과 교우관계 및 다양한 사회적 흐름에 대한 관심이 줄곧 유지되어야 한다.

위에서 보듯이 일단 주제문은 주어와 서술어가 분명하게 드러나는 하나의 완결된 문장(평서문)으로 진술되어야 한다. 또한 무엇보다 중요한 것은 글쓰는 사람의 관점이나 생각이 구체적으로 드러나는 문장으로 진술되어야 한다는 점이다. 위 두 주제문에서는 각각 출산율 감소의 원인과 대책, 그리고 바람직한 대학생활을 유지하기 위한 방법에 대해 구체적인 사항까지 주제문에 포함시켰다. 단순히 "우리나라 출산율 감소의 원인과 대책에 대해 알아보자"라든가, "바람직한 대학생활을 하기 위한 방법을 모색하려 한다"라는 식의 문장은 주제만을 제시했을 뿐 구체적인 내용이 드러나지 않아 주제문으로서는 적합하지 않다. 이밖에도 주제문은 논거에 의해 증명될 수 있어야 하며 가급적이면 독창적인 견해가 드러나도록 진술되어야 하는데, 위의 주제문들은 문제에 대한 원인과 대책 및 방법에 대해 시사적으로 의미 있고 타당성 있는 내용을 담으면서도 글쓰는 사람의 창의적 발상까지 보여주고 있어 주제문으로서의 요건을 충실히 갖추고 있다고 볼 수 있다.

1.1.2. 개요 작성

주제 설정 단계가 완료되면 중심 생각들을 연결해 글의 뼈대를 세우는 과정을 거쳐야 하는데, 이를 개요 작성의 단계라고 한다. 글을 모두 몇 개의 장으로 구성할지 결정하고 각 장의 중심 내용을 작성하며 장 별로 하위 층위에 속하는 절의 수와 내용을 정하고 긴 글의 경우에는 그 하위 층위인 항과 목에 대해서도 생각해야 한다. 개요를 자세히 작성해 두면 집필 단계에서 크게 고민하지 않고 수월하게 글을 써나갈 수 있다. 개요에는 그 내용을 한 개의 완결된 문장 형태로 표시하는 문장식 개요와 제목과 같이 명사나 명사형으로 끝나는 형태로 표시하는 화제식 개요의 두 가지 종류가 있다. 개요를 작성할 때는 일반적으로 지켜야 하는 주의 사항이 있는데, 이에 대해 알아두면 효과적으로 개요를 짜는데 도움이 된다.

개요 작성의 주의 사항

① 상위 항목과 하위 항목의 관계가 선명하게 드러나도록 작성한다.

② 각 항목에 사용되는 부호와 배열 순서를 통일한다.

③ 주제가 뚜렷하게 드러나도록 한다.

④ 하위 항목의 번호는 하위 항목이 둘 이상이 있을 때에 부여하며 하나밖에 없는 하위 항목에는 번호를 부여할 수 없다.

⑤ 동일 계통의 항목번호를 가지는 항목들은 서로 대등한 관계를 유지해야 한다.

⑥ 모든 항목들의 표현 형식은 화제나 문장 중 어느 하나로 통일되어야 한다.

아래의 개요는 앞서 주제 설정 단계에서 예로 들었던 두 가지 주제문에 의거하여 각각 화제식과 문장식으로 짜여진 것들이다. 화제식은 간명하게 핵심을 드러내는 장점이 있고 문장식은 글의 내용을 자세하게 드러내 보여준다는 장점이 있어 쓰고자 하는 글의 성격에 따라 두 가지 중에 선택할 수 있다.

화제식 개요

제 목: 우리나라 출산율 감소의 원인과 대책

주제문: 우리나라 출산율이 감소하는 가장 큰 원인으로는 취업여성의 육아문제와 높은 사교육비를 들 수 있기 때문에 이에 대한 국가적 차원에서의 대책 마련이 시급하다.

개 요: 1. 화제 제시—우리나라 출산율 감소에 대한 현황 보고

2. 원인 분석

2.1 고학력취업여성이 출산 후 아이를 맡길 곳이 없어 직장을 포기하는 사례 보고

2.2 높은 사교육비 때문에 출산 자체를 고민하는 부부의 사례 보고

3. 대책 마련

3.1 직장 내 어린이집이나 늦은 시간까지 아이를 봐주는 어린이집 등 보다 다양화된 육아시설의 확충이 요구됨

3.2 우리나라 교육 시스템에 대한 전면적인 재고가 필요함

4. 맺음말—요약과 전망

문장식 개요

제 목: 바람직한 대학생활의 모색

주제문: 바람직한 대학생활을 하기 위해서는 학업과 교우관계 및 다양한 사회적 흐름에 대한 관심이 줄곧 유지되어야 한다.

개 요: 1. 바람직한 대학생활을 영위하기 위한 방법을 모색해보자

2. 학업 면에서 꾸준한 성적 관리가 요구된다.

2.1 여러 기업체의 신입사원 채용에서 대학에서의 성적을 중요한 판단 기준으로 삼는다.

2.2 학과 수업은 장래 자신이 희망하는 바를 이루는 데 실제로 큰 보탬이 된다.

3. 좋은 교우 관계를 유지하기 위한 지속적인 노력이 필요하다.

3.1 대학에서의 친구는 사회에 나가서도 큰 힘이 될 수 있다.

3.2 교우관계를 통해 학업과 취업 준비에서 지친 심신을 위로받을 수 있다.

4. 교양인으로서 사회적 동향에 대한 관심을 가져야 한다.

4.1 개인으로서의 삶을 넘어서 사회적 삶에 대한 폭넓은 이해가 있어야 한다.

4.2 사회를 이끌어가는 선도자의 역할을 하기 위해 깊은 역사의식을 지녀야 한다.

5. 바람직한 대학생활은 이 모든 것을 꾸준히 추구해나가는 개인과 사회의 노력에 달려 있다.

1.1.3. 구성 방법

개요가 생각의 틀을 짜는 의식의 단계라면 구성은 개요를 문장으로 표현하면서 구체화하는 단계이다. 즉 제재를 배열하는 순서를 결정하는 과정이 구성이라고 할 수 있다. 때로 개요를 짜면서 동시에 어떠한 구성 방법으로 전개할지에 대한 생각을 함께 해야 하는 경우도 있다. 개요의 내용에 따라 적합한 구성 방법이 달라질 수 있기 때문에 적절한 구성 방법을 택하기 위한 고려가 집필 단계 이전에 충분히 있어야 한다. 지금부터 구성 단계에서 활용되는 7가지 정도의 방법을 간단히 정리해 나타낸 후 각각의 구성 방법에 대해 살펴보자.

① 시간적 순서에 따르는 구성
② 공간적 순서에 따르는 구성
③ 단계적 구성: 3단 구성, 4단 구성, 5단 구성
④ 포괄식 구성: 두괄식 구성, 미괄식 구성, 양괄식 구성
⑤ 열거식 구성
⑥ 점층식 구성
⑦ 변증법적 구성

① 시간적 순서에 따르는 구성

사건의 시간적 순서에 따라 제재를 배열하는 구성 방법이다. 시간적 순서에는 과거 현재 미래로 순행하는 방식, 미래 현재 과거로 역순하는 방식, 또 순행과 역순이 섞인 방식 등이 있을 수 있다. 이 구성법은 여행기나 체험기, 회의록, 답사보고서, 서사문 등에서 일반적으로 쓰이는데, 글의 발상으로서는 자연스러우나 주제가 선명하게 전달되기 어렵고 독자를 집중시키는 힘이 약한 결점이 있다.

② 공간적 순서에 따르는 구성

제재를 일정한 공간적 순서에 따라 배열하는 방식으로 근경과 원경, 부분과 전체, 좌측과 우측 등의 기준을 가지고 배열할 수 있다. 생물의 형태나 지리적 상황, 건물이나 기계 등의 구조에 대한 기술에서 주로 사용되며, 인물의 외형 묘사나 자연 풍경 묘사, 사회적 기관이나 단체의 기구나 조직 등에 대한 기술이나 설명에서도 흔히 쓰인다.

③ 단계적 구성: 3단 구성, 4단 구성, 5단 구성

제재를 단계적으로 배열하는 방법으로 3단 구성과 4단 구성, 5단 구성 등이 있는데, 3단 구성은 처음, 중간, 끝으로 구성하는 방법이고, 4단 구성은 3단구성의 중간을 다시 두 부분으로 나누어 구성하는 방법이며, 5단 구성은 4단 구성의 도입부를 다시 두 부분으로 나누어 구성하는 방법이다. 이를 간단히 도표화하면 다음과 같다.

3단 구성	4단 구성	5단 구성
1. 처음(도입)	1. 도입(기)	1. 주의 환기 2. 문제 제기
2. 중간(전개)	2. 전개(승) 3. 발전(전)	3. 문제의 해결(전개) 4. 구체적 논증
3. 끝(정리)	4. 정리(결)	5. 결론(요약, 정리)

④ 포괄식 구성: 두괄식 구성, 미괄식 구성, 양괄식 구성

이 구성법은 글의 중심 사상이나 감정을 나타내는 주제문을 전체 글의 도입, 전개, 정리 중 어느 한 부분에 포괄시켜 전개해 나가는 방법이다. 두괄식 구성은 주제나 결론을 글의 처음에 배열하는 방식이고, 미괄식 구성은 주제나 결론을 끝에 배열하는 방식이고, 양괄식 구성은 주제나 결론을 글의 처음과 끝에 각각 배열하는 방식이다. 두괄식 구성은 논증 방법상에 있어 연역법과 맥을 같이하며 미괄식 구성은 귀납법과 유사한 성격을 띤다.

예시글 : 표현의 자유 침해 안 된다

언론, 출판, 집회, 결사의 자유는 어느 누구도 침해할 수 없는 헌법상의 기본권이다. 따라서 정부는 행정편의나 기타 다른 이유를 내세워 이러한 자유를 함부로 훼손해서는 안 되며, 꼭 제한할 필요가 있다 하더라도 최소한의 수준에 그쳐야 함은 더 말할 것도 없다.

시민사회단체들이 개정 집시법과 인터넷 실명제가 집회와 언론(표현)의 자유를 제한하고 있다며 잇따라 불복종운동을 선언하고 나섰다. 이달부터 시행에 들어간 개정 집시법은 경찰이 주요 도로 행진을 금지시킬 수 있고, 학교, 군사시설, 대사관 주변의 집회를 금지하거나 제한할 수 있도록 규정하고 있다. 이 때문에 이 법은 국회가 개정문제를 논의할 때부터 '집회금지법'이라는 논란에 휩싸인 바 있다. 인터넷 매체에 정치관련 글을 올릴 때 실명인증 과정을 거치도록 한 인터넷 실명제도 표현의 자유를 위축시키는 사실상의 국가검열제도라는 비판이 제기된 지 오래다.

물론 정부나 국회가 이러한 규정이나 제도를 들고 나온 데에는 나름대로 고충이 있을 것이다. 당장 인터넷 실명제만 해도 그렇다. 각종 뉴스 사이트의 의견란에 들어가보면 욕설이나 근거 없는 매터도로 뒤범벅이기 십상이다. 이런 것들을 언제까지 방치해야 하느냐는 소리가 바로 나올 수밖에 없는 상황이다.

그렇다고 실명으로만 글을 올리도록 하는 것은 불특정 다수인의 인권을 침해할 소지가 크다. 온라인에서 잘못을 저지르면 예컨대 명예훼손죄 등으로 처벌하면 그만이다. 그 이상을 요구하는 것은 국민 모두를 잠재적 범죄자로 취급하는 것과 다를 바 없다. 정부와 국회는 집시법을 옛날대로 되돌리고 인터넷 실명제도 철회해야 한다.

―경향신문, 2004년 3월 5일자 사설

위 예시글은 단계식으로는 4단 구성을 택하고 있고, 포괄적 구성에 있어서는 두괄식 구성을 보여준다. 집회와 시위에 관련한 법과 인터넷 실명제를 화두로 하여 이러한 제도들이 인간의 기본권을 훼손할 우려가 있으므로 최소한의 수준에 그쳐야 한다는 주장을 글의 처음부터 확실히 밝히고 있어 분명한 두괄식 구성을 갖추고 있다. 첫 단락에서의 주장을 입증해나가기 위해 둘째 단락에서는 두 제도에 대한 자세한 사항을 제시하면서 그 문제점을 지적해 나갔는데, 셋째 단락에 가서는 이러한 논의에서 일단 선회하여 정부나 국회가 두 제도를 시행하고자 하는 입장에 대한 이해를 표하기도 한다. 그러나 문제가 있으면 그 문제를 해결해 나가야지 그것 때문에 제도 자체의 본질을 흐려서는 안 된다는 주장을 마지막 단락에서 강조하면서 글을 맺고 있다. 첫 단락에서 마지막 단락까지의 흐름을 보건대 이 글은 셋째 단락의 기능이 둘째 단락의 기능과 확실하게 구별되는 4단 구성으로 볼 수 있다.

⑤ 열거식 구성

이 방법은 대등한 제재들을 나란히 나열하여 주제를 밝히는 방식이다. 의견을 간결하게 진술한다거나 중요하다고 생각되는 문제를 특별히 몇 가지 밝힐 때 사용된다. 따라서 구성이 간편하고 정보가 빠르게 전달되는 방식이지만, 반면에 정보 전달 이상을 기대할 수 없다는 단점이 있다.

⑥ 점층식 구성

이 구성법은 제재들을 그 중요도와 주제와의 관련성이 점차 커지도록 배열하여 절정 부분에서 주제를 제시하는 방법이다. 이 방법은 독자들에게 큰 감동을 느끼게 하거나 주제를 아주 인상 깊게 제시하고자 할 때 효과적이며, 주로 시나 소설, 희곡 등 문예 작품에서 쓰인다.

⑦ 변증법적 구성

이 방법은 서로 모순되는 둘 이상의 논점을 정반합의 변증법적 논리에 따라 지양, 통일시켜 전개하고 끝맺는 방법이다. 간혹 포괄식 구성에 넣어보기도 하나, 분리하여 독립적인 구성 방법으로 논의하는 것이 효과적이다.

예시글 : '실미도' 성공의 파급 효과

'실미도'의 경제 파급 효과를 3천억에서 4천억으로 분석한 삼성경제연구소 관계자는 '실미도'의 성공으로 블록버스터 영화에 대한 관객들의 선호가 증가해 영화산업에 긍정적 영향을 미칠 것이라고 내다봤다. 당장 '태극기 휘날리며'가 엄청난 기세로 '실미도'의 기록을 좇고 있는 것만 봐도 알 수 있다. 한국관객의 파이는 정해져 있어 한 영화가 크게 터지면 다른 영화는 상대적으로 죽는다는 주장은 이제 옛 말이 됐다.

그러나 '실미도'의 성공이 장밋빛만 남긴 것은 아니다. 제작비 100억원을 들인 대작영화가 손익분기점을 맞추기 위해 필요한 관객은 약 330만명. 지난해 개봉영화 65편 중 그것을 넘긴 영화는 '살인의 추억' 등 5편 밖에 없었다. 대작 영화의 스크린 독점으로 작은 영화들이 설 자리를 잃은 것도 큰 손실이다. 실제로 현재 '실미도'는 전국 220개, '태극기 휘날리며'는 513개 스크린에서 상영돼 전체 스크린의 60% 가까이를 점유하고 있다.

실미도 성공의 환호 속에서 일부 영화인들이 예술영화 쿼터제나 멀티플렉스의 중복 교차 상영 금지의 제도화 등 배급시장 불균형의 개선 목소리를 꾸준히 내는 것도 이 때문이다. 대작영화 제작을 통해 한국 영화의 기치를 드높이는 노력과 더불어 예술 영화나 독립 영화의 배급 문제에 대한 고려가 함께 이루어져야 할 것이다.

—한국일보, 2004년 2월 20일 기사를 재구성함

위의 예시글을 보면 첫 단락에서는 대작 영화의 성공이 비슷한 계열 영화의 추가적 성공으로 이어져 영화산업에 긍정적 영향을 미칠 것이라는 주장을 한 데 반해, 둘째 단락에서는 대작 영화의 성공 뒤에 가려진 예술 영화의 고전苦戰을 지적하여 서로 상반된 입장을 보였다. 그러다가 마지막 단락에서는 두 주장이 서로 배치되는 부분이 있어 보이지만, 한국 영화가 발전하려면 이 두 가지의 입장이 상충되지 않게 서로 배려하며 함께 나아가야 한다는 것을 결론으로 삼고 있다. 이와 같이 서로 반대되는 입장에서 합치점을 찾아내 더 나은 단계로 결론을 이끌어내는 구성법이 바로 변증법적 구성이다.

1.1.4. 퇴고

초고를 완성한 다음에 더욱 좋은 글이 되도록 글을 다듬는 것을 퇴고라 한다. 퇴고에는 첨가, 삭제, 구성의 세 가지 원칙이 있다. 첨가의 원칙은 꼭 필요한 것인데도 빠졌거나 불충분하게 처리된 것을 첨가하거나 보충하는 것이며, 삭제의 원칙이란 불필요한 단어나 문장을 빼버림으로써 글 전체의 통일성과 긴밀성을 높이는 것이고, 구성의 원칙이란 글 전체의 주제를 보다 명료하게 드러내기 위해 문장이나 단락을 재구성하는 것이다. 다음에 초고 상태의 글과 퇴고를 마친 글을 비교해보면 퇴고의 중요성을 느낄 수 있을 것이다.

초고 상태의 글

텔레비전은 우리를 바보로 만드는 상자라 할 만하다. 텔레비전은 우리가 조용히 생각할 수 있는 시간, 곧 고독의 시간을 빼앗아 가기 때문이다. 고독의 시간은 우리에게 쓸쓸하고 적적한 시간이 되기도 하지만, 우리가 독자적으로 생각할 수 있는 시간이 되기도 한다. 그리고 텔레비전은 우리를 유혹함으로써 그 앞에 멍하니 앉아 있게 만든다. 청취하면서 다른 일도 할 수 있는 라디오는 이러한 면에서 텔레비전과는 다른 장점을 지닌다. 또 텔레비전은 온갖 지식과 새로운 정보를 안방에까지 가져다주는 충실한 하인과 같은 구실을 한다. 이런 봉사적인 면은 우리에게 도움이 되기도 하지만, 그로 인해서 우리는 스스로 새로운 지식을 찾고 탐구하는 일에 게을러지게 된다.

퇴고를 마친 글

텔레비전은 우리를 바보로 만드는 상자라 할 만하다. 그것은 우리가 조용히 생각할 수 있는 시간, 곧 고독의 시간을 빼앗아 가기 때문이다. 고독의 시간은 쓸쓸하고 적적한 시간이 되기도 하지만, 우리가 독자적으로 생각할 수 있는 시간이 되기도 한다. 그리고 텔레비전은 우리를 유혹함으로써 그 앞에 멍하니 앉아 있게 만든다. 물론 텔레비전은 온갖 지식과 새로운 정보를 안방에까지 가져다주는 충실한 하인과 같은 구실을 한다. 이런 측면은 우리에게 도움이 되기도 하지만, 그로 인해서 우리는 스스로 새로운 지식을 찾고 탐구하는 일에 게을러지게 된다. 특히 가족 간의 대화의 시간을 줄어들게 함으로써 인간 간의 교류를 통해 얻을 수 있는 경험의 세계를 축소시킨다는 점에서 텔레비전은 우리를 지적인 면에서만 아니라 정서적인 면에서까지 바보로 만든다고 생각한다.

퇴고 과정에서 바뀐 부분을 고딕체로 표시했다. '텔레비전'이란 단어가 지나치게 반복되고 있어 그 중 하나를 지시대명사로 교체하고, '우리'라는 말 역시 많이 나오는 경향이 있어 꼭 필요하지 않은 부분에서는 삭제했다. 라디오에 대해 이야기하는 문장은 글의 주제에서 벗어나는 내용이므로 문장 전체를 삭제했고, '또'라는 접속어 뒤에 나오는 문장이 텔레비전의 긍정적 측면을 일단 언급했다가 부정적인 면으로 넘어가기 때문에 '또'를 이러한 위치에 적절한 '물론'이라는 접속어로 대치했다. 텔레비전이 지닌 정보적 면에서의 장점을 '봉사적인 면'으로 표현한 것은 표현 자체로도 적절치 않고 텔레비전의 역기능을 말하는 이 글의 주제와도 맞지 않아 '측면은'이란 중립적인 표현으로 고쳤다. 마지막으로 텔레비전이 지닌 바보상자로서의 특성을 인간 교류의 측면에서 바라보는 관점이 중요하다고 판단되는데 이 글에서는 빠져 있어 마지막 문장을 첨가했다. 이렇듯 퇴고 과정을 통해 자신이 쓴 글에 대해 객관적 태도를 지니고 비판적으로 바라보는 시간을 가질 수 있기 때문에 이 과정을 거치면서 당연히 글의 완성도는 높아지게 된다.

1.2. 독자 입장에서 글쓰기 절차 되짚어보기

여기서는 이미 완성된 한 편의 글을 앞서 1.1에서 살펴본 글쓰기 절차에 대한 이론에 입각해 차례대로 분석함으로써 글쓰기의 과정을 거꾸로 되짚어보는 방식을 통해 글쓰기 절차를 다시 학습할 수 있도록 하려 한다. 이 과정은 일반적으로 '독해'라는 이름 아래 고등학교까지의 국어 교육과정에서 수도 없이 이루어져 왔다고 할 수 있다. 그러나 타인의 글을 이해하려는 의도하에 읽는 것과 그 글의 집필자의 입장에 서서 완성된 글의 글쓰기 절차를 다시 되짚어보는 것은 분명한 차이가 있는 작업이라고 하겠다. 다음에 제시된 글을 읽고 주제(제목)와 주제문, 그리고 전체 글의 개요를 작성해본 후 이어서 어떠한 구성법이 활용되었는지도 생각해보도록 하자.

예시글 : 과학기술의 철학적 이해

21세기를 사는 엔지니어는 자신이 만들거나 디자인한 기술의 발전을 주시하고 이에 대해서 더 많은 책임을 져야 한다. 이에는 다음과 같은 세 가지 이유가 있다.

그 중 첫 번째는, 기술의 초기 디자인에(엔지니어가 의도적으로 그러했건 혹은 자기도 모르는 상태에서 그렇게 되었건) 사회적 가치가 각인되는 경우가 많기 때문이다. 로버트 모제스(Robert Moses)는 20세기 중반 뉴욕의 유명한 건축가였다. 그가 조성한 존스 비치(Jones Beach) 공원은 기존의 도로를 진입로로 사용하는 대신에 새로 포장된 공원로를 만들면서 이 길 위를 지나가는 교각을 버스의 높이보다 낮게 만들어서 흑인들이 주로 타는 버스가 공원에 접근하지 못하도록 했다. 존스 비치는 자가용을 가진 중산층 이상의 백인들의 공원이 되었던 것이다. 공원의 디자인에 당시 미국 사회의 인종차별주의가 각인되어 있었다고 볼 수 있다.

두 번째 이유는 기술이나 디자인이 기술 시스템의 일부가 되면, 그것을 바꾸기 무척 힘들다는 것이다. 발전한 시스템은 개별 기술에는 결여된 거대한 관성을 가지며, 이에 이해관계를 가진 사람들과 집단이 늘어난다. 인간복제 기술은 지금은 법으로 금지시킬 수 있지만, 일단 그것이 시행되고 이에 이해관계를 가진 의사, 병원, 제약회사, 시민들이 늘어나면 그 다음에는 이를 막기가 무척 힘들다. 그렇기 때문에 기술을 담당하는 엔지니어들은 기술의 초기 발전 단계에서부터 이것이 나중에 어떤 사회적 영향을 미칠 것이며, 혹시 가능할 수도 있는 나쁜 영향에 대해서 다양하게 평가해 보아야 하는 것이다.

마지막으로 20세기 이후에는 기술이 가진 파괴력이 그 어느 때보다도 증가했다는 사실을 생각해야 한다. 냉전이 종식되었지만 아직도 많은 과학기술 연구가 전쟁과 관련해서 이루어지고 있으며, 심지어는 컴퓨터 게임의 발전에도 미국의 국방부 고등방위연구계획국(DARRA)과 해군, 공군이 큰 영향력을 미치고 있다. 전투적인 파괴력만이 아니라, 기술의 환경에 대한 파괴력도 증대했다. 인간과 환경에 대한 파괴는 한 번 일어나면 돌이키기 힘들다. 기술을 개발하고 시스템을 건설하는 엔지니어들은 그렇기 때문에 자신의 기술에 대해서 진정한 책임감을 가져야 하는 것이다.

기술의 경우 기술자의 사회적 책임을 회피하는 데 많이 사용되는 담론이 "기술은 가치 중립적이다" 혹은 "기술은 양날의 칼이다"는 것이다. 이러한 담론들은 기술이 선한 방향으로도 혹은 악한 방향으로도 사용될 수 있으며, 따라서 기술의 오용은 이를 오용한 사람의 잘못이지 기술을 디자인한 엔지니어의 몫이 아니라는 의미를 함축한다. 그런데 정말 기술 디자인은 가치중립적인 것이고, 기술은 양날의 칼인가?

분명히 어떤 기술은 양날의 칼로 볼 수 있는 경우가 있다. 외과 의사의 칼은 사람의 생명을 구하지만, 그 칼을 강도가 쥐었을 때에는 사람의 생명을 위협한다. 이 경우 동일한 칼이 그것을 사용한 사람에 따라 좋은 방향으로도 나쁜 방향으로도 사용된 것으로 볼 수 있다.

그렇지만 이런 기준을 모든 경우에 적용하는 것은 문제가 있다. 왜냐하면 어떤 기술은 분명히 그것의 가치가 뚜렷하게 한 쪽 방향으로 경도된 경우가 있기 때문이다. 고대 철학자 플라톤은 "배 위에서는 평등한 민주주의가 구현되기 힘들다"는 얘기를 했는데, 몇 명이 타는 카누와는 달리 큰 배를 운항하기 위해서는 선장, 부선장, 항해사, 선원, 노 젓는 사람들로 이루어진 위계가 필수적이기 때문이다. 미국에서는 총이 사람을 죽이는 것이 아니라, 사람이(단지 총을 사용해서) 사람을 죽이는 것이다는 식으로 총의 사용을 옹호하는 사람들이 없지 않은데, 이런 사람들은 사실 총이 사람을 죽이는 데 이외에는 사용할 확률이 거의 없다는 명백한 사실을 무시하고 있는 것이다. 원자탄의 '좋은 사용' 역시 상상하기 힘들다. 이런 경우를 두고도 "기술은 양날의 칼이고 따라서 가치 중립적이다"라고 주장한다면, 이는 기술의 문제를 덮어두려는 이데올로기로밖에는 볼 수 없다.

결국 자신의 기술 디자인이 어느 범주에 속하는가, 혹은 사회에 어떤 영향을 미치는가는 초기 기술의 궤적은 물론, 그것이 기술 시스템에 어떻게 편입되는가를 예의주시해야만 알 수 있다. 부모가 자식의 일생 전부를 계획하거나 통제하지는 못하지만, 부모에게는 자식을 잘 키워서 독립적인 시민으로 사회에 편입시킬 의무와 책임이 있는 것처럼, 자신이 만든 기술에 대한 비슷한 책임이 엔지니어에게도 있는 것이다.

—한양대 과학철학교육위원회 편, 『과학기술의 철학적 이해』, 한양대 출판부, 2004

이 글은 '21세기를 사는 엔지니어의 기술에 대한 책임'이라는 주제를 가지고 기술되었으며, 주제문은 "21세기를 사는 엔지니어는 자신이 만든 기술이 지닌 파괴력과 영향력을 인식하고 가치 중립성 담론에서 벗어나 사회에 대한 책임을 인식해야 한다"는 정도로 정리될 수 있다. 구성법에 있어서는 3단 구성에 미괄식 구성법을 함께 택하고 있다고 볼 수 있다. 전체 글의 개요를 문장식으로 정리해보면 다음과 같다.

개 요: 1. 21세기를 사는 엔지니어가 자신이 만든 기술의 발전에 책임을 져야 하는 데는 세 가지 이유가 있다.
- 1.1 첫째 이유는 기술의 초기 디자인에 엔지니어의 의도와는 무관하게 사회적 가치가 각인되는 경우가 많기 때문이다.
- 1.2 둘째 이유는 기술이나 디자인이 기술 시스템의 일부가 되면 그것을 바꾸기가 무척 힘들기 때문이다.
- 1.3 마지막 이유는 20세기 이후에 이르러 기술이 가진 파괴력이 그 어느 때보다도 증가했기 때문이다.

2. 기술의 가치중립성 논의는 기술자의 사회적 책임을 회피하려는 수단에 불과하다.
- 2.1 기술은 진정 가치중립적인가?
- 2.2 어떤 기술의 경우는 양날의 칼의 성격을 지니기도 한다.
- 2.3 그러나 위계가 필수적인 사회에서 대부분의 경우 기술은 어느 한 쪽의 가치를 위해서만 쓰일 개연성이 크다.

3. 엔지니어는 자신의 기술 디자인의 초기 궤적은 물론, 그것이 기술 시스템에 어떻게 편입되는가를 예의주시함으로써 사회에 대한 책임을 다해야 한다.

이상에서 정리한 주제문이나 개요만이 반드시 정답은 아니다. 여러분이 나름대로 작성한 주제나 개요가 위의 내용과 좀 다르다고 해서 그것이 틀린 것은 아니라는 말이다. 자신의 방식대로 위의 예시글을 분석하고 그에 대한 타당성을 입증할 수 있다면 위의 정리된 내용에서 좀 벗어난다고 해도 크게 문제될 것은 없다.

연습문제

1. ① 다음에 제시된 영역 가운데 두 가지를 택하여 주제와 주제문을 써보시오.

환경, 교육, 국제사회, 스포츠, 직업, 결혼, 건강, 가족, 문화

② 자신의 생각대로 자유롭게 주제를 설정하고 주제문을 써보시오.

2. 앞서 1번에서 작성한 세 가지의 주제 가운데 하나를 택해 화제식으로 개요를 작성하시오. 그리고 그것을 다시 문장식 개요로 바꾸어 보시오.

3. 다음 글을 읽고 제목과 주제문, 그리고 개요를 작성해보시오.

지난해 자살로 죽은 사람이 8천6백여 명으로 교통사고사를 앞지르며 사상 최대치를 기록했다. 경제협력개발기구(OECD) 29개 회원국 중 4위라는 높은 자살률은 우리 사회가 죽음을 재촉하는 병든 사회임을 드러내는 부끄러운 수치다.

특히 근래 들어 급속도로 늘고 있는 30대와 청소년의 자살은 사회를 지탱하는 주춧돌인 가정의 안온함을 뿌리째 흔드는 것이어서 그 심각성이 더하다. 빚더미에 올라앉아 재기의 가능성을 상실해버린 30대 가장의 일가족 동반자살이 일주일이 멀다하게 벌어지고 있다. 충동적으로 죽음을 택하려는 10대들을 유혹하는 자살사이트는 오늘 이 순간에도 은밀히 감시의 눈을 피해 그물망을 엮고 있다.

자살을 선택하는 이들의 공통점은 극도의 절망감 속에 내일에 대한 기대와 희망의 끈을 놓아버렸다는 것이다. 물질만능주의 의식과 생명 경시 풍조가 만연된 가정과 사회가 빚더미에 올라앉아, 사랑을 잃어, 대학입시 부담으로, 취업이 안 돼, 집단 따돌림으로, 고독과 절망을 호소하는 그들의 외침을 외면한 까닭이다.

병든 사회를 그대로 방치해서는 안 된다. 자살 충동을 느끼는 사람들의 절규에 귀기울이는 주위의 배려와 사회적인 네트워크 구축이 절실하다. 생명의 전화와 같은 24시간 긴급상담전화 및 고민상담 사이트, 가족 간의 대화 등은 그 한 축이 될 수 있다. 우울증에 대한 인식의 전환도 필요하다. 자살하는 사람의 상당수가 우울증을 앓고 있으나 각 가정은 기껏해야 이를 '감정의 기복' 정도로 가볍게 여기고 있다. 여기에는 정신병에 대한 부정적 인식이 기인하는 바 크다. 정부

와 의료기관은 우울증이 뇌질환으로 치료할 수 있는 질병임을 적극 홍보해야 한다. 동시에 자살 시도자에 대한 정신과적 치료 같은 후속조처를 제도적으로 마련해 자살을 시도한 사람이 재시도하지 않도록 해야 할 것이다.

자살은 인간이 냉정한 사회에 대해 저항하는 마지막 일탈이다. 죽기 위해 사는 삶이란 없다. 자살자도 마지막까지 살기 위해 안간힘을 쓴다는 것을 잊어서는 안 된다.

—중앙일보, 2003년 9월 28일자 사설

4. 시간적 구성과 공간적 구성 가운데 하나를 택하거나, 또는 두 가지 모두를 효율적으로 사용하여 간단한 글을 써보시오.

5. 다음 물음이나 요구조건에 대하여 괄호 안에 제시된 구성 방법에 의거하여 자기 주장을 밝히는 글을 써보시오.

① '영어몰입교육'의 긍정적인 면과 부정적인 면에 대해 논하라. (두괄식 구성)

② 심각한 불균형을 이루는 남녀교사 비율을 조정하기 위해 임용고시에서 일정 비율을 정해 남성지원자를 합격시키자는 의견이 나오고 있다. 이에 대해 어떻게 생각하는가? (미괄식 구성)

③ 학교 내에서의 체벌이나 훈육과 관련해 교사의 교권과 학생의 인권이 충돌하는 사례들이 자주 보고된다. 이를 해결할 적절한 방안을 모색해보라. (변증법적 구성)

④ 급격하게 노인인구가 늘고 있는 현 시점에서 다가올 고령화 사회에 대비할 대안을 제시해보라. (3단 구성)

2. 어휘와 문장

2.1. 어휘

글쓰기의 기본은 글에 필요한 어휘를 선택하여 조화롭게 엮는 것이다. 따라서 글을 잘 쓰기 위해서는 일단 많은 수의 어휘를 알아야 한다. 그러나 많은 수의 어휘를 안다고 해서 반드시 글을 잘 쓰는 것은 아니다. 우리가 사용하는 어휘는 대부분 그 의미가 고정되어 있지 않다. 따라서 글을 잘 쓰기 위해서는 글의 흐름에 가장 적절한 단어를 선택할 수 있는 능력을 길러야 한다. 어휘력이 풍부하다는 것은 많은 수의 어휘를 알고 있다는 것만 의미하지는 않는다. 하나의 단어가 문맥에 따라 어떻게 의미를 확장할 수 있는지를 아는 것도 어휘력의 중요한 요소이다. 평범한 어휘라도 적절한 곳에 쓰일 때 독자에게 신선한 느낌을 줄 수 있는 것이다.

어휘의 선택과 관련하여 염두에 둬야 할 것이 또 하나 있다. 좋은 글은 독자를 편안하게 한다는 사실이다. 독자를 편안하게 하려면 무엇보다도 독자의 지식수준을 고려해서 글을 써야 할 것이다. 이때 가장 문제가 되는 것이 어휘의 선택이다. 독자가 알 만한 어휘를 사용하여 자신의 생각을 전달할 때 전달 효과는 최대화되기 때문이다. 그렇다고 무조건 쉬운 어휘만을 사용하라는 말은 아니다. 어렵더라도 알아야 하는 어휘는 있다. 따라서 소통을 어렵게 하는 난해한 어휘와 의미를 전달하는 데 필요하지만 어려운 어휘를 구별하는 능력을 키워야 한다.

이 장에서는 어휘와 관련한 문제를 글 쓰는 문제와 연관 지어 설명할 것이다. 이를 위해 어휘의 선택과 관련한 문제를 '언어 규범과 관련한 문제', '어휘의 의미 및 용법과 관련한 문제', '독자의 수준에 맞는 어휘 사용의 문제' 등으로 나누어 살펴볼 것이다. 이 장에서 제시한 예문의 문제점을 지적하고 이를 수정해 가는 활동을 하면서 앞으로 글쓰기에

서 주의해야 할 사항을 체크해 보자.[1)]

2.1.1. 언어 규범과 관련한 문제

국어의 규범은 반드시 지켜야 한다. 글의 내용이 훌륭하더라도 단순한 표기법의 오류 때문에 글의 수준이 떨어져 보일 수도 있다. 따라서 좋은 글을 쓰기 위해서는 우선 표기법을 비롯한 여러 어문 규범을 정확하게 이해할 필요가 있다. 여기에서는 흔히 잘못 쓰기 쉬운 용례 몇 가지를 중심으로 우리가 주의해야 할 규범 문제를 짚어 볼 것이다.

규범은 일단 정해지면 보수성을 띤다. 이 때문에 '지금' '남들이 쓰는 대로' 글을 쓰다 보면 사용한 단어가 표준어가 아니거나 맞춤법에 어긋나는 경우가 종종 있다.

> 자식들이란 게 원래 부모 돈을 울궈내려고만 하지.

"찻잎을 뜨거운 물에 우려내다"라고 할 때는 '우려내다'라고 하는 사람도, "아버지에게서 돈을 울궈내다"라고 하는 경우가 많다. 이는 '우려내다'와 '울궈내다'가 별개의 단어라고 생각하기 때문일 것이다. '남의 돈을 뺏는 행위'처럼 부정적인 의미는 뭔가 다른 단어로 표현해야 할 것이라고 생각하는 것이다. 그러나 '우려내다'는 이 두 가지 의미를 모두 갖는 단어이다. 이처럼 우리가 생활 속에서 자연스럽게 사용하는 말이 표준어형이 아닌 경우는 흔하다.

> 가열차다 → 가열하다, 간질이다 → 간질이다, 괜시리 → 괜스레, 강술 → 강술, 꼬시다 → 꼬이다, 끄적거리다 → 끼적거리다, 꾸물꾸물하다 → 끄물끄물하다, 두루뭉실하다 → 두루뭉술하다, 둘쳐업다/들쳐업다 → 둘러업다, 알아맞히다 → 알아맞히다, 얼만큼 → 얼마큼, 야멸차다 → 야멸치다, 어줍잖다 → 어쭙잖다, 웅큼 → 움큼, 임마 → 인마, 허접쓰레기 → 허섭스레기, 호로자식 → 호래자식, 혼구멍나다 → 혼꾸멍나다

대부분의 사람들은 위 예의 왼쪽 항이 더 익숙하다고 느낄 것이다. 그러다 보니 글을

1) 이 글에서 제시한 오류의 예는 『우리말 오류사전』(박유희 외, 2003), 국립국어원 2005년 보고서인 『좋은 글의 요건』(김문오, 2005), 「한국인의 글쓰기에 나타나는 단어와 문장의 오류」(허철구, 『새국어생활』 9-4, 1999) 등에 나온 예를 취했음을 밝힌다. 더 풍부한 예를 찾으려면 이를 참조하기 바란다.

쓸 때 왼쪽 단어들이 비표준어일 것이라는 의심은 거의 하지 않는다. 그러나 오른쪽 항만 표준어이다. 이와 같은 상황은 표준어의 비현실성을 드러낸다고 할 수도 있지만, 현실을 반영하지 못하는 표준어라도 엄연한 규범이기 때문에 이런 말들은 특별히 기억해 둘 필요가 있다. 많은 사람이 자주 틀리는 표현을 정확하게 썼을 때 글의 신뢰성도 더불어 높아진다는 것을 명심하기 바란다.

규범에 어긋나는 표현을 유형별로 나누어 보면 왜 이런 오류 표현이 나오게 되었는지를 어느 정도 알 수 있을 것이다. 오류 표현을 유형별로 나누어보면서 오류의 원인에 대해서도 생각해보자.

원래의 어형에 대한 인식이 약해져서 잘못 쓰이는 표현이 있다. 아래 말들은 수많은 글쓰기 책에서 이러한 오류의 예로 여러 차례 지적된 바 있다.

풍지박산 → 풍비박산, 산수갑산 → 삼수갑산, 야밤도주 → 야반도주
절대절명 → 절체절명, 개발새발 → 괴발개발, 괴나리봇심 → 괴나리봇짐
복궐복 → 복불복, 아연질색 → 아연실색, 금새 → 금세(今時에)

다음 예들은 군더더기 말이 덧붙거나 다른 음절이 개입하여 길어진 것이다. 강조를 하거나 명확하게 표현하려는 의도가 앞서다보면 군더더기 말을 덧붙이기도 하는데, 군더더기가 붙은 일부 표현이 관습적으로 쓰이면서 혼란이 생기는 경우가 있다.

개이다 → 개다, 그제서야 → 그제야, 꽤나 → 꽤, 늘상 → 늘
되뇌이다 → 되뇌다, 마악 → 막, 삼가하다 → 삼가다
설레이다 → 설레다, 진작에 → 진작, 헤매이다 → 헤매다

다음 예들은 사이시옷 및 관형형을 잘못 쓰면서 생긴 오류 표현이다.

건너방 → 건넌방, 건넌마을 → 건넛마을, 쌀뜬물 → 쌀뜨물, 뒷처리 → 뒤처리
오랜동안 → 오랫동안, 오랫만 → 오랜만, 구렛나루 → 구레나룻

위의 예에서 '건넌방'은 안방에서 대청을 건너 맞은편에 있는 방으로서 '건넛방'과 구별된다. '건넛방'은 단지 건너편에 있는 방이라는 뜻이다. '오랜만'은 '오래간만'의 준말이다.

다음 예들은 오히려 맞춤법 규정을 의식하다 보면 오류를 저지를 가능성이 높은 예들이다. 된소리 표기, 겹받침 표기 등을 그러한 예로 들 수 있을 것이다.

> 눈꼽 → 눈곱, 눈쌀 → 눈살, 객적다 → 객쩍다, 안스럽다 → 안쓰럽다
> 멋적다 → 멋쩍다, 닥달하다 → 닦달하다, 으름짱 → 으름장, 얇삽하다 → 얍삽하다

이외에도 우리가 평소 바른 표현으로 알고 있지만, 오류 표현인 예들은 많다. 이런 예들을 따로 외워두는 것도 필요하지만, 무엇보다 중요한 것은 국어사전을 찾아 바른 어형을 확인하는 습관을 들여야 한다는 점이다.

2.1.2. 어휘의 용법 문제

어휘의 정확한 의미를 모르면 어휘를 부적절하게 사용하거나 불필요한 말을 덧붙일 수 있다.

문맥상 어색한 어휘를 사용한 예(1)

ㄱ. 편안하게 잠을 자고 있는 와중에 아이들이 들이닥쳤다.
ㄴ. 예산을 방만하게 운영하여 회사에 손해를 끼쳤다.
ㄷ. 그는 바둑계에서 유명세를 떨쳤다.

'와중渦中'에는 소용돌이를 뜻하는 '渦' 자가 사용된다. '와중渦中'은 '흐르는 물이 소용돌이 치는 가운데'라는 의미를 지니는 말이다. 일반적으로 조사 '-에'와 함께 '와중에'라는 형태로 쓰여서 '일이나 사건 따위가 시끄럽고 복잡하게 벌어지는 가운데'라는 의미를 나타낸다. '전쟁의 와중에 가족을 잃었다', '총격의 와중에', '정신없는 와중에' 등의 형태로 쓸 수 있다.

따라서 '소리 없는 와중에'라든가 '침묵의 와중에' 같은 표현은, 침묵 가운데 일어나는 폭풍 전야와도 같은 긴장감을 비유적으로 뜻하는 경우가 아니라면 적절하지 않다고 할 수 있겠다. 이러한 경우는 '-중에'라고 쓰는 것이 적절하다. 다음도 단어를 부적절한 문맥에 사용한 예이다.

'운영運營'은 조직이나 기구, 사업체 따위를 운용하고 경영하는 일을 말한다. '기업, 고아

원, 서점, 회사' 등이 운영의 대상이 된다. 운용運用은 무엇을 움직이게 하거나 부리어 쓴다는 의미를 가지고 있는데, '자본, 법, 사법 제도' 등이 운용의 대상이다. 따라서 예산은 운영하기보다는 운용하는 것이 더 적절하다.

'유명세有名稅를 떨쳤다'는 어색한 표현이다. '떨치다'에 어울리는 것은 '이름'이다. '유명세'와 '이름'이 의미적으로 관련되기 때문에 주의하지 않으면 이러한 오류를 저지를 수 있다.

문맥상 어색한 어휘를 사용한 예(2)

ㄱ. 판결의 번복 가능성이 없다고 판단되는 사건

ㄴ. 공정한 수사를 의심받을 수 있는 언행을 하여서는 아니 된다.

ㄷ. 칼, 송곳 등 사건 관계인의 자해에 사용될 수 있는 물건은 없애야 한다.

위의 문맥은 부정적 상황이므로 '—할 수 있다'보다 '—할 소지가 있다'나 '—할 우려가 있다'가 더 적합하다. '—할 수 있다'는 '가능', '능력 있음'과 같은 의미를 지녀 긍정적 상황에 적합하게 쓰일 수 있다. 즉 '가능성'은 대부분의 경우에 바람직한 현상이나 원하는 바를 기술할 때 적합하게 쓰인다.

작은 의미 차이도 이를 구별했을 때와 구별하지 않았을 때의 어감이 상당히 다를 수 있기 때문에 그 사용에 주의해야 한다.

문맥상 어색한 어휘를 사용한 예(3)

ㄱ. 그들은 행여나 늦을세라 서둘러 출발했다.

ㄴ. 그는 행여나 비밀이 밖으로 새어 나갈세라 담당자들에게 단단히 주의를 시켰다.

'행여나'의 '행幸'에는 '다행, 행복, 운이 좋다, 바라다, 희망하다' 등의 의미가 있음을 고려해 보면 이들 어휘가 부적절하게 사용되었다고 말하는 이유를 알 수 있을 것이다. 일부 국어사전에서는 이를 관습적 표현으로 판단해 인정하기도 하지만, 가능한 한 정확한 표현을 쓰는 것이 바람직할 것이다. "어머니는 행여나 좋은 소식이 있을까 하고 기다렸다"와 "혹시나 일이 잘못되면 곧 알려라"와 같은 문장에서 '행여나'와 '혹시나'는 바르게 사용되었다.

어미도 그 의미가 있고, 쓰임의 조건이 분명하기 때문에 어미에 대해서도 정확하게 알 필요가 있다.

그는 믿으므로써 그 시기를 견뎠다.

연결 어미 '－(으)므로'와 가장 많이 혼동하는 표현은 '－(으)ㅁ으로(써)'이다. '－(으)ㅁ으로(써)'는 '－(으)ㅁ'이라는 명사형 어미와 수단이나 도구를 나타내는 조사 '－으로써'가 합쳐진 말이다. 여기서 '써'는 생략되기도 한다. '－(으)ㅁ으로(써)'는 '－을 가지고'라는 의미를 지닌다. '－(으)ㅁ으로(써)'를 사용해서 위의 문장을 고치면 "그는 믿음으로써 그 시기를 견뎠다"가 된다. 이 문장은 "그는 믿음을 가지고 그 시기를 견뎠다"는 의미가 되므로 맞는 표현이다. '－(으)므로'와 '－(으)ㅁ으로(써)'를 혼동하지 않으려면 각각 이유를 나타내는 '－아/어서'와 수단을 나타내는 '－을 가지고'로 바꾸어 보는 것이 좋다. 자연스럽게 문장이 연결되는 표현을 골라 쓰면 정확한 표현을 할 수 있을 것이다.

다음은 단어의 의미를 정확히 알지 못해 불필요한 말을 덧붙인 경우이다. 우리가 자주 듣던 '역전 앞'과 같은 예인 것이다.

반복 표현

ㄱ. 일본 총리가 신사참배를 하겠다고 해서 두 나라 간의 외교 현안 문제가 되고 있다.
ㄴ. 문가에서 인기척 소리가 났다.
ㄷ. 돌이켜 회고해 보건대 형극의 가시밭길을 우리는 걸어왔습니다.
ㄹ. 제일 먼저 중요한 것이 돈이 안 들어가는 정치 제도로 개혁하는 일이다.

위의 예에서 '현안懸案'은 '이전부터 의논하여 오면서도 아직 해결되지 않은 채 남아 있는 문제나 의안'이란 뜻의 단어이다. 그러므로 '현안' 뒤에 '문제'를 결합하여 쓰면 의미상 중복이 되는 것이다.

인기척은 '기척'이라는 명사 앞에 '인人'을 붙인 형태의 조어로, 사람이 있음을 알 수 있게 하는 소리나 기색을 뜻하는 말이다. '인기척'이라는 말에 이미 소리라는 뜻이 들어 있으므로 '인기척 소리'라는 표현은 뜻이 중복되는 말이라고 할 수 있다. 그러므로 '인기척 소리가 났다' 대신에 '인기척이 났다'라고 쓰는 것이 더 바람직한 표현이다. '인기척이 났다', '인기척이 들렸다', '인기척을 느꼈다', '인기척에 놀랐다', '인기척을 하다' 등과 같이 쓰면 된다.

마찬가지로 '회고回顧하다'는 '옛 자취를 돌이켜 생각하다'라는 의미를 나타낸다. 따라서 앞서 나온 '돌이켜'와 의미가 중복된다. '형극荊棘'도 '나무의 온갖 가시'를 이르는 말이기 때문에 '형극의 가시밭길'이라고 하면 '가시'가 중복된다.

또한 '제일第一'은 여럿 가운데서 첫째가는 것을 이르는 명사이다. '먼저'는 "시간적으로나 순서상으로나 앞서"라는 뜻을 지닌 부사이다. '제일'과 '먼저'가 의미상으로 중복이 되는 것에도 문제가 있지만 '먼저 먹어라, 먼저 씻어라'처럼 '먼저'라는 부사는 동사를 수식해야 하는데, 위의 예문에서는 형용사인 '중요하다'를 수식하고 있어 비문법적이다. 따라서 '먼저'를 삭제해야 한다.

단어의 정확한 의미를 몰라 비문법적인 표현을 하는 경우도 있다. 단순 명사를 서술성 명사로 착각하거나, 부사를 명사로 착각하는 경우 등이 그러한 예이다.

의미를 몰라 쓰는 비문법적인 표현

ㄱ. 그런 사실을 염두해 두고 이야기를 했다.

ㄴ. 시험에 떨어질까 봐 안절부절했다.

ㄷ. 그의 말은 구구절절히 옳았다.

위의 예에서 '염두念頭'는 '생각의 시초'라는 뜻으로 서술성 명사가 아니다. 따라서 '-하다'가 붙으면 안 된다. 여기에는 위치나 장소를 나타내는 조사 '-에'가 붙어 '염두에'라고 쓰는 게 적절하다. '안절부절'은 부사로, "안절부절 어쩔 줄을 모르다"와 같이 쓰인다. 그런데 위의 예에서는 이를 서술성 명사처럼 처리해 '-하다'를 붙였다. '구구절절'은 '모든 구절'이란 뜻의 명사이다. 따라서 '구구절절'에 주격 조사 '이'를 붙여서 '구구절절이'라고 해야 한다. 그런데 위의 예에서는 이를 부사로 보아 '구구절절히'로 쓴 것이다.

피동과 사동 표현의 용법도 정확히 알 필요가 있다.

국어의 피동 구문은 동사에 피동접미사 '-이, -히, -리, -기' 등이 결합되어 이루어지는 경우도 있고, '되다, 지다, 당하다' 등의 피동성 어휘로 구성되는 경우도 있다. 그런데 대부분의 글쓰기 책에는 한국어 글쓰기를 할 때 피동형을 쓰면 어색하니 되도록이면 이를 능동형으로 고쳐 쓰라는 설명이 있다. 아래 문장을 보면 이러한 설명이 왜 필요한지 알 수 있을 것이다.

'공정사회'는 사회지도자급, 특히 기득권자에게 지켜져야 할 기준이다.

위 문장을 능동표현, 즉 "'공정사회'는 사회지도자급, 특히 기득권자가 지켜야 할 기준이다"로 바꾸면 좀 더 자연스러울 것이다. 그런데 현재 우리말에서 피동 표현은 상당히 일반화되어 있으며, 이제는 능동 표현의 의미기능과 피동 표현의 의미 기능이 확연히 다르기 때문에 어느 것이 좋다 나쁘다고 말하기는 힘들다. 따라서 피동 표현을 써야 하느냐 말아야 하느냐를 이야기하기보다는 이 문맥이 피동 표현을 쓰기에 적절한지 아닌지를 판단하는 게 필요할 것이다.

오늘에야 비로소 국회에서 법안이 처리되었다.

'-되다'가 사용된 표현은 피동표현의 일종인데, 이는 국어의 어휘 체계에 일반적이기 때문에 국어사전에 부표제어로 처리되었다. '누군가 한밤중에 전화를 걸어왔다'와 '한밤중에 전화가 걸려왔다'가 다르듯이 '생각하다, 사용하다, 처리하다, …'뿐만 아니라 '생각되다, 사용되다, 처리되다, …'도 필요한 것이다. '국회에서 법안을 처리하였다'는 국회의 행위에 초점을 둔 것이지만, 법안에 주된 관심을 두면 '국회에서 법안이 처리되었다'로 표현하게 된다. 따라서 문맥에 따라 적절히 '-되다'형을 쓰도록 해야 할 것이다.

그런데 피동 형식을 중복하여 사용할 때는 이해를 혼란스럽게 하기 때문에 주의해야 한다. 아래의 예는 피동 형식이 중복되어 사용된 예이다.

이중 피동의 예

ㄱ. 부동산 가격이 급등할 것으로 보여집니다.
ㄴ. 그가 잠겨진 문을 열었다.
ㄷ. 그는 이 회사에서 황태자라고 불리워진다.
ㄹ. 이미 황폐화되어져 버린 이곳을 복구하기 위해 나섰다.
ㅁ. 잊혀졌던 소리가 다시 들려온다.
ㅂ. 그 약은 군살을 빼는 데 애용되어져 왔다.

'보여집니다'는 이중 피동이기 때문에 '보입니다'로 써야 한다. '잠겨지다'는 '잠기다'가 피동형이므로 '-지다'가 불필요하다. '불리워지다'는 피동형 '부르다'에 불필요하게 '-우-'가 덧붙은 '불리우다'라는 잘못된 어형에 다시 '-지다'가 붙은 것이다. '-되어지다'는 잘못이며 '되다'로 써야 옳다. 따라서 '황폐화되어져 버린'은 '황폐화된'으로 고쳐 써야 한다. '잊혀지다'도 자주 보이는 잘못으로 '잊히다'로 충분하다.

그런데 피동 표현에서만 오류가 발생하는 것은 아니다. 사동의 뜻을 나타내는 '-시키다'가 사동이 아닌 내용에 쓰이는 일도 있다.

▌사동 표현을 잘못 쓴 예▐

ㄱ. 내가 좋은 사람을 소개시켜 줄게.

ㄴ. 비등록 차량은 이곳에 주차시키지 마십시오.

위에서 '소개시켜 줄게'는 '소개할게'나 '소개해 줄게', '주차시키지'는 '주차하지'로 바꿔야 한다.

2.1.3. 독자의 수준에 맞는 어휘 사용의 문제

▌외래어 및 외국어 표현을 많이 사용한 경우▐

ㄱ. 올겨울 스키장에 '타운 플러스 스키 앤드 보드' 스타일의 옷차림이 유난히 눈에 띈다. 일상 아웃도어복과 스키복의 '크로스오버'에다 스키복과 스노보드복의 결합이 덧붙었다. 말 그대로 어디에서도 입을 수 있는 멀티플레이어룩이 올 설원 패션의 특징이다. 게다가 첨단소재를 사용해 기능성이 훨씬 강화됐다. 다운보드웨어는 겨울옷의 무거운 느낌이 없고 스포티하고 경쾌한 느낌을 줘 활동적인 젊은 층에게 인기가 높다.

ㄴ. 슈퍼트래킹은 노이즈가 없는 최적의 화면을 자동으로 빠르게 찾아주는 기능을 말합니다.

ㄷ. 시스템이 서스펜드 모드로 진입하거나 나오게 될 때, 시리얼 포트1에 연결된 디바이스의 액티버티를 모니터할 것인지 아닌지를 설정합니다.

일반적으로 통용되는 외래어가 아닌 이상, 불필요한 외래어나 외국어 표현을 쓰는 것은 되도록 피해야 한다. 그리고 이를 불가피하게 쓸 경우에는 이에 대한 간략한 설명을 첨부해 주는 것이 좋다. 외래어나 외국어 표현이 나름의 문체적 효과를 갖는 경우도 있지만 지나친 사용은 독자들의 거부감을 불러일으키기 쉽다. 이는 한자어의 경우도 마찬가지이다.

▌잘 쓰이지 않는 생소한 한자어를 사용한 경우▐

ㄱ. 규격에 맞지 않는 사양을 장착하게 되면 고속주행 시 핸들 떨림 등으로 인해 타이어 편마

모가 발생될 수 있습니다.

ㄴ. 일반적인 투여 개시량으로는 25~100mg이며 유지량으로는 100~400mg을 경구 투여합니다.

(ㄱ)에서 '사양'은 일본식 한자어로 위의 문맥의 경우에는 '부품'이라고 고치는 게 좋다. '편마모' 또한 자주 사용되는 한자어가 아니므로, '한쪽만 닳음'으로 바꾸는 것이 좋다. 따라서 이 문장은 "규격에 맞지 않는 부품을 장착하게 되면 고속주행 시 핸들 떨림 등으로 인해 타이어가 한쪽만 닳는 현상이 일어날 수 있습니다."로 바꿀 수 있다. (ㄴ)에서 '투여 개시량'은 '첫 회 복용량'으로, '유지량'은 '두 번째 이후의 복용량'으로 바꾸는 게 좋으며, '경구투여經口投與'는 '복용服用'에 그 의미가 함축되어 있으므로 '복용'을 사용했다면 굳이 '경구 투여'란 생소한 말을 쓰지 않아도 된다. 따라서 이 문장은 "첫 회 복용량은 25~100mg 이며, 두 번째 이후의 복용량은 100~400mg입니다."로 바꿀 수 있다.

연습문제

1. 왼쪽의 오류 표현을 바른 표현으로 바꿔보자.

-길래	
까탈스럽다	
떨구다	
맛배기	
발자욱	
부비다	
부시시	
소근거리다	
여지껏	
을씨년하다	
주루룩	
짜집기	
통털어	
망칙하다	

2. 고딕으로 된 단어의 의미를 고려하여 왼쪽에 제시한 문장의 문제점을 지적하고, 오른쪽 칸에 바르게 고쳐 보자.

경색 정국에 대화의 물꼬를 튼 장본인이 그다.	
닉 프라이스도 함께 서울에 오는 방안을 추진 중이다.	
이 일은 우리 사회에 좋은 파장을 불러일으킬 것이다.	
사이비 종교에 빠지는 사람들이 다수 발생하고 있다.	
실업률이 늘어나고 있다.	
그렇게 하던지 말던지 어서 결정하게.	
그는 일체 술을 마시지 않는다.	
이 문제에 대해 전문가에게 자문을 구했다.	
최 군 같은 재원을 그냥 썩히면 안 되지.	

2.2. 문장

좋은 글을 쓰려면 잘 쓰려는 생각에 앞서 바르고 정확한 문장을 쓰려는 자세를 지녀야 한다. 문장은 일정한 원칙에 따라 구성되기 때문에, 그 구성 법칙에 맞게 문장을 쓰는 일은 글쓰기에서 가장 기본이 된다. 명문이라고 평가받는 글들이 모두 문법에 맞는 바른 문장으로 이루어졌다는 사실에 주목할 필요가 있다.

바른 문장을 쓰는 것은 필수성분을 갖추어 순서에 맞게 문장을 구성하는 것인데, 일반적으로 복합문을 쓸 때에 필수성분을 갖추지 않거나 성분 간 호응관계를 지키지 않는 일이 자주 일어난다. 여기에서는 주변의 글에서 쉽게 볼 수 있는 비문법적인 사례들을 관찰하면서 바른 문장을 쓰는 데 주의할 내용들을 정리하여 보기로 한다.[2]

2.2.1. 문장의 성분을 제대로 갖춰야 한다

국어는 문장 구성 성분들의 순서가 비교적 자유로운 언어로 분류되고 있다. 그러나 국어에서도 문장을 구성할 때는 문장 성분들의 순서에 주의할 필요가 있다. 한 예로 주어와 서술어, 목적어와 서술어, 수식어와 수식을 받는 말 등이 서로 떨어지게 되면 의미 파악이 어려울 수 있다.

주어가 누락된 예

ㄱ. 상류층 사람들은 지나친 소비와 낭비로 상대적인 빈곤감을 더욱더 느끼게 하곤 하였다.

ㄴ. 검소함이라는 것은 물건을 남용하지 않는 것이지 필요함에도 불구하고 단념해 버리는 것이 아니라는 사실이다.

ㄷ. 이 집에는 치매 노인 9명이 가정적 생활을 영위하고 있으며 회색 표범 운동의 영도자 73세의 트루데 운루 할머니의 본거지다.

ㄹ. 본격적인 공사가 언제부터 시작되고, 언제 개통될지는 불투명하다.

위 문장들은 주어가 빠져 의미 전달이 쉽게 되지 않는다. (ㄱ)은 빈곤함을 느끼는 주체

---

2) 이 글에서 제시한 오류의 용례는 주로 국립국어원 2005년 보고서인 『좋은 글의 요건』(김문오, 2005), 「한국인의 글쓰기에 나타나는 단어와 문장의 오류」(허철구, 『새국어생활』 9-4, 1999), 「바른 글쓰기」(장경희, 『새국어생활』 9-4, 1999) 등에 나온 용례를 취했음을 밝힌다. 더 풍부한 예를 찾으려면 이를 참조하기 바란다.

가 누구인지 나타나 있지 않다. '서민층으로 하여금' 정도가 들어가 주어가 무엇인지 나타내 주어야 한다. (ㄴ) 역시 서술어 '사실이다'에 호응하는 주어가 없다. 그러나 이 문장은 '사실이다'라는 서술어가 불필요한 경우이므로 주어를 새로 넣을 것이 아니라 '아니라는 사실이다→아니다'처럼 서술어를 고치는 것이 좋다. (ㄷ)에는 '본거지이다'에 호응하는 주어가 없다. "이 집은 회색 표범 운동의 영도자인 트루데 운루 할머니의 본거지로 치매 노인 9명이 이곳에서 가정적 생활을 영위하고 있다"처럼 고치는 것이 좋을 것이다. (ㄹ)에는 서술어 '개통되다'에 대응되는 주어가 없기 때문에, 이 문장들을 있는 그대로 해석한다면 '공사가 개통된다'는 내용이 된다. 따라서 상황에 맞는 적절한 주어를 넣어 "본격적인 공사가 언제부터 시작되고, 다리가 언제 개통될지는 불투명하다"와 같이 고쳐야 한다.

목적어가 누락된 예

ㄱ. 낮의 일 때문에 피곤하였지만 눈을 또렷하게 뜨고서 나를 바라보는 그들에게서 힘을 얻고 나니 하루 중 가장 즐거운 시간으로 만들 수 있었다.

ㄴ. 국산품과 수입품의 가격이 비슷하고 질적으로 차이가 없다면 가급적 애용하도록 하자.

(ㄱ)에는 '만들다'의 목적어가 없다. 글의 내용상 '그 시간을' 정도를 '하루 중' 앞이나 '만들 수' 앞에 넣어 주어야 한다. (ㄴ)에는 '애용하다'의 목적어가 없다. 이 서술어 앞에 '국산품'이라는 목적어를 넣어주면 의미가 분명해진다.

서술어가 누락된 예

ㄱ. 아버지가 병중에 있을 때 병원비, 약값 등 비용이 가정 살림에 큰 부담을 주었던 것이다.

ㄴ. 냉정하게 평가해 봐도 한국이 자력으로 16강 티켓(조2위 이내) 가능성은 높은 편이다.

ㄷ. 이렇게 우리가 종교에 비중을 두게 되는 것은 우리 인간은 스스로 불완전한 존재라는 사실을 인식하고 생활해 왔다.

ㄹ. 이 산성은 자연석을 난층쌓기로 축성하였다.

ㅁ. 이 전쟁에서 다국적군과 첨단 무기들이 얼마나 성능을 발휘할지 모르겠다.

(ㄱ)은 '비용이'에 호응하는 서술어가 없다. '들어간' 정도가 '있을 때' 다음에 들어가야 한다. (ㄴ) 역시 '16강 티켓을 획득할 가능성은'처럼 서술어가 보충되어야 한다. (ㄷ) 역시 가장 큰 문제점은 서술어가 누락되어 있다는 것이다. 문맥에 따라 서술어가 달라지겠지만

'생활해 왔기 때문이다'처럼 적절한 서술어를 넣어 주는 것이 급하다. 다만 이 문장은 워낙 문제점이 많아 손질할 것이 많다. (ㄹ)은 '난층쌓기'는 건축 양식을 가리키는 명사일 뿐이므로 '자연석을'에 호응하는 서술어가 없다. '난층쌓기로 쌓아' 정도로 해야 문법성을 갖췄다고 말할 수 있다. (ㅁ)의 문장에는 '다국적군'의 서술어가 없다. (ㅁ)은 '다국적군이 성능을 발휘한다'는 내용이 되어 의미적으로 자연스럽지 못한 문장이 된다. 이 경우엔 "이 전쟁에서 다국적군의 첨단 무기들이 얼마나 성능을 발휘할지 모르겠다"로 고쳐야 한다.

필요한 수식어의 누락

ㄱ. 45년 동안 넘어서지 못한 곳을 오늘 넘어와 보니, 더 쉽게 넘을 수 있을 것이라는 생각이 듭니다.

ㄴ. 고르비의 신사고와 불간섭 선언이 없었더라면 동독의 무혈민주혁명도, 통일도 존재할 수 없었을 것이다.

위의 문장에는 관형어와 부사어가 누락되어 있어 문장의 의미 파악이 어렵다. (ㄱ)은 후행 문장의 의미가 분명하지 않기 때문에 '앞으로는'과 같은 말을 '더 쉽게' 앞에 넣어주는 것이 좋을 것이다. (ㄴ)은 동독이 통일을 했다는 해석을 가능하게 하므로 바른 문장이라고 할 수가 없다. '독일의'라는 관형어를 넣어 '독일의 통일'이라고 해야 문장의 내용이 분명해진다.

2.2.2. 문장 성분의 순서를 잘 지켜야 한다

국어는 문장 구성 성분들의 순서가 비교적 자유로운 언어로 분류되고 있다. 그러나 국어에서도 문장 성분들의 순서가 바른 문장 구성에 중요한 기능을 한다. 한 예로 주어와 서술어, 목적어와 서술어, 수식어와 수식을 받는 말 등이 서로 떨어지게 되면 의미 파악이 어려운 문장이 될 수 있다.

호응하는 말들이 너무 멀리 떨어진 예

ㄱ. 우리는 한국군이며 지금 막 감금되어 있던 포로수용소에서 탈출한 처지라고 설명했다.

ㄴ. 일이 그런 식으로 몰려와서 항의한다고 풀어지는 것도 아니어서, 일단 타일러서 돌려보냈다.

(ㄱ)은 부사어 '지금', '막'과 그 부사어의 수식을 받는 서술어 '탈출한'과 너무 떨어져 있어 문제가 생긴 경우이다. '지금 막'을 '탈출한'의 앞으로 옮기면 내용을 쉽게 파악할 수 있을 것이다. (ㄴ)은 주어와 서술어가 너무 멀리 떨어져 있어 내용을 이해하는 데 어려움이 있다. 이 경우 '그런 식으로 몰려와서 항의한다고 일이 풀어지는 것도 아니어서'와 같이 주어 '일이'를 서술어 '풀어지다' 앞에 놓으면 내용을 쉽게 파악할 수 있을 것이다. 한국어의 어순은 영어에 비해 자유로운 편이지만, 의미 파악이 가능한 범위 내에서 자유롭다는 것을 명심해야 한다.

2.2.3. 문장 성분 사이의 의미 호응이 잘 이루어져야 한다

문장의 주어와 서술어, 또는 목적어와 서술어 사이에 의미적인 호응이 이루어지지 않으면, 문장은 자연스럽지 못하거나 비문법적이 되어 버린다.

주어와 서술어의 부적절한 호응

ㄱ. 적자는 당분간 더 나빠질 가능성이 많다.

ㄴ. 문제는 그가 계층적으로 조선의 기층세력이었을 뿐만 아니라 식민지에서도 여전히 유사한 특권을 이어받았다는 점을 지적해야 할 것 같다.

ㄷ. 어릴 때의 소박한 꿈은 교단에서 강의를 하고 싶었다.

(ㄱ)의 주어 '적자'와 서술어 '나빠지다'는 의미적으로 호응이 되지 않는다. 이 경우는 '나빠질'을 '늘어날'로 고쳐야 호응이 자연스러워진다. (ㄴ)의 '문제'와 '점을 지적해야 할 것 같다'도 의미적으로 적절히 호응하지 못하고 있다. 이 경우는 '점을 지적해야 할 것 같다'를 '것이다'로 바꾸면 자연스러워진다. (ㄷ)은 서술어의 누락으로 이해할 수도 있는 것인데, '꿈'과 어울리는 서술어가 있어야 하므로 '하고 싶었다'를 '하는 것이었다'로 고쳐야 한다.

목적어와 서술어의 부적절한 호응

ㄱ. 늦어도 다음 달 말까지는 예방 접종을 맞도록 당부했습니다.

ㄴ. 국민 여러분의 건강과 쾌적한 여행 환경을 조성하기 위하여 최선의 노력을 다하겠습니다.

ㄷ. 사고원인 파악과 재발방지 대책을 조속히 마련하겠습니다.

(ㄱ)의 목적어 '예방접종'과 서술어 '맞도록'도 마찬가지이다. '주사'는 '맞다'와 호응하지만, '예방 접종'은 '하다'와 호응해야 한다. (ㄴ)에서 '조성하다'는 '국민 여러분의 건강'과 호응하지 못하고, (ㄷ)에서는 '마련하다'가 '사고원인 파악'과 호응하지 못한다. (ㄴ)은 '국민 여러분의 건강을 지키고 쾌적한 여행 환경을 조성하기 위하여 최선의 노력을 다하겠습니다.'로, (ㄷ)은 '사고원인을 정확히 파악하고 재발방지 대책을 조속히 마련하겠습니다.'와 같이 고쳐야 할 것이다.

서술어의 수용

ㄱ. 집에서 쉬던 중 신문을 보다 우연히 경상북도청에서 8급 지방 공무원 채용 공고를 보게 되었고 이에 응시하여 합격하였다.

ㄴ. 호사가들은 언론에 노출을 꺼리던 그라프가 최근 유로카드 대회 이후 거의 매일 경기장에 나오는 등 애거시에게 다정한 '내조'를 하자 조심스럽게 임신설을 흘려 왔었다.

한국어에는 명사에 '-하다/되다'가 붙어 동사가 되는 경우가 많다. 그런데 이러한 동사에서 명사만을 떼어내 동사처럼 잘못 쓰는 경우가 있다.

(ㄱ)은 '경상북도청에서'라는 주어에 호응하도록 명사 '채용'을 동사로 고쳐 '경상북도청에서 8급 공무원을 채용한다는 공고를 보게 되었고'로 고쳐 주어야 한다. 아니면 '경상북도청의 8급 공무원 채용 공고를 보게 되었고'로 고칠 수도 있다. (ㄴ) 역시 '언론에'라는 부사어에 맞게 '노출'은 '노출되는 것을'과 같이 동사로 고쳐야 한다.

2.2.4. 접속의 형평성을 고려해야 한다

여기서 다룰 내용은 앞에서 살펴본 '문장 성분 사이의 의미 호응'과 중복되는 부분도 있지만, 접속의 형평성을 고려해야 한다는 사실을 강조하기 위해 별도의 절을 마련했다.

접속의 형평성이 깨진 예

ㄱ. 항공법 제77조 제2항 및 동법 시행규칙 제232조의 규정에 의하여 다음과 같이 예천공항 계기착륙시설을 신설하여 사용 개시를 고시합니다.

ㄴ. 전 해상에서 바람이 강하게 불고, 높은 파고가 예상되니

ㄷ. 조업 및 항해하는 선박은 일기예보에 귀를 기울여 주십시오.

ㄹ. 사용 중에 궁금한 점이나 기능이 제대로 발휘되지 않을 때 많은 도움이 될 것입니다.

(ㄱ)에서 연결어미 '-어'를 경계로 앞부분은 목적어와 서술어를 가진 '절'의 형태로 되어 있고 뒷부분은 '사용개시'라는 명사구로 되어 있어 접속의 형평성이 깨졌다. 대등 접속문('-고, -며, -거나' 등으로 이어진 문장)뿐만 아니라 종속 접속문('-어, -어서, -는데' 등으로 이어진 문장)에서도 접속 단위의 형평성이 요구된다. 따라서 '계기착륙시설을 신설하여 사용을 개시하게 된 것을 고시합니다'와 같이 바꿔 줘야 한다. (ㄴ)에서도 마찬가지로 '바람이 강하게 불고, 파도가 높이 일 것으로 예상되니'로 바꾸면 연결어미 앞뒤의 절 사이의 형평성이 지켜질 수 있다. (ㄷ)에서는 '조업'과 '항해하다'를 '및'으로 연결하여 문제가 생겼다. '조업하거나 항해하는'으로 바꾸면 자연스럽게 된다. (ㄹ)에서는 '이나' 앞은 명사구인 데 반해 그 뒤는 절이라는 데에서 문제가 발생했다. '궁금한 점이 있거나 기능이 제대로 발휘되지 않을 때'로 바꾸면 자연스러운 문장이 된다.

2.2.5. 조사와 어미를 바르게 사용해야 한다

주격 조사의 선택 문제부터 보자. 자주 쓰는 것이지만 '이/가'와 '은/는'의 선택에서 어려움을 느끼고 잘못 쓰는 사례가 많다.

주격 조사 선택의 문제

ㄱ. 한여름에 우는 매미 소리는 도시에서 듣는 것과 한적한 시골에서 듣는 것은 다르다.
ㄴ. 이 기념비는 동포들의 망향의 마음을 달래고 국제친선과 문화교류의 상징이 되기를 바랍니다.
ㄷ. 내가 고등학교 3학년 때 일류대학에 입학하기 위해 많은 노력을 했다.

한국인이라면 (ㄱ)은 '듣는 것은'을 '듣는 것이'로, (ㄴ)은 '이 기념비는'을 '이 기념비가'로, (ㄷ)은 '내가'를 '나는'으로 고치는 것이 자연스럽다는 것을 안다. 그럼에도 글을 쓸 때 이와 같은 잘못을 저지르는 경우가 많다. 자신이 쓴 글에서 이러한 오류를 고치기 위해서도 주격 조사의 쓰임에 대하여 이해할 필요가 있다.

'이/가'는 앞말에 의미를 더하는 기능이 없는 격조사이고 '은/는'은 의미를 더하는 '보조사'라는 근본적인 차이점 외에 양자를 크게 세 가지 면에서 구분할 수 있다.

첫째, 신정보에는 '이/가'를 쓰고 구정보에는 '은/는'을 쓴다는 것이다. "누가 책을 샀니?" 하고 물으면 "철수가 책을 샀다"로 대답하고, "철수가 무엇을 샀니?" 하고 물으면 "철수는 책을 샀다"로 대답한다. 신정보와 구정보를 구분하여 조사를 사용한 것이다.

둘째, '이/가'는 다른 것들과의 비교는 염두에 두지 않는 반면에 '은/는'은 다른 것들과 비교하는 의미가 있다. 예를 들어 '봄이 따뜻하다'라고 하면 다른 계절은 어떤지 무관하게 '봄'의 속성에 대해서만 말하고 있는 것이다. 반면에 '봄은 따뜻하다'라고 하면 다른 계절은 그렇지 않다든가 하는 비교의 의미가 들어가 있다. 이와 같이 다른 것을 배제하면서 비교하는 속성 때문에 '은/는'은 다른 것과 대조할 때 쓰이기도 한다. '영희는 부지런하지만, 철수는 게으르다'에서 두 주어가 서로 대조되고 있다.

셋째, '은/는'은 이야기를 이끌어내는 주제어 기능을 한다. '저는 김철수라 합니다.'에서 '저는'은 '저로 말할 것 같으면'과 같은 기능을 한다.

주격 조사를 올바로 사용하기 위해서는 자신의 의도와 조사의 용법을 잘 연결지어야 한다.

예를 들어 위 (ㄷ)에서 '나'는 신정보이므로 '내가'가 옳다고 생각할 수도 있다. 그런데 그럴 경우 주어가 미치는 영향은 '3학년 때(이다)'라는 서술어에 국한된다. 따라서 이 경우에는 '나'가 문장의 주제어이어야 하고, 그 기능에 맞는 '은/는'이 선택되어야 한다. 그렇다면 아래 문장의 고딕으로 강조된 부분이 정확하게 사용되었는지 판단해 보자.

> 군 당국은 현재 69만여 명인 전체 병력을 단계적으로 줄여 2015년경에는 40만~50만 명 수준을 유지하는 대신 군을 첨단기술과 무기로 무장한 정보과학군으로 탈바꿈시킨다는 계획을 세운 것으로 확인됐다.

신문 기사의 첫머리라면 이 문장에서 '군 당국'은 구정보가 아니다. 그리고 그 내용으로 볼 때, 확인된 것이 '군 당국'이 아니라 '현재 … 계획을 세운 사실'이므로 '군 당국'이 주제화의 대상이 될 수 없다. 또 '은/는'의 또 다른 기능인 비교 및 대조의 의미도 아님을 확인할 수 있다. 주어진 문장은 비교의 대상이 없다. 그렇다면 이 문장에서 '군 당국'은 신정보로서 별다른 의미를 더하는 것 없이 격조사만 결합하면 되는 요소이다. 따라서 '군 당국이'로 고쳐야 옳은 것이다.

속격 조사 '의'의 어색한 사용

ㄱ. 그는 미국에서의 한국학의 발전 과정에 대해 설명했다.

ㄱ'. 그는 미국에서 한국학이 발전한 과정을 설명했다.

ㄴ. 일본과의 수교를 할 의향을 갖고 있다.

ㄴ'. 일본과 수교를 할 의향을 갖고 있다.

ㄷ. 아주머니에게 아들의 낮 동안의 양육을 맡겼다.

ㄷ'. 아주머니에게 낮 동안 아들의 양육을 맡겼다.

많은 경우 '의'의 쓰임이 어색하고 비문법적으로 여겨지기도 하지만 그 나름대로의 용법을 인정하지 않을 수 없다. '의'는 무엇보다도 용언을 쓰기 곤란한 경우 대안으로 애용되는 것으로 보인다. 그러나 '의'의 다양한 용법을 국어에 수용하더라도 매우 제한적으로 사용하여야 할 것이며, 얼마든지 다른 표현이 가능한 경우에는 그에 따라 쓰는 것이 의미를 명확하게 하는 데 도움이 된다. (ㄱ, ㄴ, ㄷ)은 (ㄱ', ㄴ', ㄷ')으로 바꿔 써야 더 자연스럽다.

어미의 부정확한 사용 예

ㄱ. 아버지의 손을 잡고 상경한 서울은 수도로서의 위풍을 갖추고 어린 소년을 주눅들게 하기에 충분했다.

ㄴ. 일손을 구하지 못해 콤바인을 빌려 쓰고 있으며 콤바인 사용료도 40%나 올라 어려움이 많다.

ㄷ. 올해도 건강하세요.

ㄹ. 여러분의 가정마다 건강과 행복이 함께 하시기를 기원합니다.

위의 예에서는 접속어미와 종결어미가 잘못 쓰이고 있다. 접속어미 '–고'는 (ㄱ)의 선행 문장과 후행 문장 사이의 논리적 관계를 충분히 나타내 주지 못한다. '갖추고'를 '갖추고 있어'로 고쳐 쓰면 사건 사이의 관계가 분명해진다. (ㄴ)에서는 '있으며'를 '있는데'로 바꿔야 한다. (ㄷ)에서는 형용사에 명령형 어미를 붙여 비문법적인 문장이 되었다. '올해도 건강하시기 바랍니다.'와 같이 바꿔야 한다. (ㄹ)에서는 '건강과 행복'이 존대의 대상이 아니므로, '–시–'를 쓰지 말아야 한다.

2.2.6. 문장은 명료해야 한다

문법적으로 맞는 글을 썼는데도 문장이 이해하기 어렵거나 내용이 분명히 드러나지 않는 경우가 있다. 또는 무슨 내용을 나타내려고 하는지를 짐작하기 어려울 만큼 이해하기 어려운 문장도 있다. 문법적인 문장을 구성하는 일 이외에도 문장의 내용을 명료하게 드러내는 일도 중요한데, 명료한 문장을 쓰는 데 주의할 몇 가지 사항을 살펴보기로 한다.

문장의 의미를 명료하게 드러내기 위해서는 중의적인 구조를 피해야 한다.

중의적인 문장

ㄱ. 나는 당신의 아름다운 정신과 육체를 사랑합니다.

ㄴ. 얼마 전 사라진 그 책의 저자에 대해 이야기를 했다.

(ㄱ)에서 '아름다운'이 '정신'만을 수식하는 것인지, '정신'과 '육체'를 모두 수식하는 것인지 분명치 않다. (ㄴ)에서도 '사라진'이 '그 책'을 수식하는지 '저자'를 수식하는지 분명치 않다.

문장의 의미를 명료하게 나타낼 수 있는 또 하나의 전략은 의도한 내용을 가능한 간결하게 표현하는 것이다. 불필요한 말이나 길고 복잡한 수식어를 지닌 문장은 우리의 생각을 분명하게 드러내지 못한다. 문장이 너무 길면 글의 이해를 어렵게 하고 결과적으로 문장의 내용을 명료하게 드러내지 못한다. 한 번 읽어서 이해하기 어려운 문장이라면 좀 더 다듬어 고쳐 쓰도록 해야 한다.

길게 늘어진 문장

같지 않고 토막토막 잘려 나오는 모양이 흡사 올챙이 같대서 올챙이묵이라고 말한다지만, 그다지 좋은 이름이 되지는 못하는 것 같다.

위 문장에서는 부정 표현이 길게 늘어져 내용이 명료하게 드러나지 않는다. 강조된 부분은 '이름은 아닌 것 같다.'와 같이 간결한 표현으로 바꾸면 뜻이 분명해진다. 아래의 문장들은 수식이 너무 길고 복잡할 뿐 아니라 (ㄴ)은 문장의 길이도 너무 길다.

ㄱ. 동문 여러분들의 積極的인 參與와 協助로 年會費를 비롯한 理事會費가 계속해서 입금되

고 있음에 감사의 말씀을 드립니다.

ㄴ. 농수산부 조남인 수의관은 현행 유통 구조의 문제점이 도살장·정육점에서의 부당 이득을 위한 과당 경쟁·부정 급수의 현장 적발의 어려움과 축산물 검사원의 근무 조건 등을 그 원인으로 꼽으면서 특히 수분 함량 기준을 설정하는 품종별·부위별·연령·영양 상태·비육 정도에 따른 육류 수준 함량의 기준치가 달라 문제점이 많다고 지적했다.

수식어구가 길고 복잡한 경우나 문장의 길이가 너무 긴 경우는 2개나 3개의 문장으로 나누어 쓰는 것이 좋다. (ㄱ~ㄴ)의 문장을 나누어서 다음과 같이 고쳐 쓰면 명료한 글이 되는 것을 볼 수 있다.

(ㄱ') 年會費와 理事會費가 계속해서 입금되고 있습니다. 동문 여러분들의 積極的인 參與와 協助에 감사의 말씀을 드립니다.

(ㄴ') 농수산부 조남인 수의관은 현행 축산물 유통 구조의 문제가 업체 간 과당경쟁에서 비롯된 것으로 진단했다. 그리고 과당경쟁에 따라 도살장과 정육점에서 가축에게 과도하게 물을 먹여 부당 이득을 취하는 경우가 있지만, 그 현장을 적발하기도 어렵고 현재의 근무조건 하에서는 축산물 검사원이 축산물을 일일이 점검할 수도 없다고 지적했다. 특히 품종, 부위, 연령, 영양 상태, 비육 정도에 따라 육류의 수분 함량 기준치가 다르기 때문에 문제점이 생긴다고 했다.

명료한 문장을 쓰기 위해서 유념해야 하는 또 하나의 사항은 글을 쓰기 이전에 먼저 머릿속에서 우리의 생각을 다듬는 일이다. 생각이 정돈되지 않으면 글이 논리적이지 못할 뿐만 아니라 사용된 언어 표현들도 중복되고 정확하지 못하게 마련이다. 나아가 비문법적인 문장을 산출하기도 한다. 다음의 문장들은 그 내용이 명료하게 드러나지 않는다.

글쓴이의 생각이 드러나지 않은 표현

ㄱ. 고등학교에 입학하면서 미술부에 들어갔는데, 미술에 대한 애정이 생기기 시작해서 미술을 선택했고, 그것에 대해 아무 후회도 없고 너무너무 미술을 사랑한다.

ㄴ. 문제 타결을 위해 정치인의 역할이 지금이야말로 더 요청되는 것이 국민의 기대이다.

ㄷ. 효도하려고 노력했으나 결론적으로 보면 직접 따뜻한 밥 한 그릇도 손수 지어 드리지 못했고, 그토록 원하셨던 손자도 낳아 드리지 못했기 때문이다.

ㅁ. 그것은 바로 삶의 부끄러움에 다름이 아니다. 삶이란 부끄러움인가 보다. 그리고, 그렇다면 졸업도 역시 하나의 부끄러움이다.

위의 문장들은 글쓴이가 나타내려고 하는 생각이 조리 있게 표현되지 못하였고, 특히 (ㅁ)의 경우는 글쓴이가 무엇을 나타내려고 하는지도 알 수 없는 난해한 문장이다. 이러한 문장은 생각이 정리되지 않은 단계에서 글을 쓴 결과 생겨난 것이다.

기타 자연스럽지 못한 표현들

ㄱ. 거리는 온통 어둠으로 배어 있다.

ㄴ. 이번 인터뷰를 하는 한 시간 동안 나는 내심 표현은 안 했지만 고개를 갸우뚱거렸다.

ㄷ. 우리는 조그만 보금자리를 꾸미고 별 어려움 없이, 남들은 시부모를 모시는 문제 등으로 어려움을 겪는다던데, 신혼 생활을 시작하였다.

ㄹ. 흡연 여성을 그렇게 부정적으로 묘사하는 가벼움과 생각 없음에 혀가 내둘러졌다.

ㅁ. 그에 비해 모더니즘과 전통주의의 적극적 결합 모색에 의한 미적 합리성의 개척 가능성이 크게 주어짐을 위의 모범 사례들은 시사해 주는 바 크다고 볼 수도 있겠다.

문장이 자연스럽지 못한 느낌을 주는 데는 여러 가지 원인이 있다. 일반적인 전형을 벗어난 표현, 외국어투의 표현, 지나친 명사의 나열, 모호한 표현 등이 그것이다.

(ㄱ)의 '어둠으로 배어 있다'는 어색한 표현이다. '어둠이 배어 있다'가 자연스럽다.

(ㄴ)에서 '고개를 갸우뚱거렸다'는 외적으로 의아함을 드러내는 경우에 쓰는 말이므로 '내심 표현은 안 했지만'과 어울리지 않는다. (ㄷ)은 삽입절이 문제이다. 구어에서는 이와 같이 다른 내용이 삽입되더라도 어조 등에 의해 어색함을 느끼지 못하지만 글에서는 곤란하다. 아예 빼거나, '남들처럼 부모를 모시는 문제 등으로 어려움을 겪지도 않고, (신혼 생활을 시작하였다)'처럼 고치는 것이 좋다. (ㄹ)은 '생각 없음'이란 명사형으로 쓰임으로써 부자연스러워진 예이고, (ㅁ)은 지나친 명사의 나열로 어색해진 경우이다. (ㅁ)은 문제의 부분을 '모더니즘과 전통주의의 결합을 적극적으로 모색함으로써 미적 합리성을 개척할 가능성이 크게 주어짐을 …'과 같이 고치면 훨씬 자연스러워질 것이다.

2.2.7. 한 문장에 너무 많은 내용을 담지 않도록 한다

하나의 문장 안에 지나치게 많은 내용을 담고자 하여 부자연스러운 문장이 되기도 한다.

과도한 내용이 들어간 문장

ㄱ. 가족을 돌보면서 언제나 나의 마음 한구석에 자리하고 있는 새어머니에 대한 죄송스러움은 언제나 씻을 수 있을까?

ㄴ. 예전부터 시민들은 자기가 속해 있는 나라에서 어떤 일이 일어나고 있는지 알기 위해 정치에 참여할 수 있는 참정권을 얻기 위해 동서양을 막론하고 치열한 투쟁을 벌였다.

ㄷ. 고혈압은 우리나라에서도 가장 흔한 병의 하나이며, 예로부터 많은 연구가 진행되고 있으나 아직도 정확한 원인은 알려져 있지 않지만 그 중에서도 식사와의 관계가 보다 명백하다는 것이 지적되고 있다.

위 예들은 한 문장 안에 지나치게 많은 내용을 담으려고 하다가 어색한 문장 내지 비문법적인 문장이 된 예들이다. 이러한 것을 피하기 위해서는 문장을 나누는 것이다. 문장을 짧고 간결하게 써야 한다는 이야기는 이러한 것을 경계한 것으로 이해할 수 있다. 이 문장들을 고쳐 보면 다음과 같다.

고친 문장

ㄱ'. 가족을 돌보면서도 언제나 나의 마음 한구석에 새어머니에 대한 죄송스러움이 자리하고 있었다. 언제나 그 죄송스러움을 씻을 수 있을까?

ㄴ'. 예전부터 시민들은 자기가 속해 있는 나라에서 어떤 일이 일어나고 있는지 알고 싶어 했다. 그래서 정치에 참여할 수 있는 참정권을 얻기 위해 동서양을 막론하고 치열한 투쟁을 벌였다.

ㄷ'. 고혈압은 우리나라에서도 가장 흔한 병의 하나이며, 예로부터 많은 연구가 진행되고 있으나 아직도 정확한 원인은 알려져 있지 않다. 다만 그 중에서도 식사와의 관계가 보다 명백하다는 것이 지적되고 있다.

2.2.8. 앞뒤 단어의 성격을 잘 파악해야 한다

단어의 구조를 정확히 이해하지 못하고 의미에 이끌려 수식어를 잘못 선택하는 경우가 있다.

나보다 윗사람, 가장 적임자, 최다 득표율, 프로출범 17년 통산 세 번째 장거리 슈팅 골

위 예에서 '윗사람, 적임자, 득표율'은 한 단어이다. 이들은 형태적으로 분리될 수 없고, 따라서 '위, 적임, 득표'가 따로 수식을 받을 수 없다. 그런데 지금 '나보다, 가장, 최다' 등은 마치 '나보다 위인 사람, 가장 적임한 자, 최다 득표한 비율' 과 같은 잘못된 구조 분석에 바탕을 두고 쓰이고 있다. 마지막 예는 구조상 '세 번째'가 '장거리 슈팅 골'을 수식하는 것이다. 그러나 의미적으로 '세 번째'는 '장거리'만을 수식하는 것이므로 이는 의미와 통사 구조가 일치하지 않는 예이다. 구조 그대로만 해석한다면 '장거리 슈팅 골'이 17년 동안 세 번 나왔다는 뜻이 되고 만다.

선행어 품사와 어긋나는 지시어를 사용한 예

ㄱ. 정지시킬 때는 멈춤 버튼을 누르십시오. 그렇지 않으면 무순서 재생이 계속됩니다.

ㄴ. 예고 등기는 등기원인의 무효 또는 취소로 인한 등기의 말소 또는 회복의 소가 제기된 경우에 한다. 그러나 그 무효 또는 취소로써 선의의 제3자에게 대항할 수 없는 경우에는 그러하지 아니한다.

ㄷ. 전채무자의 채무에 대한 보증이나 제삼자가 제공한 담보는 채무인수로 인하여 소멸한다. 그러나 보증인이나 제3자가 채무인수에 동의한 경우에는 그러하지 아니한다.

ㄹ. 대리인이 수인인 때에는 각자가 본인을 대리한다. 그러나 법률 또는 수권행위에 다른 정하는 바가 있는 때에는 그러하지 아니한다.

지시 형용사인 '그러하다'와 지시 동사인 '그러다'를 정확히 구별하여 사용하지 못하는 경우가 많다. 앞 문장에 쓰인 형용사를 대신하여 받을 때에는 '그러하지(그렇지)'를 써야 한다. 그리고 앞 문장에 쓰인 동사를 대신하여 받더라도 당위, 가능, 허용, 금지 등과 같은 [+상태성] 문맥의 동사를 받을 때에는 '그러하지(그렇지)'를 써야 한다. 그러나 당위, 가능, 허용, 금지 등이 아닌 문맥의 동사를 받을 때에는 '그러지'를 써야 한다.

(ㄱ~ㄹ)의 '그러하지 아니한다'는 모두 동사를 대용하는 문맥에 쓰였다. (ㄱ)은 '멈춤 버튼을 누르지 않으면'을, (ㄴ)은 '소를 제기하지 아니한다'를, (ㄷ)은 '소멸하지 아니한다'를, (ㄹ)은 '대리하지 아니한다'를 대용하고 있다. 따라서 위의 경우는 모두 '그러지 아니한다'와 같이 써야 한다. 한편 (ㄹ)을 더 자연스러운 한국어 문장으로 적절히 고치면, '그러지 아니하다'보다는 '법률 또는 수권행위에 다른 정하는 바가 있을 때에는 그에 따른다.'로 고치는 것이 더 낫다.

연습문제

1. 다음은 한 대학생이 쓴 서평의 일부이다. 이 서평을 읽고 문장 표현의 문제점을 지적해보자. 그리고 적절하지 못한 문장을 명확하고 바른 문장으로 바꿔보자.

저는 오늘 여러분에게 제가 읽었던 책 중 하나를 소개하려고 합니다. 책 이름은 "오래된 미래"입니다. 교양독서를 쓰기 위해서 이 책을 읽게 되었는데 이 책을 읽은 후에 정말 많은 것을 알게 되었습니다.

이 책의 중점은 서구세계와는 너무나도 다른 가치로 살아가는 라다크 마을 사람들을 통해 사회와 지구 전체를 생각하게 만드는 것입니다. 책의 내용을 간략하게 소개해 보자면, '작은 티베트' 라고 불리는 라다크는 서부 히말라야 고원의 황량하지만 아름다운 고장입니다. 라다크 사람들은 빈약한 자원과 혹심한 기후에도 불구하고 검소한 생활과 협동, 그리고 무엇보다 생태적 지혜를 통하여 천년 넘게 평화롭고 건강한 공동체를 유지해 왔습니다. 물질적으로 풍족하지는 않지만 아무도 가난하다고 느끼지 않고, 긴밀한 가족적 공동체적 삶 속에서 사람들이 정서적 심리적으로 안정을 누리며, 여성들과 아이들과 노인들이 존경받는 사회의 생생한 모범을 라다크는 보여주고 있습니다. 그러나 사회에 서구식 개발이 시작되었습니다. 이 때문에 라다크 사회에 환경파손과 사회적 분열이 생겨났고, 인플레이션과 실업이 등장하고, 서구문화에 대한 맹목적인 선망이 일어났습니다. 오랜 세월 유지되어 온 생태적 균형과 사회적 조화가 산업주의의 압력 밑에서 붕괴되기 시작한 것입니다.

2. 아래 (가)는 2010년 11월 12자 경향신문 기사문의 일부이고, (나)는 (가)에 제시한 기사문에서 문제 삼고 있는 법조문이다. 개정 전 문장과 개정 후 문장을 비교해 보고 왜 이러한 판결이 내려질 수밖에 없었는지 이야기해 보자.

(가)

강간살인·상해 형량 반토막 '황당한 법개정'

법무부·국회 '특강법' 고치다 삭제 실수로 적용 범위 축소

대법원 판례까지 확정 '파장'

법무부와 국회의 실수로 강간살인범과 강간상해범에 대한 형량이 지난 3월부터 줄어든 것으로 확인됐다. 이와 관련, 대법원이 최근 선고 형량을 반 토막 낼 수 있는 판례까지 확정해 파장이 커질 것으로 보인다.

지난해 김모씨는 고모씨를 성폭행하기 위해 바닥에 넘어뜨리고 얼굴을 때리는 등 폭력을 행사했다. 경찰에 붙잡힌 김씨는 강간상해죄로 기소됐고 지난 4월 징역 2년 6월의 실형을 선고받았다. 김씨에게는 '특정강력범죄의 처벌에 관한 특례법(특강법)'이 적용됐다. 특강법에 따라 강간치상·강간치사 등 특정강력범죄는 가중 처벌된다. 가령 특정강력범죄를 3년 안에 두 번 저지르면 형량이 두 배로 늘어난다. 또 10년 안에 같은 범죄를 다시 저지르면 집행유예를 받을 수 없다.

그런데 지난달 28일 대법원은 김씨가 특강법 적용 대상이 아니라며 원심 판결을 파기했다. 항소심까지 유지되던 징역 2년 6월형이 '없던 일'이 된 것이다. 대법원은 또 단순 강간치사·강간치상은 특강법 적용 대상이 아니라고 밝혔다. 대법원 측은 "국회가 지난 3월 법개정을 통해 특강법의 적용 범위를 축소한 사실을 발견했기 때문"이라고 설명했다.

(나)

[개정 이전]

제2조(적용 범위) 3.「형법」제32장의 강간과 추행의 죄 중 흉기나 기타 위험한 물건을 휴대하거나 2인 이상이 합동하여 범한 제297조(강간), 제298조(강제추행), 제299조(준강간·준강제추행), 제300조(미수범), 제305조(미성년자에 대한 간음, 추행)의 죄 및 제301조(강간등 상해·치상) 및 제301조의2(강간등 살인·치사)의 죄

[개정 이후]

제2조(적용 범위) 3.「형법」제2편 제32장 강간과 추행의 죄 중 흉기나 그 밖의 위험한 물건을 휴대하거나 2명 이상이 합동하여 범한 제297조(강간), 제298조(강제추행), 제299조(준강간·준강제추행), 제300조(미수범), 제305조(미성년자에 대한 간음, 추행), 제301조(강간등 상해·치상) 및 제301조의2(강간등 살인·치사)의 죄

3. 실용 글쓰기

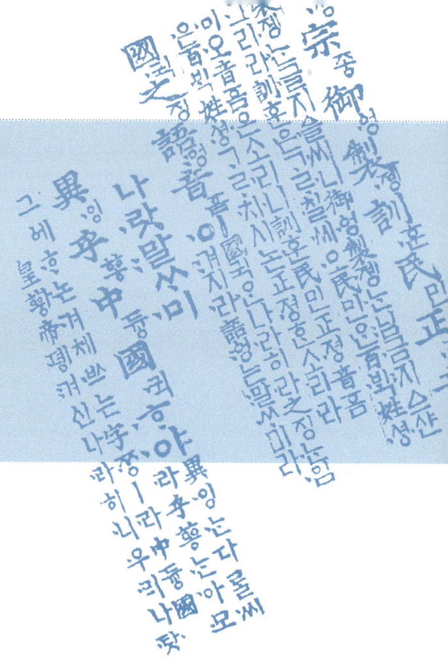

자신은 글을 쓰는 데 정말 소질이 없다고 말하면서, 글쓰기와 상관없는 직업을 가지려고 이공대를 선택했다는 학생이 있었다. 글쓰기가 두려워 이공대를 선택한 그 학생은 만족스러운 대학생활을 했을까? 학교를 졸업한 후 만족스러운 직장생활을 했을까? 그 학생이 성실했었다면 대학생활과 직장생활을 무난히 했겠지만, 우수하다는 평가를 받으며 생활하기는 힘들었을 가능성이 높다. 무슨 근거로 그런 추측을 할 수 있을까?

대학에서는 리포트를 써서 제출해야 하고, 회사에 들어가면 사업계획서, 제안서 따위의 글을 쓰지 않을 수 없다. 기업에서는 이미 영어 능력보다 보고서 작성 능력을 중요하게 생각한다. 게다가 이 사회에서 교양인으로 살려면 자신의 생각을 조리 있게 써서 다른 사람의 인정을 받아야만 한다. 한 예로 인터넷 공간에서의 글쓰기를 생각해 보자. 인터넷 공간이 우리말 파괴의 온상이라고 하지만, 인터넷 공간의 글이라도 타인의 호감을 얻으려면 논리 정연하고 호소력이 있어야만 한다.

그러고 보면 우리는 글쓰기와 무관한 삶을 살 수가 없다. 이공대가 글쓰기와 상관없다는 착각을 하는 사람은 글쓰기가 시인이나 소설가와 같은 사람의 전유물이라고 생각했을 것이다. 그러나 예술적 글쓰기와는 다른 차원에서 실용적 글쓰기는 늘 생활 속에서 맞닥뜨리는 일이다. 그런데 생활 속의 글이라 해서 특색 없이 써도 된다는 말은 아니다. 예술적인 글에도 개성이 중요하지만 실용적인 글에도 나름의 독특함을 갖추어야 한다. 실용적인 글은 대부분 정해진 형식이 있기 마련이지만, 논리적이면서도 자기 자신의 개성을 잘 드러내야만 읽는 이의 눈길을 사로잡을 수 있다. 이 장에서는 '이력서 쓰기', '자기소개서 쓰기', '기사문 쓰기'의 예를 통해 정해진 형식을 지키면서도 자신의 개성을 드러내는 글쓰기 전략에 대해 알아볼 것이다.

3.1. 이력서와 자기소개서 쓰기

취업 준비를 할 때 기본적으로 써야 할 글이 이력서와 자기소개서이다. 그런데 두 가지 글의 독자는 수많은 지원자의 서류를 검토해야 하는 심사위원들이다. 따라서 이런 글을 쓸 때에는 단순하면서도 정확하게 자신의 강점을 전달하면서, 심사위원들의 눈길을 사로잡을 수 있는 전략을 구사해야 한다.

이력서를 쓸 때 필요한 전략에 대해 알아보자. 가장 중요한 것은 관련 분야의 경력을 부각시켜야 한다는 것이다. 아무리 다양한 경력이 있더라도, 지원 직종과 관련된 경력이 아닌 이상 부차적이라는 것을 기억해야 한다. 따라서 지원 직종과 관련된 경력을 집중해서 부각해야 한다. 특히 지원 직종과 관련된 경력은 학내 동아리 활동이나 수상경력 등까지 최대한 자세하게 기술하고, 관련 분야와 상관없는 경력은 과감히 삭제하는 것이 좋다. 그러나 관련 분야의 경력이더라도 짧은 기간의 경력은 되도록 삭제한다. 다양한 경험을 피력하는 것도 좋지만, 보통 재직 기간이 6개월 미만인 경우는 자주 이직한다는 느낌을 줄 수 있기 때문에 생략하는 게 좋다.

그렇다면 관련 분야의 경력 사항은 어떻게 기술해야 할까? 경력사항을 작성할 때에는 기업명, 업무, 근속연수 등을 단순하게 나열하는 방식보다는 자신이 수행한 업무를 중요한 성과와 함께 기술하는 것이 좋다. 이때 경력은 최근 경력 중심으로 작성한다. 심사위원들이 가장 큰 관심을 보이는 것은 지원자의 현재 모습일 것이기 때문이다.

정해진 형식이 있는 이력서이지만, 어떤 점을 부각하고 어떤 점은 삭제해야 하는지 판단하는 데에서 개인의 능력이 드러나기 마련이다. 이는 자기소개서를 쓸 때에도 마찬가지이다.

모든 회사에서 자기소개서를 요구하는 것은 지원자의 자질을 평가하기 위해서이다. 짧은 글이지만 그 속에서 지원자의 자질을 판단한다는 것이다. 그런데 대기업의 경쟁률이 보통 몇 백 대 일인 요즘, 한 사람의 입사지원서를 검토하는 시간은 채 1분도 되지 않을 것이다. 밋밋한 자기소개서는 단 10초 만에 책상 아래로 내려갈 수도 있다. 따라서 자기소개서를 쓸 때는 심사위원의 시선을 1분 이상 머무르게 할 수 있는 전략을 구사해야 한다.

자기소개서는 보통 성장배경, 성격장단점, 학창생활, 앞으로의 포부 등을 밝히는 부분 등으로 이루어진다. 그러나 모든 내용에는 지원 분야와의 관련성이 직간접적으로 드러나 있어야만 한다. 따라서 지원 분야에서 강점으로 내세울 수 있는 경력을 부각하여 구체적으로 기술하는 것은 기본이다. 더 나아가 취미나 봉사활동 경력이라도 지원 분야에서 긍정적으로 활용할 수 있다는 점이 나타날 수 있도록 할 필요가 있다. 심사위원은 지원자가 어디에서 태어났고 어떻게 살았는지 그리고 취미가 무엇인지에 대해 시시콜콜 알고 싶어 하지 않는다는 걸 알아야 한다. '화목한 가정에서 ○남 ○녀의 ○째로 태어나…'와 같은 표현으로 시작하는 자기소개서는 곧바로 책상 아래로 내려간다는 사실을 명심해야 한다. 그런데 강조를 하려는 욕심에 추상적인 표현을 남발하는 것은 피해야 한다. '적극적이고 활달한 성격에…'나 '시켜만 주십시오.'등의 표현은 진부하여 역효과를 낼 수 있다.

기술할 내용별로 규격화되어 있는 자기소개서라면, 이처럼 각 분야에서도 강조할 내용을 중심으로 기술하지만, 규격화되어 있지 않은 자기소개서를 써야 한다면 내용별로 중간 제목을 매겨 이 중간 제목들만 읽어도 지원자가 내세우고 싶은 바를 파악할 수 있도록 할 필요가 있다.

Exercise 연습문제

위에 기술한 내용을 참조하여 자기소개서를 쓰고 이를 발표해 보자. 그리고 심사자가 되어 타인의 자기소개서에 나타난 문제점을 지적하여 보자.

3.2. 기사문 쓰기

기사문은 보도를 목적으로 사실을 객관적으로 쓴 글이다. 따라서 기사문을 쓰는 사람은 독자가 사실을 정확하게 파악할 수 있도록 충분한 정보를 제시해야 한다. 즉 '누가, 언제, 어디서, 무엇을, 어떻게, 왜'와 같은 육하원칙에 맞게 글을 써야 한다. 그런데 이러한 정보를 단순하게 나열하여 제시한다면 정보 전달이 원활하지 못할 수 있다. 이때에도 중요한 점은 중요한 부분을 강조하면서 사실을 명료하게 전달하는 것이다.

이 때문에 기사문은 전체 기사 내용을 대략 짐작할 수 있는 게 압축 요약한 표제表題, 표제를 보완한 부제副題, 육하원칙에 따라 표제의 압축된 내용을 다소 구체화한 전문前文, 기사내용을 자세히 기술한 본문本文, 독자들의 이해를 돕기 위해 해설 등을 덧붙인 마무리 등으로 이루어져 있다. 다음 기사를 보자.

우리 손으로 만든 세계최대 한자(漢字)사전 [表題]

단국대, 30년만에 완간 [副題]

세계 최대 규모의 한자(漢字)사전인 단국대판 '한한(漢韓)대사전'이 편찬을 시작한 지 30년 만에 완간된다. 단국대는 1일 "원고는 모두 탈고됐고, 총 16권 중 마지막권 인쇄만 남았다"며 "28일 완간 기념식을 서울 프라자호텔에서 열 계획"이라고 밝혔다. [前文]

단국대 판 '한한대사전'은 중국·일본·대만 등 한자문화권 국가들의 대표적인 사전을 앞선다. 이 대사전이 수록한 글자 수는 5만5000자, 단어는 45만개에 달한다. 책 권수는 총 16권이고 페이지 수는 2만 1,549쪽에 달한다. '모로하시사전'이라고 불리는 일본 대한화(大漢和)사전 4만 9000여자·39만 단어, 중국한어대사전 2만3000여자·38만 단어, 대만 중문대사전 5만여자·40만 단어를 능가한다.

단국대가 이 사전을 펴내는 데는 꼬박 30년이 걸렸다. 단국대 자체 예산 285억원, 국가보조금 25억2000여만원 등 총 310억여원이 들었으며 하루 평균 25명의 전문가가 동원됐다. 사전 편찬을 위한 예산 대부분을 대학 예산으로 채우다 보니 중단될 뻔한 위기도 여러 차례 겪었다. 특히 1993년 천안단국대병원을 짓다 단국대 학교법인이 부도를 겪었지만, 당시 장충식 총장의 고집으로 연구가 지속됐다. [本文]

장 전 총장은 최근 완간 소식을 접한 후 "죽은 뒤에 가져갈 게 없는 줄 알았더니 '한한대사전'

이 완성됐구나"라며 눈시울을 적셨다고 한다.

단국대 장호성 총장은 "'한한대사전' 완간 이후에도 연구자들은 물론 일반인들이 쉽게 (인터넷에서) 한자를 찾고 공부할 수 있도록 대사전을 디지털화하는 작업을 시작할 예정"이라고 밝혔다. [마무리]

—조선일보, 2008년 10월 2일자

위의 기사문을 보면 표제 부분은 '우리 손'과 '세계 최대'를 표제에 포함시킴으로써 '한자사전'의 의의를 강조하고 있다. 부제를 통해서는 이 사전이 단국대에 의해 30년 만에 완간되었음을 밝히고 있다. 독자들이 표제와 부제만을 보고도 이 기사문의 핵심적인 내용을 알 수 있게 한 것이다. 표제와 부제를 보고 관심이 있는 사람은 이 기사문을 더 읽게 될 것이다.

그런데 기사는 전문을 통해 이와 관련한 내용을 간추려 제시하고 있다. 이를 통해 한자사전의 제목이 『한한漢韓대사전』이고, 총 16권이며, 28일 서울 프라자호텔에서 완간 기념식이 열린다는 기초적인 사실을 파악할 수 있다. 이러한 사실을 알게 된다면 대체적인 개요를 파악한 것이기 때문에 본문에 접근하는 것이 보다 수월해질 것이다.

앞서 살펴본 자기소개서와 위에 제시한 기사문의 기술 방식을 살펴보면 실용적 글쓰기에서 중요한 사항은 글의 시작부터 독자들의 관심을 끌 수 있어야 하며, 독자들이 쉽게 전체 개요를 파악하여 글을 끝까지 읽어나가게 유도하는 것임을 알 수 있다. 이러한 전략은 우리가 쓰게 될 실용적 글쓰기에 공통적으로 해당하는 사항이다. 실용적 글쓰기는 대부분 독자에게 무언가를 설명하고 독자를 설득하기 위한 글쓰기이기 때문이다.

그런데 기사문이라고 하더라도 모두 이와 같은 구성을 갖는 것은 아니다. 기사문 작성자는 기사문의 내용이나 기사문을 통해 독자에게 말하려고 하는 것 등을 고려하여 기사문의 구성을 결정하기 때문이다. 다음 기사문을 보자.

도산 선생 주도 단체 "日은 노예 거부한 한국인들 죽이고…"

'한일강제합방 부당성 세계에 호소' 편지 발견

"부조리하고 잔혹하며 살인적인 정책의 실현을 위해… 일본은 정식 절차나 근거 없이 한국을 사랑하고 일본의 노예가 되기를 거부한 한국인을 죽이고 감금하고 있습니다."

> 도산 안창호 선생이 주도한 해외 독립운동단체인 대한인국민회가 1910년 한일강제합방 직전 세계 각국에 그 부당성을 호소한 영문 편지가 처음 나왔다. [前文]
>
> 정상수 명지대 인문과학연구소 연구교수는 16일 "국사편찬위원회가 복사해 보관하고 있는 독일 외교부 정치문서보관소 소장 한국 관련 외교 문서를 판독하는 과정에서 대한인국민회가 1910년 8월 6일 독일 황제에게 보낸 편지와 친필 편지 봉투를 발견했다"며 "8월 22일 한일강제합방이 조인되기 전까지 해외에서 그 부당성을 알리기 위한 각고의 노력이 있었음을 실증하는 사료"라고 밝혔다.
>
> 그동안 대한인국민회가 서구 열강에 편지를 보낸 사실만 알려져 있었으나 구체적인 내용을 알 수 있는 실물이 발견된 것은 처음이다.
>
> 대한인국민회는 미국 샌프란시스코에서 보낸 4쪽짜리 이 영문 편지에서 강제합방 과정이 국제법을 위반해 조약 효력이 없으며, 일본이 세계를 대상으로 전쟁을 수행하는 데 필요한 자원을 확보하기 위해 한국을 점령했다는 제국주의적 속성을 간파해 세계에 알리려고 했다.
>
> 이 편지에는 영문 이니셜로 서명한 5명의 이름이 기재돼 있다. 대한인국민회 연구자인 김도훈 친일재산조사위원회 조사과장은 "그중 4명의 이름이 확인되며 독립운동가 윤병구 황사용 이대위 목사, 최정익 선생"이라고 말했다. 도산은 당시 미국에 없었다.
>
> 대한인국민회는 이 편지에서 "현재 한국이 처한 무시무시한 상황이 세계에 알려져야 한다"며 "일본이 엄숙한 조약 의무를 위반하고…한국을 합병하려는 팔을 뻗치고 있다"고 말했다.
>
> —동아일보, 2008년 10월 17일자

위의 기사문은 표제에서 볼 수 있듯이 한일강제합방 부당성을 세계에 호소한 편지가 발견되었다는 사실을 보도한 기사문이다. 그런데 이 기사문의 부제는 "日은 노예 거부한 한국인들 죽이고"와 같은 편지 내용에서 일부를 취했다. 또한 전문은 다음과 같은 말로 시작하고 있다. "부조리하고 잔혹하며 살인적인 정책의 실현을 위해… 일본은 정식 절차나 근거 없이 한국을 사랑하고 일본의 노예가 되기를 거부한 한국인을 죽이고 감금하고 있습니다." 이 또한 편지 내용의 일부이다. '부제'와 '전문'이 '표제'의 내용을 보충하고 기사문의 개요를 설명하는 것이라 할 때, 위 기사문의 부제와 전문은 그러한 역할을 충실히 하고 있지 않다. 그렇다면 이 기사문을 작성한 사람은 왜 이러한 글쓰기를 했을까?

이 기사문은 한일합방의 부당성을 호소한 편지가 발견되었다는 사실을 보도함과 동시에 우리 민족의 수난사와 저항사를 환기하고자 하는 의도를 가지고 있다. 이 때문에 이 기사문의 작성자는 보도 내용의 개요와 함께 수난과 저항의 실제를 구체적으로 보여주고자 했을 것이다.

이처럼 기사문을 어떻게 구성하고, 표제와 전문 등을 어떻게 선택하느냐에 따라 기사문 작성자의 의도와 개성이 드러난다. 그리고 기사문 작성자는 자신의 의도와 개성을 효과적으로 표현하기 위해 독자의 관심을 끌 수 있는 표현을 고안하기도 한다. 다음 예는 해학적인 표현으로 독자의 관심을 끌었던 기사문이다.

뚜껑 열리는 나이트, '뚜껑' 열린 주민들[表題]

돔 형태의 나이트클럽이 한 밤 중 개장 중에 지붕을 여는 데 대해 인근 주민들의 반발이 거세지고 있다. 하지만 뚜렷한 법적 제재 기준이 없어 관계당국과 지자체가 손을 놓을 수밖에 없는 처지가 됐다. [前文]

최근 이른바 '뚜껑'나이트클럽이 수도권은 물론 제주에까지 확산되면서 주민들의 집단민원이 줄을 잇고 있다. 손님을 끌기 위해 개조하거나 신축된 이들 나이트클럽은 전국에 10여 곳에 달하는 것으로 알려졌다. 대부분 하루 두세 번 수 분 정도만 개방을 하고 있지만 지역주민들은 소음과 위화감 조성, 교육 문제 등을 이유로 반발하고 있다.

경기도 수원의 경우 나이트클럽의 개조공사를 앞두고 소음이 우려된다고 민원을 제기해 공사가 일시 중단됐으나 나이트 클럽측이 반발하자 경기도는 법적으로 막을 수 없다며 공사를 허용했다. 수원시청 등의 홈페이지에는 하루에도 수십 건의 민원이 접수되고 있어 주민들의 반발은 줄어들 기미를 보이지 않고 있다.

—아시아경제, 2008년 11월 2일자

이상으로 기사문의 구성과 기사문 쓰기의 방식에 대해 간단하게 설명하였다. 이 절에서 설명하고자 했던 것은 기사문을 어떻게 써야 하느냐는 기술적인 문제만은 아니었다. 기사문의 실례를 통해 독자들의 관심을 끌고 독자들의 이해를 도울 수 있는 글쓰기 방식이 얼마나 중요하며 이를 위해 어떻게 글을 써야 하는지를 설명하는 것이 이 글의 가장 중요한 목적이었다.

Exercise 연습문제

동일한 사실을 다룬 두 개 이상의 기사문을 발췌하여 기사문의 구성 방식과 글쓰기 전략을 비교해 보자. 그리고 자신이 기사문 작성자가 되어 새로운 기사문을 직접 써 보자.

4. 비판적 글쓰기

비판적 글쓰기란 정해진 사안에 대하여 논쟁이 되는 주장들을 면밀히 살펴본 후 균형 감각을 지닌 상태에서 자신의 관점에 따라 주장을 하는 글쓰기 방법을 말한다. 비판적 글쓰기는 대개 사회적으로 쟁점이 되는 사안에 대해 이루어지는 경우가 많으므로 사회 발전에 기여하는 측면에서 적절한 대안을 제시할 수 있도록 쓰는 것이 바람직하다. 우리는 논쟁이 되는 문제를 대할 때 양비론兩非論이나 양시론兩是論에 빠지기 쉽다. 그러나 '어정쩡한 절충'은 문제를 대하는 자신의 사고가 대단히 빈약하다는 것을 보여주는 증거라 할 수 있다. 자신의 가치관이나 세계관이 분명한 사람은 어떤 문제가 발생했을 때 자신의 입장을 분명히 밝힘으로써 토론에 생산적으로 기여할 수 있다. 이때 중요한 것이 바로 균형 감각이다. 자신과 다른 생각을 가진 사람들을 존중할 줄 알아야 하며, 반대되는 의견을 비판할 때는 충분한 근거를 제시해야 설득력을 얻을 수 있다.

비판적 글쓰기를 통해 작성된 글은 신문이나 잡지 등에서 쉽게 찾아볼 수 있다. 신문 사설은 비판적 글쓰기를 통해 표출된 대표적인 글의 한 유형이며, 신문이나 잡지의 칼럼이나 독자투고, 나아가서 서평까지도 비판적 글쓰기의 한 유형으로 생각할 수 있다. 다른 글들도 마찬가지이지만 특히 비판적인 글에서는 글을 쓴 필자의 문제의식이 명확하게 드러나야 한다. 이러한 문제의식은 필자가 어떠한 가치관 혹은 세계관을 지녔는가에 따라 극명하게 다른 방식으로 표출되기도 한다. 이런 까닭에 때로 비판적 글쓰기의 경우 논쟁이 되는 사안 그 자체에 대한 접근보다는 필자의 세계관이 논쟁의 대상이 되기도 하는데, 세계관이나 철학적 입장에 대한 논쟁은 자칫 구체적인 사안을 덮어버리고 결말 없는 평행선상의 논의로 흘러가버릴 염려가 있으므로 주의해야 한다. 세계관에 바탕을 두고 구체적 사안에 대한 견해가 도출되기는 하지만 논쟁적인 주제를 대상으로 상대를 설득시키기 위해서는 세계관에 대한 논쟁보다는 구체적 사안에 대해 합리적인 반대 논거를 제시하는 것이 더 효과적인 방법이 된다.

비판적 글쓰기의 방법으로 작성된 다음 두 편의 글은 국가의 향후 에너지 정책에 대하여 서로 다른 견해를 보여준다. 특히 원자력에너지를 활용하기 위해 원자력발전소를 짓는 문제에 대해서는 확연한 반대 의견을 드러낸다. 이 두 편의 글을 읽고 양쪽에서 주장하는 바는 무엇이며 독자에게 이를 설득시키기 위해 각각 어떠한 논거들을 들고 있는지 살펴보도록 하자.

예시글 1 : 원전 더 짓는 게 국가 에너지 대책인가

오는 2030년까지의 에너지 정책과 집행의 뼈대인 국가에너지 기본계획안이 나왔다. 원력 발전시설 비중을 현재 26%에서 41%로 늘리고, 신재생 에너지 보급률을 11%로 높이겠다는 내용 등이 담겼다. 최근의 고유가 흐름을 틈 타 원자력발전소를 대거 신설하겠다는 것이 주된 내용이어서 정부의 기본계획안에 동의하기 어렵다.

국가에너지 기본계획을 세울 때는 분명한 철학을 제시해야 한다. 단순히 국내외 여건에 따른 에너지 수급을 전망하고, 그 대책을 마련하는 데 머물러선 안 된다. 우리 사회는 에너지 과소비형 구조다. 이런 경제, 사회 구조를 어떻게 저소비형으로 만들 것인지가 에너지 정책의 최대 과제다. 에너지 기본 계획은 이에 대한 분명한 철학과 구체적이고 현실성 있는 대책을 보여줘야 한다. 정부는 2030년까지 에너지 효율을 선진국 수준으로 높이고, 1차 에너지 소비 연평균 증가율을 1.1%로 낮춰 잡았다고 하지만 여전히 미흡하다.

에너지 절감에 대한 절박감이 없다보니 수요 예측이 방만하게 되는 건 당연하다. 정부는 2030년까지 총에너지 수요가 2006년보다 47% 가량 늘어날 것으로 예측했다. 이에 대비해 원전 시설을 대폭 늘리겠다는 게 정부 계획인데, 대단히 편의적인 발상이다. 원전 설비 비중을 41%로 늘리려면 140만KW급 원전 11기를 새로 지어야 한다. 그동안 원전 건설을 둘러싸고 우리가 치렀던 막대한 사회적 비용을 고려하면, 원전 확대는 결코 바람직하지 않을 뿐 아니라 실현 가능성도 대단히 불투명하다.

신재생 에너지 비중을 11%로 높이기는 했지만 여전히 낮다. 더 큰 문제는 신재생 에너지에 대한 정부의 근시안적인 시각이다. 신재생 에너지 분야는 단지 그 비중을 얼마나 늘리느냐의 문제만은 아니다. 앞으로 세계적으로 신재생 에너지 산업이 폭발적으로 늘어날 가능성이 높다. 국내 관련업체들이 신재생 에너지 산업 경쟁력을 높여 외국으로 진출할 수 있도록 장기적인 관점에서 지원할 필요가 있다.

정부는 이달 말에 열리는 국가에너지위원회에서 국가 에너지 기본계획을 확정한다고 한다. 하지만, 기본계획안에는 아직 사회적 합의가 이뤄지지 않은 내용들이 그대로 남아 있다. 시간에 쫓겨 졸속으로 처리하지 말고 시민단체 등 각계 의견을 좀 더 수렴해, 사회 구성원이 두루 동의할 수 있는 에너지 기본 계획을 마련하길 바란다.

— 한겨레신문, 2008년 8월 14일 사설

예시글 2: 원자력 발전소 더 많이 지어야

2030년까지 11기의 원자력 발전소를 더 짓기로 한 국가에너지 계획안은 기본적으로 올바른 방향이다. 원전 발전 비중을 41%로 끌어올린다는 목표는 프랑스(78%)나 스웨덴(52%)과 비교해도 과도한 수준은 아니다. 지난 15년간 우리는 사실상 원전 건설에 손을 놓았다. 자원 빈국인데도 터무니없는 만용을 부린 것이다. 그만큼 화석연료 의존도가 높아졌고, 오일쇼크 대응 능력은 취약해졌다. 자원 전쟁 속에서 나라 운명을 남의 손에 맡긴 것이나 다름없다.

원전이나 방사능 폐기물 처리장은 시간도 많이 걸리고 큰돈이 들어가는 프로젝트다. 부지 선정부터 간단치 않고 환경단체의 반대도 여전하다. 하지만 화석연료 고갈이나 강화되는 온실가스 규제를 떠올리면 원전 건설 외에 다른 현실적 대안은 없다. 태양열이나 바이오 연료 같은 신재생에너지는 아직 가야 할 길이 멀다. 미국·중국·유럽 등도 앞다투어 다시 원전 건설에 매달리는 현실이다.

지난 3년간 우리만큼 에너지 안보와 자원 확보의 중요성을 절감한 나라도 없다. 국제원유 가격이 한풀 꺾였다고 절박한 위기의식마저 풀어헤쳐선 안 된다. 우리는 주민투표를 통해 방폐장 부지를 성공적으로 선정한 경험이 있다. 세계 최고 수준의 원전 시공 능력과 운영기술도 갖추고 있다. 에너지 대란 시대에 원전은 우리 하기 나름에 따라 새로운 기회가 될 수 있다. 이제 남은 일은 원전에 대한 국민적 공감대를 넓혀가면서 더 많은 원전을 세우는 것이다. 안정적인 에너지 공급 없이 우리 경제의 미래는 없다.

— 중앙일보, 2008년 8월 15일자 사설

〈예시글 1〉은 원전 추가건설에 대해 분명한 반대 입장을 표명한 반면 〈예시글 2〉는 글 서두에서부터 이를 지지하고 나섰다. 이러한 견해 차이는 국가의 향후 에너지 정책에 대한 기본 입장이 서로 다른 데서 비롯된다. 〈예시글 1〉은 우리나라가 에너지 과소비형 구조임을 지적하고 이를 저소비형 구조로 전환하는 대책을 마련해야 함을 주장하면서 새로운 에너지 개발도 원전이 아닌 신재생에너지 쪽으로 초점을 맞춰야 한다고 보았다. 이에 반해 〈예시글 2〉는 현재의 국가에너지 기본 계획안에 전적으로 찬성하면서 신재생에너지는 투자 대비 활용도를 높이기에 시간이 너무 걸리므로 실현 가능한 방법은 원전 건설밖에 없음을 강조했다. 이러한 주장을 입증하기 위한 구체적 논거로 〈예시글 1〉에서는 그간 원전 건설 과정에서 치러야 했던 막대한 사회적 손실을 들었고 〈예시글 2〉에서는 우리나라에 비해 상대적으로 높은 스웨덴과 프랑스의 원전 발전 비율과 미국·중국·유럽이 신재생에너지 연구에서 원전 건설 중심으로 돌아선 사례를 들었다.

양쪽의 주장은 글만으로 보면 둘 다 모두 합리성을 갖는 의견으로 보일 수 있다. 어떻게 하나의 사안에 대해 제시된 정반대의 주장이 각자 나름대로의 합리성을 가질 수 있을까? 〈예시글 1〉은 현재의 상황만을 보지 말고 미래적 가치에 투자하자는 가치관을 보여준다면 〈예시글 2〉는 현재의 상황이 급박하므로 미래적 가치보다는 현재적 가치를 택하자는 입장을 드러낸다. 결국 글 기저에 깔린 필자의 가치관의 차이가 구체적 사안에 대한 해결방안에 있어서도 정반대의 방법을 제시하는 방식으로 표출된 것이다.

이 두 주장에 대한 옳고 그름을 판단하기 위해서는 글 자체의 논리성을 넘어서 과학적 지식에 기초한 사회 현상에 대한 적절한 분석 및 예측이 요구된다. 또한 유럽이나 미국 및 동아시아 주변 국가들의 에너지 정책에 대한 현황 파악도 겉핥기 식이 아닌 심도 있는 조사 보고가 이루어져야 할 것이다. 더불어 그간 우리나라에서 진행된 원전 건설과 방폐장 부지 선정 과정에 대한 평가도 두 편의 글에서 상반되게 나타나는데, 이 역시 과거 사례들에 대한 정확한 분석을 통해 평가를 내려야 할 문제일 것이다. 이와 같이 비판적 글쓰기에 있어서는 주어진 사안에 대한 체계적인 지식과 분석이 반드시 필요하며 주장에 대한 타당성을 입증할 수 있는 중요한 관건이 된다. 자신의 철학적 가치관에 바탕을 두고 최대한 주어진 사안에 대한 체계적 지식과 사례 연구를 한 후 그 결과에 의거하여 비판적 글쓰기가 이루어져야 할 것이다.

연습문제

1. 다음 두 편의 글에서 같은 사안에 대해 어떠한 반대 의견을 표출했으며 그 구체적 논거로는 무엇을 들고 있는지 분석하시오.

예시글 1 : 성립될 수 없는 '건국 60년'

이명박 정부는 올해를 건국 60년이라며 각종 기념사업을 추진하면서, 8.15 광복절을 건국절로 바꾸어 행사를 하고자 했다. 이에 대해 올해가 건국 60년이 아니라는 문제점이 지적되고, 또 강력한 반대운동이 일어나자, 광복 63년 및 건국 60년이란 명칭을 쓴다고 한다. 어떻게든 건국 60년을 기념하려는 것이다. 대한민국이 1948년에 건국되었다는 '건국 60년'은 역사적 법률적은 물론이고, 상식적으로도 성립되지 않는 말이다.

우리 역사에서 국호를 대한민국으로 한 정부가 수립된 것은 두 번이었다. 1919년 3월 1일 독립을 선언한 후 4월 11일 중국 상해에서 대한민국 임시정부를 수립했고, 일제로부터 독립한 뒤 1948년 8월 15일 또다시 대한민국 정부를 수립하였다. 1948년 수립된 것은 새로 건국한 것이 아니라 임시정부를 계승 재건한 것이다. 대한민국은 1919년에 비롯되었고 89년의 역사를 가지고 있다.

임시정부의 연호를 대한민국 정부에서 그대로 사용하였다는 역사적 사실 하나만 들어도 건국 60년은 성립될 수 없다. 1948년 9월 1일 정부가 〈관보〉 제1호를 발행하면서, '대한민국 30년 9월 1일'이라고 하였다. 임시정부가 사용한 '대한민국'이란 연호를 그대로 쓴 것이다.

또 이 말은 법률적으로도 성립될 수 없다. 제헌헌법 전문에 "대한민국은 임시정부를 계승하여 재건한 것"이라 하였고 1987년 개정된 헌법도 "우리 대한 국민은 3.1운동으로 건립된 대한민국 임시정부의 법통을 계승하고"라고 쓰고 있다.

일반적 상식으로 보아도 성립될 수 없다. 고려대는 그 연원을 보성전문학교에 두고 있고 연세대와 이화여대 등도 마찬가지다. 이는 〈조선일보〉와 〈동아일보〉도 마찬가지다. 조선과 동아는 각각 1920년 3월 5일과 4월 1일에 창간되었다. 이후 두 신문은 조선총독부로부터 여러 차례 정간을 당했고 1940년에 폐간되었다가 해방 후 다시 발행되었다. 그러나 두 신문은 해방 후 복간된 날에 자신의 연원을 두지 않는다.

건국 60년은 역사적 법률적으로는 물론 일반 상식으로 보아도 성립되지 않는다. 더구나 국가의 주권은 국민에게 있고 국민이 주인이라고 하는 나라에서 국민들이 받아들이지 않는 건국 60

년을 정부가 일방적으로 기념하는 것이다.

—한시준(단국대 역사학과 교수), 한겨레신문, 2008년 8월 12일자 칼럼

예시글 2 : 건국 60년 자랑스러운 대한민국

광복 63년, 건국 60년이 되는 아침이다. 그 역사적 비중 앞에서 광복절이 맞니, 건국절이 맞니 하는 다툼은 옹졸하다. 광복은 노예의 족쇄에서 풀려난 해방의 기쁨으로, 건국은 우리 손으로 근대 국가를 세운 자긍심으로 함께 기려야 할 역사다.

일제의 갑작스러운 항복으로 도둑같이 찾아온 해방은 혼돈의 시작이었다. 그 와중에 우리 스스로의 힘으로 나라의 기틀을 잡은 것이 오늘로부터 꼭 60년 전인 1948년 8월15일 건국이다. 단순한 '정부 수립의 날'이 아니라 대한민국이란 훌륭한 나라를 일으킨 날이라는 자긍심에서 건국이라 불러 마땅하다.

근대화에 성공한 60년의 역사는 대한민국에 대한 자부심을 갖게 하기에 충분하다. 산업화와 민주화를 동시에 이루었다는 성공신화는 과장된 수사나 정파적 레토릭이 아니다. 객관적 사실이다. 이 모두 우리 손으로 일궈냈다. 그 기틀을 마련한 것이 건국이다. 그 정신은 제헌헌법에 명시된 자유민주주의와 시장경제질서다. 전쟁과 혁명이란 격동의 세월 속에서 9번의 개헌을 거치면서도 그 정신과 염원은 지켜졌다. 그리고 60년 만에 대한민국은 고고의 일성으로 외쳤던 자유민주주의와 시장경제 질서의 성공신화를 보여주고 있다.

물론 그 과정에서 힘든 고비도 많았고 어두운 흔적도 적지 않다. 해방된 한반도는 냉전의 전초기지라는 불가항력의 운명에 휘둘렸다. 분단과 전쟁은 우리만의 힘으로 막아낼 수 없었다. 그렇지만 우리는 60년 전 건국의 정신이 옳았고, 곡절에도 불구하고 근대화에 성공했다. 이제 대한민국의 60년을 신식민지와 분단, 독재와 종속과 같은 부정적 개념으로 해석하는 자학적 역사관을 벗어던져야 한다. 편협한 애국심이나 배타적 민족주의여선 안 된다. 경제력에 비해 상대적으로 떨어지는 국제적 영향력을 회복하고 주변국을 설득해 한반도의 평화통일을 이뤄낼 수 있는 열린 마음이어야 한다.

—중앙일보, 2008년 8월 15일자 사설

5. 디지털 글쓰기

언어활동이 정보화 환경을 적극적으로 수용하는 경우 우리는 디지털이라고 하는 새로운 미디어의 운용 방식에 의해 탄생한 '디지털 언어'를 만나게 된다. 아날로그 시대에서 디지털 시대로의 전환이 인간 삶의 모든 국면에서 혁명적인 변화를 가져왔으며, 이것은 언어활동의 영역에서도 예외가 아니다. 우리는 직접 눈으로 책을 읽고 손으로 글을 쓰던 방식에서 벗어나서 컴퓨터에 실행된 읽기와 쓰기 프로그램을 사용하거나, 인터넷으로 연결된 가상공간에서 글을 읽거나 쓴다. 이러한 디지털 언어를 통해 작성된 글쓰기 방식으로 여기서는 인터넷 글쓰기와 프레젠테이션 및 동영상 글쓰기에 대해 알아보고자 한다.

5.1. 인터넷 글쓰기

5.1.1. 인터넷 글쓰기의 특징

인터넷상에서 글을 쓰는 것은 종이 매체에 쓰는 것과는 다른 특징을 지닌다. 먼저 종이 매체의 지면과 인터넷 모니터의 크기를 비교하면 종이가 인터넷에 비해 우위를 차지한다. 종이 한 면은 컴퓨터 모니터에 비해 담는 양이 크고 넓다. 인터넷 신문의 경우 바bar를 위아래로 움직이고 마우스를 이리저리 움직여야 신문의 한 면에 해당하는 부분을 볼 수 있다. 잡지나 A_4 용지의 경우도 마찬가지이다. 즉 인터넷은 종이 매체에 비해 한 번에 많은 부분을 볼 수 없고, 일목요연하지 않아 파악하기 어렵다는 특징을 지닌다. 선명도에 있어서도 종이 매체가 인터넷보다 뛰어나다. 그러다 보니 종이 매체에 비해 읽는 속도가 늦고, 이해도가 낮다. 따라서 인터넷에서 글을 쓰게 되면 오자나 탈자가 많아지며 교정을 보기도 어렵다. 이를 방지하려면 중요한 글은 꼭 종이로 출력한 다음 틀린 부분이 없는지 확인하는 습관을 가져야 한다. 인터넷과 종이 매체의 차이점에 근거할 때 인터넷 글쓰기는 상대적으로 부족하다고 생각되는 집중도와 정확도, 이해도를 보완할 수 있게끔 작성되어야 한다고 볼 수 있다.

5.1.2. 인터넷 글쓰기의 예

인터넷 글쓰기를 보편화시킨 데는 이메일과 게시판의 역할이 컸다. 이메일은 인터넷을 통해 주고받는 편지글이다. 짧은 글의 경우는 본문에 바로 쓰는 것이 편하나 글이 길거나 글의 내용을 일목요연하게 볼 수 있도록 하려면 문서로 따로 만들어 첨부하는 게 좋다. 이메일은 글을 쓰지 않던 사람들에게 글을 쓰게 하는 효과를 거두었다는 점에서 긍정적 기능이 크다. 문서를 빠른 속도로 주고받을 수 있다는 점도 장점이다. 이메일을 이용해 상품을 홍보하는 이메일 마케팅을 비롯해 이메일을 이용한 사업도 많아졌다. 그러나 필요한 정보보다 쓰레기 정보가 더 많은 스팸 메일spam mail의 문제나 문서보관에 있어 안전성이 떨어지는 점 등은 개선이 필요하다.

게시판 글은 이메일 글과 형식은 비슷하나 파급효과는 확연히 다르다. 이메일이 정해진 상대방에게만 글이 가는 데 비해, 게시판은 불특정 다수가 볼 수 있기 때문에 그만큼 파급 효과가 크다. 게시판에 따라 실명과는 다른 별도의 ID닉네임를 사용하는 경우도 있고, 실제 실명을 사용하는 경우도 있는데, 최근 인터넷상에서 이루어진 언어 파행이나 인신공격이 심각한 수준에 이르자 별도의 닉네임을 사용하는 경우도 등록 자체는 실명으로 하게끔 조치를 취하는 경우가 대부분이다. 현재는 이러한 인터넷 실명제가 상대적으로 많은 인원이 사용하는 포털 사이트에만 적용되고 있는데, 이를 보다 강화해야 한다는 주장도 강하게 제기되는 것이 현 실정이다. 이와 더불어 인터넷 사용 연령이 계속 낮아지는 추세를 반영하여 초등학교 저학년부터 인터넷 사용과 관련한 예절교육을 받게 해야 한다는 의견도 나오고 있어 조만간 현실화될 것으로 보인다.

회사나 단체의 인터넷 사이트, 또 개인의 인터넷 사이트 자체를 홈페이지라 부르기도 하고, 홈페이지의 프론트 페이지를 홈페이지라고 부르기도 한다. 홈페이지를 만들려면 많은 글이 필요하다. 글 외에도 이미지나 동영상이 필요하고 때론 슬라이드 쇼, 비디오 슬라이드 쇼 등 새로운 양식의 스타일도 필요하게 된다. 이 가운데 가장 중요한 것은 글이다. 네티즌에게 필요한 정보 및 자료를 얼마나 이해하기 쉽게 잘 썼는가가 홈페이지의 성공 여부를 좌우한다. 이밖에 아마추어 작가들이 글을 올리는 사이트도 흔한데, 장르를 총망라하여 재기발랄한 신인작가의 새로운 등용문의 역할을 하고 있다. 인기 연예인들의 팬 페이지(팬이 만든 홈페이지)에도 작가란이 많다. 팬들이 인기 연예인들을 소재로 쓴 소설을 팬픽이라고 하는데, 작가에 따라서는 엄청난 조회수를 자랑한다.

온라인 신문, 웹진, 인터넷 방송 등을 포괄해 지칭하는 온라인 저널 역시 인터넷 글쓰기의 중요한 영역이다. 이에는 인터넷 속의 신문을 가리키는 온라인 신문이 대표적이다. 온라인 신문에는 디지털 조선일보처럼 오프라인 신문을 온라인으로 옮긴 것이 많지만, 이와는 달리 오마이뉴스나 대자보, 딴지일보처럼 순수 온라인 신문도 있다. 오마이뉴스는 시민들을 기자로 합류시켜 큰 반응을 불러일으켰다. 일반 언론들처럼 중앙통제식의 일방적인 기사 전달이 아닌 쌍방향간의 기사 전달이 가능하므로 네티즌들이 원하는 기사를 접할 수 있기 때문으로 보인다.

5.1.3. 인터넷 글쓰기의 구성 방식

인터넷상에서 글쓰기를 할 때는 앞서 살핀 바와 같이 종이 매체에 쓰는 경우에 비해 집중도와 정확도, 이해도가 떨어지기 때문에 이를 보완할 수 있는 구성 방식을 택하는 것이 효과적이다. 인터넷 글쓰기에 효과적인 구성 방식은 대개 역피라미드형, 월스트리트 저널형, 피라미드형, 혼합형, 단락 독립형 등을 들 수 있다.

① 역피라미드형

역피라미드형은 피라미드의 가장 넓은 밑부분이 위로 올라와 있는 모습이다. 즉 가장 중요한 내용부터 먼저 서술하는 방식을 말한다. 집중이 되지 않는 인터넷 모니터에서 글을 읽고 빨리 이해하도록 하려면 첫 문장에서 가장 중요한 것을 말해주는 역피라미드형 서술 방식이 가장 적합하다. 역피라미드형 구성 방식은 '가장 중요한 내용-중요한 보충 사실-흥미 있는 세부 사실-세부 사실'의 순서로 쓰는 것이 효과적이다.

② 월스트리트 저널형

미국의 『월스트리트 저널』의 1면 트렌드 기사에서 자주 다룬 구성 방식이라고 해서 월스트리트 저널형으로 부른다. 이 신문의 1면 트렌드 기사는 삽화나 예화 등 실례 중심의 가벼운 내용이 글의 전면을 차지하여 환영을 받았다. 즉 월스트리트 저널형은 가벼운 예화 중심의 내용으로 먼저 네티즌의 주목을 끈 다음 핵심 사항으로 접근하는 방식이다. 형식은 '흥미 있는 세부 사실(삽화나 예화 등의 실례)-가장 중요한 내용-중요한 보충 사실-세부 사실'의 순서로 전개된다. 세부 사실이라 할지라도 삽화나 예화의 흥미도에 따라 전면에 내세울 경우 인터넷 독자의 눈을 끌기에 충분하다는 판단이 섰을 때 활용할 만한 구성 방식이다.

③ 피라미드형

역피라미드형과는 반대로 피라미드가 바로 서 있는 모양을 연상시키는 구성 방식이다. 맨 뒤에 중심 내용을 서술하는 방식으로 연대기적 유형이라고 할 수 있다. 사람의 성장 과정이나 사건의 흐름 등을 서술할 때 주로 활용된다. 글의 내용이 크게 주목을 끌거나 도발적이지 않고 평범하면서도 감동을 주는 쪽일 때 피라미드형을 활용하는 것이 좋다.

④ 혼합형

글의 맨 앞과 끝 부분에 중요한 내용이 게재되는 방식으로 일반적 글쓰기에서 양괄식 구성이라 부르는 형식과 유사하다. 피라미드형으로 글을 써야 하는데 서두 부분이 약해 독자들이 읽지 않을까 염려된다면 이 혼합형을 활용할 수 있다. 일단 핵심적 내용을 전문에 담은 후 피라미드형의 본문을 연결하면 혼합형이 된다.

⑤ 단락 독립형

내용이 달라지는 각 단락들을 독립시켜 쓰는 방식으로, 각 단락들은 내용과 형식에서 서로 독립된 성격을 띤다. 한 단락에서의 글은 또 다시 역피라미드형이나 월스트리트 저널형, 피라미드형을 나타낸다. 단락 독립형으로 쓴 부분 앞에 글의 내용을 소개하거나 총괄하는 전문을 넣기도 하며, 독립된 각 단락마다 중간 제목을 넣으면 읽기 쉽고 이해가 빠르다.

5.2. 프레젠테이션

프레젠테이션은 컴퓨터나 기타 멀티미디어를 이용하여 그 속에 담겨 있는 각종 정보나 아이디어를 사용자 또는 대상자에게 전달하거나 설득하는 행위를 말한다. 프레젠테이션은 의사소통 방식의 하나라고 할 수 있으나 일반적인 말하기와는 차이가 있다. 일반적인 말하기에서 활용되는 발표자의 목소리와 몸짓뿐만 아니라 시청각 자료 및 청중을 참여시키는 다양한 기술을 사용하여 복합적인 매체로 메시지를 전달하는 것이다.

사용하는 제작 도구에 따라 프레젠테이션의 종류를 살펴보면 대략 파워포인트 프레젠테이션, 동영상 프레젠테이션, 플래시 프레젠테이션, 디렉터 프레젠테이션, 3D 프레젠테이션, 캐릭터를 이용한 프레젠테이션, 실물 모형 프레젠테이션 등 일곱 가지 정도를 들 수 있다. 이 가운데 파워포인트는 전달 내용을 간결하고 단순하게 표현하는 데 장점을 지니고 있다. 마이크로소프트사에서 개발한 사무용 프로그램인 마이크로소프트 오피스에 포함되어 있어서 직장인들이 쉽게 접할 수 있고, 표나 차트 및 도형 등을 자유자재로 활용할 수 있다. 이러한 장점 때문에 직장인은 물론 학생들의 경우도 프레젠테이션을 사용할 때 90% 이상이 파워포인트를 사용한다고 한다.

프레젠테이션의 과정은 크게 기획 단계와 구성 단계, 발표 단계의 셋으로 구분된다. 이러한 단계에서의 작업 내용을 세부적으로 살펴보면 다음과 같다.

기획 단계

– 프레젠테이션의 목적과 예상 성과의 확정
– 자료 수집, 시장 조사를 통한 정보의 분석과 정리
– 전달 내용의 확정과 콘텐츠 작성
– 프레젠테이션 장소, 청중의 특성 등 발표 상황 분석

구성 단계

– 세부 목차의 확정과 원고 작성
– 슬라이드 스케치 및 스토리보드 작성
– 슬라이드 디자인

발표 단계

– 발표용 원고 작성과 리허설 진행
– 청중에 대한 이해
– 발표 환경에서의 돌발 상황에 대비
– 청중의 질문에 대한 대비

프레젠테이션의 과정을 이와는 좀 다르게 '전략 세우기, 시나리오 짜기, 시각 정보로 표현하기, 설득력 있게 전달하기, 쌍방향 프레젠테이션으로 설득하기'의 다섯 단계로 나누어 보는 경우도 있는데, '전략 세우기'가 기획 단계에 해당되고, '시나리오 짜기'와 '시각 정보로 표현하기'가 구성 단계에 해당되며, 마지막 '설득력 있게 전달하기'와 '쌍방향 프리젠테이션으로 설득하기'는 발표 단계에 해당하는 것으로 볼 수 있어 큰 차이는 없다.

5.3. 동영상 글쓰기

동영상 글쓰기는 앞에서 다룬 인터넷 글쓰기나 프레젠테이션의 경우와 비교하면 아직 일반화된 개념은 아니다. 최근 디지털 시대에 들어서면서 말보다는 글을 주도적으로 활용해 간명하게 의사소통을 꾀하는 새로운 형태의 영상물이 부쩍 늘고 있는데, 이렇듯 동영상 콘텐츠를 활용해 목적하는 바를 달성하고자 할 때 주도적으로 활용되는 글쓰기 방식이 동영상 글쓰기라 할 수 있다. 이러한 방식의 영상물을 '읽기형 동영상 콘텐츠'라 부를 수 있겠는데, 영상 내에서 말보다는 글을 주도적인 주제 전달 매체로 사용하며 소리의 경우 인간의 말소리는 최대한 배제하고 자연의 음향이나 배경 음악 정도만을 활용한다. 읽기형 동영상 콘텐츠에서는 말이 아닌 글을 통해 주제를 전달하므로 영상을 보면서도 책을 읽는 효과를 거둘 수 있으며 짧은 영상 속에서도 다량의 정보를 제공할 수 있는 장점이 있다.

읽기형 동영상 콘텐츠는 아직까지 방송이나 매스컴에서 일반화된 영상물은 아니다. 하지만 공익 광고나 정규방송의 예고편에서처럼 짧은 시간 내에 시청자들에게 메시지를 인상적으로 전달하고자 하는 방송물에서는 그 사례를 쉽게 찾아볼 수 있다. 그 대표적인 예로 EBS 교육방송의 프로그램인 〈지식채널 e〉를 들 수 있다. 사회와 자연, 문화 등 인류의 지식 활동이 전개될 수 있는 모든 영역에서 지식과 관련된 논의를 펼치는데, 그 대부분이

영상과 문자 텍스트를 중심으로 담론을 전개하는 읽기형 동영상 콘텐츠이다. 이와 같이 읽기형 동영상 콘텐츠는 각각의 문자 텍스트가 이어져서 하나의 의미 있는 담론으로 완성되는 일종의 독해형 영상물이라고 할 수 있다.

영상 내에서 문자 텍스트를 활용하는 것은 새삼스러운 일은 아니다. 오랜 세월 동안 문자 텍스트는 자막이라는 형태로 활용되었기 때문이다. 하지만 그 용도는 외국어 번역문이나 전문 용어 해설문을 담는 정도의 보조적이거나 제한적인 것이었지, 전체 담론을 체계적으로 형성할 만큼 주도적이거나 적극적인 것은 아니었다. 이에 비해 디지털 시대에 들어서면서 부각된 읽기형 동영상 콘텐츠는, 방송에서는 광고 영상이나 〈지식채널 e〉와 같은 영상 지식 콘텐츠를 통해, 교육 현장에서는 미디어리터러시Media literacy(미디어를 사용하여 사유하고 표현하며 전달하는 능력, 곧 미디어문식력) 학습도구나 교육용 영상 콘텐츠를 통해, 그리고 온라인에서는 인터넷 배너 광고나 이러닝E-learning 학습 및 UCC나 공공기관의 영상정보 사이트 등을 통해 새롭게 부상하고 있다.

읽기형 동영상 콘텐츠에 활용되는 문자 텍스트를 구축하기 위해서는 문자 담론의 의사소통 기능에 주목하여 '표출적 담론과 설득적 담론, 문학적 담론, 지시적 담론'의 유형으로 나누어 글쓰기 방안을 모색할 수 있다. 표출적 담론은 작자에게 초점이 맞추어져 있는 담론으로서 일기나 일지처럼 작자 자신이 담론의 주제가 되고 독자가 되기도 하는 개인적 성향의 담론이다. 그래서 영상일기나 영상자서전, 영상 에세이처럼 제작자의 주관적이고도 독창적인 견해를 제시하고자 하는 영상콘텐츠의 글쓰기에 효과적이다.

지시적 담론은 이야기하고자 하는 대상의 실재에 초점이 맞추어져 있는 담론으로, 실험보고서나 신문보도처럼 직접적으로 주제를 구현하면서 이미 알려진 개념이나 사실에 대한 지식을 아직 모르고 있는 사람에게 설명하는 방식의 담론이다. 그래서 영상보고서나 다큐멘터리처럼 객관적이고도 체계화된 지식을 전달하고자 하는 영상콘텐츠의 글쓰기에 효과적이다.

문학적 담론은 형상화된 주제에 초점이 맞추어져 있는 담론으로, 주제가 문학적으로 가공된 간접적 담론이다. 주제를 직접적으로 전달하기보다는 구체적 문예형상을 통해 재구성함으로써 전달의 묘미를 추구하는 예술적 담론인 것이다. 그래서 영화나 드라마, 애니메이션처럼 구체적인 예술 형상을 통해 창의적으로 메시지를 전달하고자 하는 영상콘텐츠의 글쓰기에 효과적이다.

마지막으로 설득적 담론은 수신자에게 초점이 맞추어져 있는 담론으로 작자가 의도한 바대로 수신자가 해주기를 바라는 비평이나 논술, 광고, 설교 등이 대표적 예이다. 사회적으로 아직 정립되지 않은 가치관이나 잘못된 행위들을 바로잡기 위해 문제를 제기하고 논거를 들어 설득을 펼치는 가치지향적 담론인 것이다. 그래서 TV 공익광고처럼 인식을 교정하고 행동을 촉구하고자 하는 영상콘텐츠의 글쓰기에 효과적이다.

연습문제

1. 다음의 예시문을 읽고 인터넷 예절교육에 대한 자신의 견해를 정리하여 발표하시오.

예시글 : 인터넷 예절교육 어려서부터 철저히 가르쳐야

교육과학기술부는 현재 초등학교 4학년 때부터 배우는 인터넷 예절과 윤리를 내년부터는 초등학교 2학년부터 가르치기로 했다. 현재 전부 합해 7쪽에 불과한 초등학교 인터넷 관련 교과서 내용도 2010년까지는 62쪽 분량으로 늘리겠다는 것이다.

인터넷의 역기능을 우리만큼 심하게 겪고 있는 나라도 없을 것이다. 무엇보다 인터넷은 유언비어가 유포되고 증폭되는 마당이 되고 있다. 할 일 없는 사람이 '떠보고 싶어서' 퍼뜨린 '시위 여대생이 경찰에 맞아 죽었다'는 헛소문을 진짜인 것으로 믿고 수많은 네티즌이 돈을 모아 신문 1면에 '(현장을 본) 목격자를 찾는다'는 광고를 내는 나라다. 그런 현상을 한국이 초고속 인터넷 보급과 인터넷 인구비율에 있어서 세계 최고 수준이라는 사실만으론 설명할 수 없다.

네티즌들은 익명의 가면 뒤에 숨어 별다른 가책도 없이 말도 안 되는 소문을 퍼뜨리기 일쑤다. 먹잇감이 되는 피해자가 하나 나타나면 너나 할 것 없이 달려들어 물어뜯고 만신창이를 만들어놓는다. 악성 댓글을 견디다 못해 집을 옮기고 회사를 그만두는 사람도 있다. 작년 어느 여가수는 성형 의혹을 비난하는 야비한 악성 댓글에 시달리다 끝내 자살했다.

초등학교 98.1%가 인터넷을 사용하고 있다는 통계가 있다. 저학년부터 인터넷 예절을 가르치겠다는 것은 당연한 결정이다. 무엇보다 인터넷에서 떠다니는 수도 없는 정보들 가운데 유언비어를 가려내는 능력부터 키워줘야 한다. 네티즌들이 아무렇지도 않게 써 올리는 악성 댓글로 피해를 보는 사람은 가상 세계 속의 가상 인물이 아니다. 네티즌들과 다를 것 없는 구체적 현실 속의 감정과 인격을 가진 사람이다. 바로 이런 당연한 사실을 어린 학생들에게 일깨워줘야 한다.

인터넷에서 오고 가는 막말과 욕설과 증오와 저주의 말은 소름이 끼칠 정도다. 상대를 배려하는 법, 감정을 절제하는 법, 올바른 표현으로 의사를 나타내는 법을 가르치지 않으면 인터넷 사이버 세계가 얼마 안 가 현실 세계도 망가뜨려 놓고 말 것이다. 인터넷 게임 중독이 얼마나 심각한 것인가는 당해본 부모가 아니면 알 수가 없다. 학교와 학부모들이 함께 손잡고 아이들한테 게임 중독은 마약처럼 정신세계를 황폐하게 만들고 가족관계와 정상 인격까지 깨부수는 무서운 것이라는 걸 절절하게 느끼도록 해줘야 한다.

—조선일보, 2008년 8월 4일자 사설

2. 자신의 전공과 관련한 주제를 한 가지 정하여 학습 보고서를 작성한 후, 이것을 파워포인트 슬라이드로 구성하여 학생들 앞에서 발표해보시오.

3. 동영상 글쓰기의 네 가지 글쓰기 방안 가운데 하나를 택해 읽기형 동영상 콘텐츠에 맞는 문자 텍스트를 제작해보시오.

논리적 글쓰기

1. 논리적 글쓰기와 필요한 능력들

2. 논리적인 글의 비판적 읽기와 쓰기

3. 논리적 글쓰기의 단계

1. 논리적 글쓰기와 필요한 능력들

창의적인 학문탐구 능력의 배양 및 지식기반 사회가 강조하는 능력들로서의 문제해결 능력, 창의적인 지식과 정보의 창출능력, 합리적인 의사소통 능력 등은 그 근저에 비판적 사고critical thinking를 할 수 있는 능력이 전제되고서야 성립 가능한 응용 능력들이라고 할 수 있다. 여기에서 비판적 사고란 우리의 이성을 바탕으로 꼼꼼히 이모저모 제대로 따져서 추리하는 사고를 말한다. 즉, 합당하게 추리하는 반성적 사고이다. 따라서 비판적 사고의 핵심은 추리하는 데에 있다. 이러한 까닭에 비판적 사고와 관련한 글쓰기를 논술 혹은 논리적 글쓰기라고 부른다. 예컨대, 논리적 글쓰기란 '비판적 읽기와 창의적 문제 해결하기를 기반으로 한 글쓰기(서술하기)'로 정의될 수 있으며, 이로부터 우리는 비판적 사고 능력의 계발이 논리적 글쓰기 교육의 핵심 목표들을 성취하기 위한 선결조건이라는 사실을 알게 된다.

논리적 글쓰기를 위하여 우리에게 요구되는 능력으로는 '비판적 읽기 능력', '창의적 문제해결 능력', '논리적 서술 능력' 등이 있다. 그리고 논리적인 글을 평가하는 기준으로는 '이해·분석력', '논증력', '창의력', '표현력' 등으로 구분하여 평가하는 방법이 있다.

위에서 말한 세 가지의 논리적 글쓰기에 필요한 능력과 네 가지의 평가 기준은 상호 밀접한 연관을 맺고 있다. 먼저, 비판적 읽기 능력은 반성적이고 능동적인 태도로 글을 읽을 수 있는 능력으로서 이해·분석력과 연관을 맺고 있다. 창의적 문제해결 능력은 심층적이고 다각적인 태도로 독창적인 해결책을 끌어내는 능력으로서 비판적 창의력과 관련이 있다. 논리적 서술 능력은 근거를 제대로 설정하여 조직적으로 글을 구성하고 그것을 상황에 맞도록 설득력 있게 표현해내는 능력으로서 논증력과 표현력에 상응한다고 할 수 있다. 이럴 경우 네 가지의 논술 평가 기준은 '분석적 이해력', '비판적·창의적 사고력', '논증적 표현력' 등의 세 가지로 축약될 수 있다.

이하에서는 논리적 글쓰기를 위해 요구되는 세 가지 능력을 간략히 살펴보기로 한다.

1.1. 비판적 읽기 능력

비판적으로 글을 읽는다는 것은 어떤 주제에 대하여 심도 있게, 다각적으로 생각하면서 글을 읽는 것을 말한다. 여기에는 당연히 해당 주제를 이해하고 분석하기 위한 여러 가지 의문들을 제기하면서 읽는 것을 포함한다. 한마디로 말하자면 비판적 사고를 진행하면서 글을 읽는다는 말이다.

비판적 사고는 효과적 의사소통, 창의적 문제해결, 합리적 의사결정 등 여러 영역들에 두루 적용되는 복합적인 능력으로서 여덟 가지의 구성요소와 아홉 가지의 평가기준으로 구성된다. 비판적 사고의 요소와 기준에 관한 내용 설명 및 그것들을 적용하여 주어진 글을 분석하고 평가하는 방법은 이 책의 '논리적인 글의 비판적 읽기와 쓰기'에서 자세히 다룰 것이다. 아울러서 비판적인 관점에서 논리적인 글을 쓰기 위한 기초를 닦는데 필수적인 것으로 간주되는 개요 파악과 요약 연습, 그리고 논증 구조도 그리기 연습도 함께 이루어질 것이다.

1.2. 창의적 문제해결 능력

창의적 문제해결이란 주어진 문제를 상식적인 차원을 넘어선 참신하고 개성적이며 독창적인 방식으로 해결하는 것을 뜻한다. 이는 분명 옳은 이야기다. 그럼에도 불구하고, '창의적 문제해결'을 어떤 설명 없이 이와 같이 이해할 경우에는 창의성 개념에 대한 오해가 발생할 수 있다고 생각한다. 창의성은 무조건 상식을 뛰어넘거나 자유분방하게 생각한다고 해서 주어지는 것이 아니다. 그것의 참된 의미는 바로 기존의 지식이나 관념의 문제점을 밝혀내고, 그것을 비판하고, 더 나은 대안을 모색하는 논리적이고도 합리적인 사고활동에 있는 것이기 때문이다. 이러한 주장을 보다 명백히 하기 위하여 두 가지 유형의 창의성—수렴적 창의성과 발산적 창의성—개념에 주목해 보기로 하자.

수렴적 창의성은 형식 논리학과 수리 논리학적 사고 기능인 기호적 사고, 이해력과 분석력을 모두 포괄하는 사고 기능인 분석적 사고, 연역 및 귀납추론 능력으로 구성되는 사고 기능인 추론적 사고, 여러 개의 요소나 부분을 전체로서의 하나가 되도록 묶는 능력이나 다양한 매개변항들을 전체적으로 조망할 수 있는 능력인 종합적 사고, 주어진 사태에 대해 발상 전환식 접근을 하거나, 시야의 지평을 확대하여 문제에 접근을 하거나, 보다 나은 대안을 창안해 낼 줄 아는 능력인 대안적 사고를 기반으로 하는 창의적 사고를 말한다.

발산적 창의성은 생성해낸 아이디어의 수를 말하는 유창성, 그 아이디어들이 속하는 범주의 수를 뜻하는 다양성, 남들이 생성해내지 못한 비범한 아이디어를 생산해 내는 독창성, 아이디어를 상세하게 잘 발달시키는 정교성 등으로 구성되는 사고 기능인 발산적 사고와 형상화할 수 없는 초자연적인 세계, 내면, 관념 등을 상징, 우의, 표징 등의 수법으로 이미지의 매개를 통해 발전, 전개시키고, 전달하는 사고 기능인 상징적 사고를 기반으로 하는 창의적 사고를 말한다.

수렴적 사고와 발산적 사고에 관한 이상의 범주적 구분으로부터 수렴적 사고는 대체로 논리적 사고를 지향하며, 발산적 사고는 대체로 비논리적, 상상적 사고를 지향하고 있음을 알 수 있다. 이러한 지향점의 차이는 양자 간에 건너기 어려운 간극을 갖는 각각의 사고의 특징들을 결과한다.

예컨대, 수렴적 사고는 가능한 가장 훌륭한 접근을 추구하고 단지 합리적 대안들만을 고려함에 반해, 발산적 사고는 가능한 한 많은 대안들을 창안해내려고 노력할 뿐 그 대안들이 꼭 합리적일 필요가 없다. 이에 따라 수렴적 사고는 대안적 방법들을 찾는다 할지라도 합리성의 틀 안에서 논리적인 절차를 순차적으로 밟아 찾아나가나, 발산적 사고는 우연성의 개입을 환영하며 비약을 허용하면서 나아간다. 또 수렴적인 사고는 논리에 의해 움직일 방향이 규정된 경우에만 움직이나, 발산적 사고는 영감이나 육감의 인도 아래 방향 자체를 산출하기 위해 움직인다. 따라서 수렴적 창의성이 의식적, 논리적 질서를 강조하는 것이라면, 발산적 창의성은 무의식적, 비약적 탈질서를 강조한다. 이것은 결국 예술성을 지향하는 시나 소설 등의 창작적 글쓰기가 발산적 창의성과 밀접한 관련을 맺고 있다면, 논리성을 지향하는 해명적 글쓰기(과학적 맥락의 글쓰기 포함)나 비판적 글쓰기 등의 이른바 논리적 글쓰기는 수렴적 창의성과 매우 긴밀한 관계에 있음을 보여준다.

이상에서 논리적 글쓰기와 관련하여 창의적 사고라는 개념이 무엇인지에 대해서 살펴보았다. 그렇다면 창의적 문제해결을 하기 위해 우리가 길러야 할 능력이 있다면 그것은 무엇일까? 그것은 다름 아닌, 새로운 문제 영역과 그 문제 영역에 적용(영역 전이성) 가능한 아이디어들을 제대로 이해, 분석하고, 함축과 전제를 파악(심층성)해내고, 관련된 여러 요소들을 변형, 결합, 분석, 종합해보고, 어떤 가능한 발상 전환적 해결책이 가장 적절한 것인가를 평가(다각성)해낼 줄 아는 능력일 것이다.

1.3. 논리적 서술 능력

논리적 글쓰기를 위해 필요한 세 가지 능력들 가운데 나머지 하나는 논리적 근거를 통해서 자신의 주장을 설득력 있게 표현하는 능력, 즉 논리적 서술 능력이다.

논리적 글쓰기를 위해서는 어느 정도의 논리학적 지식의 습득이 필요하다. 그렇다고 해서 이것이 논리학의 학습으로 이해되어서는 안 된다. 논리학적 지식을 습득하려는 이유는 논리공학적 측면, 즉 구체적이고 실제적인 상황에 논리적인 기법을 응용하기 위하여 습득하려는 것이기 때문이다. 다시 말해서 논리적 글쓰기는 논리공학 혹은 비판적 사고라는 관점에서 논리학적 지식을 필요로 한다고 할 수 있다. 이러한 지식에는 여러 가지가 있지만, 그 중 특히 논증의 종류와 평가, 그리고 형식적 오류와 비형식적 오류 등에 대한 습득은 논리적 서술 능력의 기초 향상에 많은 도움이 될 것이다. 그러나 여기에서는 지면 관계상 논리학적 지식에 관한 내용은 다루지 않을 것이다.

2. 논리적인 글의 비판적 읽기와 쓰기

2.1. 논증의 이해

논리적인 글을 비판적으로 읽거나 쓰려면, 무엇보다도 우선적으로 논증에 관한 분명한 이해가 필요할 것이다. 그렇다면 논증이란 무엇일까? 논증은 기술, 인과적 설명 등과의 구분을 통하여 그것의 특성을 분명하게 드러낼 수 있다.

기술記述, description은 단지 설명 대상이 되는 사태나 사건 또는 사물을 최대한 객관적인 입장에서 있는 그대로 묘사하는 것을 말한다. 때문에 기술에는 개인의 주관적 평가나 가치관의 개입이 배제된다고 할 수 있다. 예컨대, "저 동백꽃은 붉은색이다."라는 진술처럼 어떤 대상의 성질을 묘사하거나, "오늘 오후 3시 목포항에 도착 예정이었던 제주발 여객선이 예정 시간보다 1시간 20분 늦은 오후 4시 20분에 목포항에 입항했다."는 진술처럼 아무런 주장 없이 사실을 묘사한 것 등이 기술에 해당한다.

일반적인 의미에서 논증argument은 사물의 도리를 증거를 들어 증명하거나, 주어진 판단의 정당성이나 확실성을 이유를 들어 증명하는 것이라고 할 수 있다. 보다 구체적으로 말해서 논증은 항상 화자(필자)의 독특한 관점이 개입되고, 그 관점이 타당하다는 것을 입증하기 위한 과정으로써 전제(혹은 이유나 근거)를 제시하는 명제(혹은 진술)와 그 이유나 근거에 따른 결론에 해당하는 명제로 구성된 명제들의 집합이다. 예컨대, "서로 사랑하는 연인들은 싸우지 않는다(전제), 중배와 순애는 자주 싸운다(전제), 그러므로 중배와 순애는 서로 사랑하는 연인 사이가 아니다(결론)."는 논증에 해당한다.

이와 같이 논증은 전제와 결론으로 구성되며, 어떤 논증을 구성하고 있는 전제와 결론은 반드시 명제의 형태로서 제시되어야 한다는 특성을 지닌다. 그런데 명제命題란 첫째, 주사主辭(혹은 主槪念)와 빈사賓辭(혹은 賓槪念)가 계사繫辭에 의해 결합된 것을 말한다. 예컨대, "사람은 동물이다."에서 '사람'은 주사, '동물'은 빈사, '은' 과 '이다'는 계사에 해당한다. 둘째, 참 혹은 거짓이 밝혀질 수 있는 문장, 오직 서술문만을 말한다.

명제에 관한 이상의 정의 중 두 번째의 정의는, 우리가 명제와 문장의 관계를 명확히 인식할 필요가 있음을 알려준다. 양자의 관계는 다음과 같이 설명할 수 있다. 문장은 의미를 담고 있는 것이며, 문장으로 표현된 명제는 참 혹은 거짓이라는 진리치眞理値를 지닌다. 그러므로 명제이기만 하면 문장이 되지만, 문장이라고 해서 모두 명제일 수는 없는 것이다. 예컨대, "아! 달이 밝구나", "그 소리를 들으니 가슴이 다 후련하다" 등과 같은 예문들은 문장이긴 하나, 명제는 아닌 것이다.

논증은 인과적 설명causal explanation과 혼동이 되어 이해될 경우가 있다. 인과적 설명이란, 결과에 해당하는 이미 발생한 어떤 사실이나 사건에 대한 원인을 제시함으로써 그 사실과 사건의 발생 이유나 정황을 설명하는 것을 말한다. 예컨대, "중국 사천성에서 수만 명이 죽는 지진이 발생했다. 왜냐하면 그것은 인공적으로 쌓은 댐의 저수량이 너무 많아 그 물 무게를 지각판이 견디어 내지 못했기 때문이다."는 진술은 인과적 설명에 해당하나, 논증으로 오해될 소지가 충분하다. 논증과 인과적 설명 간의 이러한 혼동은 대체로 지시어 — 예컨대, 여기서는 '왜냐하면' — 의 용법을 분명히 따져보지 않고서 판단을 내리는데서 기인한다고 할 수 있다. 그러므로 어떤 진술이 논증인지 아니면 인과적 설명인지를 구별하려면, 그 지시어가 이미 발생한 기존의 사실에 대한 원인을 제시하는 지시어인지 혹은 논증의 전제임을 알려 주는 지시어인지를 확실히 구분할 필요가 있다.

한편, 논증은 추론inference이라는 말과 같은 의미로 쓰이는 경향이 있으나, 엄밀히 말해서, 추론은 어떤 생각(들)을 근거로 다른 생각을 입증하는 사고의 차원을 말하며, 논증은 그런 추론의 과정이 언어로 표현된 차원을 일컫는다. 이런 점에서 논증과 추론은 분명한 차이를 갖는다고 할 수 있으나, 양자는 구조적인 면에서 동일한 것으로 간주된다.

이제 논증을 구성하고 있는 명제들 가운데 어떤 명제가 전제이며, 어떤 명제가 결론에 해당하는가를 식별하는 방법에 대해서 알아보자. 대체로 논증은 전제와 결론을 확인시켜 주는 낱말을 포함하는데, 전제를 가리키는 단어를 '전제 지시어', 그리고 결론을 가리키는 낱말을 '결론 지시어'라고 부른다. 그렇다고 해서 모든 논증적인 글에 항상 전제나 결론의 지시어가 제시되어 있는 것도 아니며, 또한 전제와 결론이 명확한 형태로 제시되지 않거나 생략되어 있는 경우도 있기 때문에 꼼꼼히 따져 볼 필요가 있다.

▌논증의 전제와 결론 식별 방법▐

전제 지시어	결론 지시어
▵왜냐하면 ▵그 이유는 ▵그 까닭은 ▵…에서 알 수 있듯이 ▵…이므로 ▵…이기 때문에 ▵…이니까 ▵…인 까닭에 ▵…라는 이유로 ▵…를 고려한다면 ▵…라는 점에 근거하여 (볼 때)	▵그러므로 ▵그리하여 ▵그러니까 ▵따라서 ▵결국 ▵그래서 ▵당연히 ▵그런 이유로 ▵그런 까닭에 ▵결론적으로…임에 틀림없다 ▵그렇기 때문에 ▵때문에…하다 ▵…결과로…하다 ▵…라고 결론 내린다 ▵…을 함축한다 ▵…로부터 다음과 같은 사실을 알 수 있다 ▵…이 참이라는 것을 증명한다 ▵…라는 점은 명백하다 ▵…을 의미한다.

Exercise 연습문제

다음의 글들이 논증인지 논증이 아닌지를 밝히고, 논증일 경우 그것의 결론이 무엇인지 말해보시오.

① 그 남자의 방 안에서 립스틱이 발견되었다. 어떤 여자가 그 남자를 방문했음에 분명하다.

② 곧은 나무젓가락을 물에 넣으면 꺾인 것처럼 보인다. 그 이유는 빛이 어느 한 물질에서 매질이 다른 물질을 통과할 때 나타나는 굴절 현상 때문이다.

③ 이제까지 이 한의원에 다녀간 모든 당뇨병 환자는 완치되었다. 이달수씨는 그 소문을 듣고 오늘 처음 이 한의원에 왔다. 그는 반드시 완치될 것이다.

④ 여성은 삶을 상징하거든요. 남성은 여성을 통해야만 삶의 장으로 나올 수 있어요. 따라서 대극(對極)하는 것과 고통이 있는 이 세상으로 우리를 나오게 한 것은 여성인 셈이지요.

⑤ 어제 복병장(伏兵將) 발포 만호 소계남과 당진포 만호 조효열 등이, 왜의 중간 배 한 척이 군량을 가득 싣고 남해로부터 바다를 건너는 것을 한산도 앞바다까지 추격했다. 왜적은 모두 기슭을 다고 육시로 올라가 달아났고, 잡은 왜선과 군량은 명나라 군사에게 빼앗기고 빈손으로 와서 보고했다.

⑥ 지식인이란 사회적 관습이나 습관을 마음에 들어 하지 않는 사람들이다. 그들은 비현실적인 당위성을 주장함으로써 실질적인 사실들을 못마땅해 한다. 그런 이유로 지식인은 현재 있는 것 자체에 대해서 결코 만족할 줄 모르는 사람들이라고 할 수 있다.

⑦ 지적인 작업은 문화적 우선권을 갖는다. 왜냐하면 그것은 고도의 교육, 즉 교육적 담론에 의한 교육을 주고받을 수 있는 사람들이 행하는 작업이기 때문이다. 다시 말해 지적 작업이 문화를 구성하고 그것은 문화의 필요조건인 것이다.

⑧ 아프가니스탄에서 병영 체험을 통해 나는 적어도 짐 꾸리는 데는 선수가 됐다. 간단한 소지품

외에는 별로 필요한 것이 없었으므로 잠시 후엔 가방을 들고 패딩턴 역으로 달려가는 마차에 몸을 실었다. 셜록 홈즈는 승강장에서 서성이고 있었는데, 회색의 긴 여행용 망토에 머리에 꼭 맞는 베레모를 쓴 까닭에 그렇지 않아도 길고 마른 몸이 훨씬 더 길고 말라보였다.

⑨ 여성의 몸은 남성과 제도, 사회의 상업적 조작으로 인하여 비하되고 착취되었으며, 여성 스스로가 소외시킨 낯선 존재에 불과하다. 또한 여성은 가부장적 사회구조에서 비롯된 갈등과 성적 학대로 인하여 다양한 질병의 위험에 노출되어 있다. 따라서 여성이 자신의 몸을 인정하고 존중하려면, 그리고 스스로의 지위와 권리를 찾으려면, 우선적으로 여성들은 자신의 몸에 대해서 정확히 이해해야 할 것이고 또한 그것의 주인이 되어야 할 것이다.

⑩ 사회학을 한다는 것은 밀즈(C. W. Mills)가 적절하게 이름 붙인 '사회학적 상상력'을 요구한다고 나는 이 책에서 주장하는 바이다. … 이 개념으로 내가 의미하고 싶은 것은 내가 이해하고 있는 한에서 사회학적 분식에 필수불가결한 몇 가지의 서로 관련된 감수성들이다. 현대 산업사회에 의해 시작되어진 사회 세계, 곧 서구에서 최초로 형성되기 시작했던 오늘의 산업 사회를 이해하기 위해서는, 세 가지 방면에 걸친 상상력의 발휘가 요구된다. 사회학적 상상력의 형태는 이때 〈역사적〉, 〈인류학적〉, 그리고 〈비판적인〉 감수성을 지닌다.

2.2. 개요 파악 및 요약

논리적 글쓰기를 위해 요구되는 중요한 과정들 가운데 하나는 논증하고자 하는 글의 개요, 즉 글의 설계도를 작성해보는 일이다. 그러나 개요 작성이 생각처럼 쉬운 일만은 아니다. 이것 역시 부단한 연습이 필요하다. 개요 작성 연습을 보다 쉽게 할 수 있는 방법은 어떤 주어진 글의 개요를 파악해 보는 방법일 것이다. 이런 점에서 개요 파악 연습은 글의 분석적 혹은 비판적 읽기뿐만 아니라, 논리적 혹은 비판적 글쓰기에 직접적으로 도움이 되는 방법이라고 할 수 있다.

또한 주어진 글에 대한 요약 연습은 제시문 전반에 대한 정확한 이해와 핵심 요지의 파악을 전제로 하는 것이기 때문에 논리적 글쓰기 연습에서 결코 빠트릴 수 없는 아주 중요한 연습 항목이다.

2.2.1. 개요 파악

제시문의 개요를 파악해 보자. 글의 분량은 제시문의 절반 정도로 한다. 개요의 분량으로 볼 때 상당히 많은 양이 될 수도 있다. 그러나 이렇게 하는 이유는 파악된 개요에 살을 붙여 제시문과 동일한 제목의 글을 작성하는 연습을 하기 위해서다.

여기에서 예시하고 있는 개요 파악의 방법은 주로 단락별 요지를 축약하여 정리하는 방법을 사용하였다.

논제 : ① 다음의 제시문의 개요를 파악하고, ② 그 파악된 개요를 이용하여 제시문과 동일한 제목의 글을 써보시오.

제시문 : 21세기 독재－시장전체주의

한국사회에선 지금 시장의 가치와 논리가 사회를 압도하고 있다. 사익 추구를 기본으로 하는 시장주의는 시장의 긍정적 역할을 인정하라는 요구를 넘어, 모든 영역으로 시장가치의 확산을 바라는 시장 만능주의 단계에 도달해 있다. 민주주의는 특권과 권력과 힘의 소재에 대한 비판으로부터 출발한다. 따라서 상이한 가치 사이의 대화는 기본요소가 된다. 공적 영역 역시 대화를 통해 형성된다. 그 때문에 대화가 봉쇄될 때 민주주의는 소멸하고, 전체주의와 독재로 나아간다.

오늘날 시장 만능주의 비판과 교정노력은 즉각 급진좌파·사회주의로 낙인찍힌다. 대화의 차단이다. 시장주의가 자기 모태인 민주주의를 위협하며 대화 부정의 시장전체주의로 나아가고 있는 것이다. 하여 오늘날 한국사회의 중심 균열은 시장주의 대 사회주의, 수구 대 급진이 아니라 시장주의 대 민주주의라 할 수 있다.

몇몇 사례는 민주주의가 위협받는 축도라 할 만하다. 첫째 〈시사저널〉 사태는 시장의 영향이 언론의 논조·기사 게재와 삭제는 물론 언론사와 기자의 생존문제에까지 미치고 있음을 보여준다. 사주와 광고(주)의 영향이 막대한 신문의 경우는 말할 필요도 없다. 시장능력, 곧 광고와 후원(능력)의 크기가 공적 영역에서의 힘·담론·가치의 크기를 좌우하는 우려할 광고주 민주주의, 후원자 민주주의 단계에 돌입, 시장이 민주주의를 지탱하는 공공영역까지 시장화·사사화하고 있는 것이다. 둘째, 김승연 사건은 자연인 재벌 총수의 개인적 폭력 사건에 법치주의가 어떻게 유린되고, 기업의 공적 조직과 인원들이 개인범죄를 위해 어떻게 사적으로 동원되며, 끝내 국가 공공조직(경찰)이 기업 사익에 따라 어떻게 무력화·사사화·부패화하는지를 상징한다. 셋째, 대통령을 포함해 정치 영역의 법률과 규제는, 법률들 자체가 충돌적임에도 철저히 준수하라고 요구하면서도(법치주의·헌정주의), 시장영역의 규제와 법률은 철폐하라고 소리를 높인다(반법치주의·반헌정주의). 시장 전체주의에서는, 과거의 전체주의처럼, 형평성을 생명으로 하는 법치주의마저 이중 기준을 요구한다. 하여 한국사회 욕망의 양대 요소인 부동산과 교육에서 불법과 위장을 반복한 개인조차 법과 도덕을 희화화하며 국가 공공지위를 넘보고 있다.

불평등이 낳는 급진혁명을 차단하고자 1인 1표를 고안해, 민주주의(공적 영역)에서의 평등과 공화주의를 통해 시장적 불평등(사적 영역)을 완화하고 시장경제를 발전시켜 끝내 급진주의의 근거를 해소했던 근대 부르주아의 지혜조차 버린 한국형 시장 전체주의가 크게 안타깝다. 시장경제의 보호자는 민주주의인 것이다. 결코 급진적이지 않았던 두 지성의 경고를 통해 인간적 사회를 향한 깊은 토론의 필요성을 다시 확인하자. 최근 유작에서 경제학자 갤브레이스는, "기업권력을 통제하지 못하는 경제에 미래는 없다"고 경고한다. 이때 '경제'는 '사회'나 '국가'로 상승 가능하다. 20세기 최고의 정치철학자로 불린 한나 아렌트의 경고는 더 두렵다. "인간적인 방식으로 정치적 사회적 경제적 고통을 완화하는 일이 불가능해 보일 때면 언제든 나타날 전체주의 해결방식은, 전체주의 체제의 몰락 이후에도 강력한 유혹의 형태로 생존할 것이다." 민주주의와 공공영역마저 무력화·사사화하려는 금일의 시장 전체주의가 또 다른 전체주의를 안내하는 통로가 되지 않기를 바란다. (…하략…)

—박명림(연세대 교수·정치학), 한겨레신문, 2007.06.20.

(1) 제시문의 개요 파악

예시

서 론 ① 시장주의가 자기 모태인 민주주의를 위협하며 대화 부정의 시장전체주의로 나아가고 있다.

본 론 ① 오늘날 한국사회의 중심 균열은 시장주의 대 민주주의라 할 수 있다.

② 다음의 몇몇 사례는 민주주의가 위협받는 축도라 할 만하다.

- 〈시사저널〉 사태는 시장의 영향이 언론사와 기자의 생존문제에까지 미치고 있음을 보여준다.
- 김승연 사건은 자연인 재벌총수의 법치주의 유린과 기업의 공적 조직, 더 나아가서 국가의 공공조직도 사익에 굴복할 수 있음을 말해준다.
- 정치 영역의 법률과 규제는 철저히 준수하라고 요구하면서 시장 영역의 규제와 법률은 철폐하라고 한다.

③ 민주주의에서의 평등과 공화주의를 통해 시장적 불평등을 완화하고 시장경제를 발전시킨 것이 근대부르주아의 지혜였다. 시장경제의 보호자는 민주주의인 것이다.

결 론 ① 민주주의와 공공영역마저 무력화, 사사화하려는 금일의 시장 전체주의가 또 다른 전체주의를 안내하는 통로가 되지 않기를 바란다.

(2) 파악된 개요를 이용한 동일한 제목의 글쓰기

예시

예시는 생략하기로 한다.

2.2.2. 요약

요약은 주어진 글의 원의를 가장 잘 드러낼 수 있는 방식으로 그 글의 전체 요지를 압축적으로 재구성하여 제시하는 것을 말한다. 그런데 요약을 축약으로 이해하는 경우가 있는데—물론 요약에는 문장의 생략 및 선택 등과 같은 축약에서 쓰는 방법과 동일한 방법이 사용되긴 한다—이것은 잘못된 이해이다. 축약은 대체로 주어진 글의 일부 문장들을 제거하는 방법을 사용하여, 주어진 글의 원의를 훼손시키지 않는 범위 내에서 글을 양적으로 축소하여 작성하는 것을 말한다. 이런 점에서 볼 때, 요약에는 요약하는 사람의 주관적 이해방식이 어느 정도 허용되고 있는 반면에, 축약은 보다 객관적인 입장을 중시하고 있음을 알 수 있다.

이제 아래에 주어진 제시문을 요약하는 연습을 해보기로 하자.

제시문 1

개발과 진보라는 이름으로 파괴가 더 자행되는 것을 피하고자 한다면 결집된 정보 캠페인이 긴급히 필요하다. 세계를 사회적·생태적 파멸로 몰아가는 산업체제에 대한 불완전하고 그릇된 이미지를 바로잡는 교육 프로그램이 있어야 한다. 더 이상의 개발보다는 내가 '반개발(反開發)'이라고 부르는 것이 우리에게 필요하다.

'반개발'의 일차적 목표는 사람들에게 그들 자신의 미래를 충분한 정보를 가지고 선택할 수 있는 수단을 제공하는 것이다. 위성 텔레비전에서 직접 구술(口述)에 이르는 가능한 모든 통신수단을 사용해서, 오늘날의 자본 및 에너지 집약적 경향은 지속가능한 것이 아니라는 사실을 널리 알릴 필요가 있다. 궁극적으로는, 자기존중과 자립을 증진시키고, 그렇게 함으로써 생명을 떠받치는 다양성을 보호하고, 지역중심의 진정으로 지속가능한 발전을 위한 조건들을 만들어내야 한다. (…중략…)

동시에, 반개발은 새로운, 보다 광범위하고 보다 인간적인 진보의 개념을 증진하고 보급할 것이다. 그것은 세계 도처에서 좀 더 지속가능한 대안을 탐색하고 있는 수많은 지역운동을 부각시킬 것이다. 그것은 유기적 경작방법으로 나아가는 농업의 새로운 조류들에 대한 정보를 제공하는 것과 함께 전통적인 시스템의 효용성을 지적할 것이다. 그것은 생물지역주의와 지역중심 경제체계, 물리학에 대한 새로운 전일적 접근방법에 대하여 보고할 것이며, 덴마크와 캘리포니아의 풍차에 대해서, 또 침술, 동종요법 그리고 그 밖의 자연요법에 대한 커가는 관심을 널리 알릴 것이다. 그것은 환경보호, 토양보존, 공기와 물의 질에 대한 전세계적인 큰 관심을 더욱 가시화할 것이다.

—헬레나 노르베리-호지, 김종철·김태언 옮김, 『오래된 미래』, 녹색평론사, 2003, 191~192쪽

위의 제시문의 내용을 요약하면 다음과 같다.

예시 1

개발과 진보는 세계를 사회적·생태적으로 파괴하고 있다. 이러한 파괴의 위험에서 벗어나려면, '반개발' 교육 프로그램이 필요하다. 이것은 두 가지의 측면으로 전개된다. 첫째, 자본 및 에너지 집약적인 산업체제가 지속가능한 발전을 가져오지 않는다는 사실을 널리 홍보하여, 사람들 스스로가 미래를 선택하게 하는 수단으로서의 정보를 제공한다. 둘째, 대안적인 지속가능한 발전 모델, 유기적 농업, 전일적 자연관, 그리고 자연요법 및 기타의 정보를 널리 제공하여 인간적인 진보를 증진시키고 보급한다.

위의 제시문보다 긴 다른 제시문을 요약해 보기로 하자.

제시문 2

명백히 인간 세계도 다른 모든 유기체를 지배하는 생물학적 법칙에 대해서 예외를 형성하지 않는다. 그렇지만 인간 세계에서 우리는 인간 생활의 특수한 표적으로 나타나는 하나의 새로유 특징을 본다. 인간의 기능 고리는 다만 양적으로 확대되어 있는 것이 아니다. 그것은 또한 질적 변화를 거친 것이다. 말하자면 인간은 자기 자신을 그 환경에 적응시키는 하나의 새로운 방법을 발견하였다. 모든 동물의 종에서 볼 수 있는 (바깥의 자극을 받아들이는) 수용계통과 (바깥의 자극에 반응하는) 운동계통 사이에서 우리는 인간에게 있어 상징 계통이라 할 수 있는 제3의 연결물을 본다. 이 새로운 획득물은 인간 생활 전체를 변형시킨다. 다른 동물들에 비하여 인간은 다만 보다 넓은 현실 속에서 살고 있는 데 그치는 것이 아니다. 이를테면 인간은 현실의 하나의 새로운 차원 속에서 살고 있다. 생물의 반동과 인간의 반응 사이에는 의심할 여지없는 차이가 있다. 첫째 경우에는 외부로부터의 자극에 대해서 직접적이고 즉각적인 응답이 주어진다. 둘째 경우에는 응답이 지체된다. 이때의 응답은 느리고 복잡한 사고 과정에 의하여 중단되고 늦어진다. 언뜻 보기에 이와 같은 지체는 신통치 못한 소득으로 보일지 모른다. 많은 철학자들이 이 가장된 진보에 대하여 인간에게 경고하였다. 루소는 "명상하는 인간은 타락한 동물이다"라고 말한다. 유기적 생명의 한계를 넘어서는 것은 인간성을 개량하는 것이 아니라 도리어 악화시킨다.

하지만 자연 질서의 이러한 전도를 고칠 수 있는 약은 없다. 인간은 자기 스스로가 이루어 놓은 것에서 빠져 나올 수 없다. 인간은 그 자신의 생활의 조건들을 채택할 수밖에 다른 도리가 없다. 인간은 이제 다시는 한갓 물리적인 우주에 살지 않고, 상징적인 우주에서 산다. 언어, 신화,

예술 및 종교는 이 우주를 이루고 있는 것들이다. 이것들은 상징의 그물을 짜고 있는 가지각색의 실이요, 인간 경험의 엉클어진 거미줄이다. 사고와 경험에 있어서의 인간의 진보는 모두 이 그물을 개량하고 또 강화한다. 인간은 이제 다시는 현실에 직접적으로 부딪칠 수 없으며, 또 마치 얼굴을 맞대는 것처럼 그것을 볼 수 없다. 물리적 현실은 인간의 상징적 활동이 전진하는 데 따라 뒤로 물러가는 것처럼 보인다. 인간은 사물들 자체를 다루는 대신, 어떤 의미에서는 쉴 틈 없이 자기 자신과 이야기하고 있다. 인간은 언어 형식, 예술적 심상, 신화적 상징 혹은 종교적 의식에 깊게 둘러싸여 있으므로 이러한 인위적 매개물의 개입에 의하지 않고서는 아무 것도 볼 수 없고 또 알 수 없다. 인간의 이러한 형편은 이론의 영역과 실천의 영역이 마찬가지이다. 실천의 영역에서만 하더라도 인간은 딱딱한 사실들의 세계에 살지 않으며, 혹은 그의 직접적 요구와 욕망을 따라 살지 않는다. 오히려 상상적 정동(情動)의 한가운데에서, 희망과 공포 속에서, 환상과 환멸 속에서, 또 공상과 꿈속에서 산다. "인간으로 하여금 당황하고 놀라게 하는 것은 사물들이 아니라, 사물들에 관한 그의 억견과 공상이다"라고 에픽테토스는 말하였다.

우리가 지금 막 도달한 견지에서 우리는 인간에 대한 고전적 정의를 수정하고 확대할 수 있다. 현대의 비합리주의의 온갖 노력에도 불구하고 〈이성적 동물〉이라는 인간의 정의는 그 힘을 잃지 않았다. 합리성은 실로 모든 인간 활동의 고유한 모습이다. 신화만 하더라도 그것은 단순히 미신이나 심한 망상의 막된 집적이 아니다. 신화는 그저 혼돈하기만 한 것이 아닌데, 이는 그것이 체계 혹은 개념의 형식을 가지고 있기 때문이다. 그러나 한편 신화의 구조를 합리적인 것으로 특징짓는 것은 불가능한 일일 것이다. 언어는 가끔 이성이나 이성의 원천과 동일시되어 왔다. 그러나 이러한 정의가 전 분야에 걸쳐 고루 들어맞지 않음을 아는 것은 어려운 일이 아니다. 그것은 〈부분을 전체로 보는 것〉인 바, 즉 전체 대신에 부분을 우리에게 제공하는 것이다. 왜냐하면 개념적 언어와 더불어 정동적 언어가 있으며 논리적 혹은 과학적 언어와 더불어 시적 상상의 언어가 있기 때문이다. 본래 언어란 사고나 사상을 표현하는 것이 아니라, 감정과 감동을 표현하는 것이다. 그리고 칸트에 의하여 생각되고 체계가 세워진 "순수 이성의 한계 안의" 종교도 하나의 추상에 지나지 않는다. 그것은 진정한 구체적 종교란 어떤 것인가에 대하여 다만 그 이상적 형태와 그림자만을 알려준다. 인간을 〈이성적 동물〉이라고 정의한 위대한 사상가들은 경험론자들이 아니었으며, 또한 저들은 결코 인간의 본성을 경험적으로 설명하려고 하지 않았다. 그와 같은 정의에 의하여 저들은 오히려 하나의 근본적인 도덕적 명령을 표현하고 있다. 이성이란 말은 인간의 문화생활의 여러 형태를 그 모든 풍부함과 다양성에 있어서 전체적으로 이해하는 데는 매우 부적당한 말이다. 그러나 이 모든 형태는 상징적 형태이다. 그러므로 인간을 〈이성적 동물〉로 정의하는 대신, 〈상징적 동물〉로 정의하지 않으면 안 된다. 이와 같이 함으로써 우리는 인간의 특정한 차이점을 지적할 수 있으며 또 인간에게 열려진 새로운 길, 즉 문명에의 길을 이해할 수 있다.

—에른스트 캇시러, 최명관 옮김, 『인간이란 무엇인가』, 서광사, 1988, 49~51쪽

위의 제시문의 내용을 요약하면 다음과 같다.

예시 2

인간은 동물에게는 없는 상징 계통이라는 기능 고리를 소유하고 있다. 이 상징 계통은 물리적인 우주에서 살던 인간을 차원이 다른 상징적인 우주에서 살게 한다. 언어, 신화, 예술 및 종교는 상징적인 우주를 이룬다. 이 중에서 언어는 이성적 측면의 개념적 언어 혹은 논리적·과학적 언어, 정서적 측면의 정동적 언어 혹은 시적 상상의 언어로 구분된다. 그러나 언어와 관련하여 인간은 '이성적 동물'로 정의되어 왔다. 이것은 인간에 대한 부분적인 정의일 뿐만이 아니라, 인간의 문화생활의 모든 형태가 상징적 형태라는 것을 인식하지 못한 결과이다. 그러므로 인간은 마땅히 '상징적 동물'로 정의되어야 한다. 이 개념은 우리에게 인간만의 길인 문명의 길을 이해할 수 있는 단초를 제공해 줄 것이다.

Exercise 연습문제

1. ① 다음의 제시문의 개요를 파악하고, ② 그 파악된 개요를 이용하여 제시문과 동일한 제목의 글을 써보시오.

제시문 : 토지 윤리

이제 우리에게는 새로운 윤리가 요청되고 있다. 윤리는 인간의 공동체적 본능이며, 지도양식이고, 이성에 앞서는 것으로서 일종의 생태학적 진화의 한 과정이다. 인간사에서 윤리는 '개인과 개인의 관계', '개인과 사회의 관계'를 다루는 윤리로부터, 진화론적 가능성이며, 생태학적 필연성이라고 할 수 있는, '인간과 토지 및 그 위에서 살아가는 동식물의 관계'를 다루는 윤리로 진화하고 있다.

지금까지 진화된 모든 윤리는 개인이 상호 의존적인 부분들로 이루어진 공동체의 한 구성원이라는 공통된 전제를 지니고 있다. 개인의 본능은 공동체내에서의 경쟁을 촉구하지만, 개인의 윤리는 협동을 촉구한다. 이런 의미에서 공동체의 범위를 토양, 물, 식물과 동물을 포괄하는 토지를 포함하도록 확장할 경우 토지윤리가 성립될 수 있을 것이다.

토지윤리는 토양, 물, 식물과 동물이 자연 상태로 존속할 권리가 있음을 천명함으로써 인류의 역할을 토지 공동체의 정복자에서 그것의 평범한 구성원이자, 시민으로 변화시킨다. 또한 토지윤리는 인류의 동료 구성원에 대한 존중, 그리고 공동체 자체에 대한 존중을 필연적으로 수반한다.

인간이 생명 공동체의 한 구성원에 지나지 않는다는 사실은 역사를 생태학적으로 해석해 보면 알 수 있다. 인간의 활동으로서만 설명되어 온 많은 역사적 사건들은 인간의 활동과 땅의 생명적 상호작용이다. 즉, 인간 배우에 대한 특정 토양의 대응 방식 — 식물 천이, 토양 유출 등 — 이 역사 드라마를 구성하거나, 역사의 진로를 결정한다.

토지 공동체의 구성원의 대부분은 아무런 경제적 가치도 갖지 않는다. 그러나 하나의 생명 메커니즘으로서의 토지 이미지, 즉 생명 피라미드의 존재를 전제할 경우, 모든 생물들은 생명 공동체의 구성원이며, 또한 생명 공동체의 안정이 그 통합성에 의존한다면, 그들에게는 존속할 자격, 즉 생명적 권리(biotic right)가 있다.

생명 피라미드는 토양, 식물, 곤충, 조류와 설치류, 잡식동물, 대형 육식동물의 층으로 이루어진다. 이것은 먹이사슬 구조를 함축한다. 먹이사슬은 에너지를 윗부분으로 전달하는 살아 있는 통로다. 죽음과 부패는 에너지를 토양으로 돌려보낸다. 이 회로는 폐쇄되어 있지 않다. 그렇다면 토지는 단지 흙이 아니다. 토지는 토양, 식물 및 동물이라는 회로를 통해 흐르는 에너지가 솟아나는 샘이다. 인간의 거주를 위해 생명 피라미드를 변화시키는 과정은 비축 에너지를 방출시키는 것이며, 이는 생명자본의 방출이라고 할 수 있다.

이상의 토지윤리는 생태학적 도덕의식의 존재를 반영한다. 예컨대, 인간을 정복자가 아닌 생명 공동체의 시민으로, 과학을 자신의 칼을 가는 것이 아닌 자신의 우주를 탐구하는 것으로, 토지를 노예나 하인이 아닌 집합적 유기체로 이해할 경우에 우리의 생태학적 도덕의식은 발현될 것이다. 그리고 다시금 이러한 생태학적 도덕의식은 토지의 건강 — 토지의 자기 회복 능력 — 에 대한 개인의 책임의 확신을 반영한다.

결론적으로 말해서, 토지에 대한 우리의 윤리 관계가 그것에 대한 사랑과 존중 그리고 흠모 없이, 또한 그것에 대한 경제적 가치보다 훨씬 광범위한 철학적 의미의 가치에 대한 높은 평가 없이 형성될 수는 없다. 그러므로 바람직한 토지 이용을 오직 경제적 문제로만 생각하지 말자. 낱낱의 물음을 경제적으로 무엇이 유리한가 하는 관점뿐만이 아니라 윤리적· 심미적으로 무엇이 옳은가의 관점에서도 검토하자. 생명 공동체의 통합성과 안정성 그리고 아름다움의 보전에 이바지한다면, 그것은 옳다. 그렇지 않다면 그르다. 토지 이용자는 생각한다. 그러므로 존재한다.

— 알도 레오폴드, 송명규 옮김, 『모래 군(郡)의 열두 달』, 따님, 2003, 244~268쪽

2. 아래의 제시문의 내용을 요약하시오.

제시문

여러 가지 것들, 즉 법, 제도 그리고 사회 체제들뿐만 아니라 의사 결정, 판단, 비난 등을 포함한 여러 가지의 특정 행위들이 정의롭다거나 부당하다고들 말한다. 또한 우리는 사람이 갖는 태도나 성향에 대해서도 그리고 사람 그 자체에 대해서도 정의롭다거나 부당하다고 한다. 그러나 우리가 논하려는 것은 사회 정의인 만큼, 우리에게 있어서 정의의 일차적 주제는 사회의 기본구조(basic structure of society), 보다 더 정확히 말하면 사회의 주요 제도가 권리와 의무를 배분하고 사회 협동체로부터 생긴 이익의 분배를 정하는 방식이 된다. 여기서 주요 제도란 정치의 기본법이나 기본적인 경제적·사회적 체제를 말한다. 그래서 사상의 자유, 양심의 자유, 경쟁적 시장, 생산 수단의 사유 등에 대한 법적인 보호와 일부일처제 등은 주요한 사회 제도의 예들이 된다. 이 모두를 하나의 체계로 생각할 때, 주요 제도는 인간들의 권리와 의무를 규정하고 그들의

인생 전망에도 영향을 미침으로써, 무엇이 될 것인가에 대한 기대와 어떻게 살 것인가에 대한 소망까지 정해주게 된다. 기본 구조가 정의의 일차적 주제가 되는 이유는 이처럼 그 영향력이 심대하고 또 그것이 근원적인 데서부터 나타나기 때문이다. 여기에서 직감적으로 생각나는 것은 이러한 기본 구조 속에는 여러 가지 사회적 지위가 속해 있다는 점과 서로 다른 지위에서 태어난 인간들은 정치 체제뿐만 아니라 경제적·사회적 여건들에 의해서 어느 정도 정해진 서로 상이한 기대를 갖게 된다는 점이다. 이런 식으로 사회 제도로 인해서 어떤 출발점에는 다른 출발점보다 유리한 조건이 부여된다. 이러한 것들은 특히 뿌리 깊은 불평등이라 할 수 있다. 그러한 것들은 지배적인 것일 뿐만 아니라 인생에 있어서 최초의 기회를 좌우하게 되는 것이다. 그러나 그것은 능력이나 공적이라는 개념에 의거해서도 정당화될 수 없는 것이다. 사회 정의의 원칙들이 제일 먼저 적용되어야 할 부분은 어떤 사회의 기본 구조 속에 있는 이와 같은 거의 불가피한 불평등인 것이다. 그래서 그러한 원칙들은 정치 조직의 선택과 경제적·사회적 중요 요인들을 규제하게 된다. 한 사회 체제의 정의 여부는 본질적으로 권리와 의무가 할당되는 방식에 달려 있으며 사회의 여러 방면에 있어서 경제적 기회와 사회적 조건에 달려 있다 할 것이다.

—존 롤즈, 황경식 옮김, 『정의론』, 이학사, 2006, 40~41쪽

2.3. 논증의 구조 분석

우리에게 주어진 어떤 글이나 생각을 명확히 이해하려면, 그것들이 지니고 있는 논증의 구조를 파악해 볼 필요가 있다. 논증은 논거(전제)와 결론으로 구성되는 것이므로, 논증의 구조를 파악한다는 것은 어떤 명제가 결론에 해당하고 또 어떤 명제가 결론을 지지하는 논거인가를 구분해내어 그것들 간의 논리적 결합 관계를 밝혀내는 일이라고 할 수 있다. 이를 통해서 우리는 명제들—즉, 전제와 결론—간의 의미가 확보되는 방식을 알 수 있게 된다.

그러나 논거들과 결론들 간의 논리적 결합 관계는 그 양상이 그렇게 단순치만은 않다. 여러 가지 논거들이 다양한 양상으로 결합하여 결론을 지지하기 때문이다. 논증의 구조 분석에서 드러나는 논증의 논리적 결합 양상은, 그 구조상, 대체로 단순지지 구조, 독립지지 구조, 병렬지지 구조, 그리고 복합지지 구조 등으로 나누어 볼 수 있다. 이해의 편의를 도모하기 위하여, 우선적으로 논증 구조의 세 가지 기본 유형을 구조도로 나타내보면 다음과 같다. 자세한 설명은 해당 항목의 예시를 통해서 이루어질 것이다.

<논증의 단순지지 구조도>	<논증의 독립지지 구조도>	<논증의 병렬지지 구조도>
①	① ② ③	① + ②
↓	↘ ↓ ↙	↓
②	④	③

이와 같이 논증의 구조를 분석하여 도식적으로 나타내는 방법을 연습할 경우, 다양한 논증 구조에 대한 직관적인 이해가 어느 정도 가능해지리라고 본다.

2.3.1. 논증의 단순지지 구조

논증 구조에서 단순지지 구조는 전제에 해당하는 하나 이상의 논거가 직렬로 결론을 지지하는 논증 형식을 말한다. 이 형식에는 하나의 논거와 결론을 지닌 논증 형식, 하나 이상의 논거들과 결론들을 지닌 논증 형식 등이 있다. 다음의 진술들을 대상으로 하여 그것들의 논증 구조를 분석해 보기로 하자.

예시 1

① 모든 사람은 전체 사회의 복지라는 명목으로도 유린될 수 없는 정의에 입각한 불가침성을 갖는다. ② 그러므로 정의는 타인들이 갖게 될 보다 큰 선을 위하여 소수의 자유를 뺏는 것이 정당화될 수 없다고 본다.

이 진술의 명제 ①에 의해서 명제 ②는 결론으로서 지지된다. 이 진술의 논증 구조도를 그려보면 다음과 같다.

①
↓
②

이 구조도에서 화살표 '↓'는 지지 방향을 나타낸다. 즉 명제 ①은 명제 ②를 지지하며, 이로부터 명제 ①은 전제이며 명제 ②는 결론이라는 사실을 알 수 있게 된다.

예시 2

① 생각하는 존재인 인간은 모든 살려고 하는 의지에게 자신에게 부여했던 생명에의 경외를 부여하지 않으면 안 된다고 느낀다. ② 인간은 다른 생명체 또한 살려고 애쓴다는 것을 자기 안에서 경험한다. ③ 그래서 그는 생명을 유지하고, 생명을 증진하며, 생명을 고양시키는 것을 선으로, 반대로 생명을 파괴하고, 생명에 해를 끼치며, 생명을 억압하는 것을 악으로 본다.

이 진술은 두 개의 논거가 있고, 하나의 결론이 있는 논증 형태이다. 그 지지관계를 살펴보면, 명제 ②가 명제 ①을 지지하고, 다시 명제 ①이 명제 ③을 지지하는 직렬 구조로 나타난다. 이 진술의 논증 구조도를 그려보면 다음과 같다.

②
↓
①
↓
③

2.3.2. 논증의 독립지지 구조

논증 구조에서 독립지지 구조는 전제에 해당하는 둘 이상의 논거가, 단순지지 구조처럼 서로 지지관계를 형성하는 것이 아니라, 각각의 전제들이 독립적으로 결론을 지지하는 논증 형식을 말한다. 다음의 진술들을 대상으로 하여 그것들의 논증 구조를 분석해 보기로 하자.

예시 1

① 나는 다른 사람들도 나와 같은 감정을 느끼고 있다는 결론을 내린다. ② 우선 다른 사람들도 나와 같은 신체를 가지고 있는데, 나의 경우에는 이것이 감정을 느끼는 전제 조건임을 나는 알고 있기 때문이다. ③ 둘째로 나의 경험에 비추어 보면 어떤 감정의 결과로 나타남을 알 수 있는 행동이나 기타 외부적인 표시들을 다른 사람들이 보여주기 때문이다.

이 진술은 명제 ②와 명제 ③이 서로 독립적으로 결론인 명제 ①을 지지하는 구조로 되어 있다. 이 진술의 논증 구조도를 그려보면 다음과 같다.

② ③
↘ ↙
①

예시 2

① 자신의 작품이나 자신의 예술을 감상하는 관객에 대한 사랑 없이 진정한 예술은 존재하지 않는다. ② 남을 위하는 배려나 애정이 빠지게 되면 이기주의나 오만, 허영심, 아니면 효과만을 노리는 마음만이 중요하게 된다. ③ 예술은 관객이 작품에 접근할 수 있고, 인간의 영혼과 정신에 호소할 수 있어야만 비로소 가능할 수 있다. ④ 예술은 그림을 보는 관객에 의해 비로소 생겨나는 것이다.

이 진술은 명제 ②가 명제 ①과 명제 ③을 지지하고, 다시 명제 ①과 명제 ③이 상호 독립적으로 결론인 명제 ④를 지지하는 구조로 되어 있다. 이 진술의 논증 구조도를 그려보면 다음과 같다.

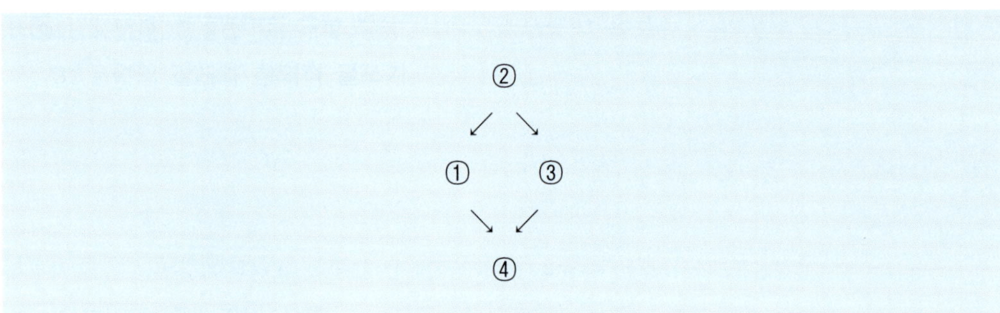

2.3.3. 논증의 병렬지지 구조

논증의 병렬지지 구조는 논증을 구성하는 전제들이 단독으로는 결론을 지지할 수 없기 때문에 서로 결합하여 결론을 지지하는 구조 형태를 취한다. 두 가지 이상의 전제와 전제 간의 병렬 결합은 '+'로 나타낸다. 다음의 진술들의 논증 구조를 분석해 보기로 하자.

예시 1

① 교육의 기초가 되는 것은 우주와 인생과 정치에 대한 철학이다. ② 철학의 기초 위에 생활의 기술을 가르치는 것이 곧 국민 교육이다. ③ 건전한 철학의 기초 위에 서지 않은 지식과 기술

교육은 개인과 그를 포함한 국가에 해가 된다.

이 진술은 명제 ①과 명제 ②가 병렬로 결합하여 결론인 명제 ③을 지지하는 경우이다. 이 진술의 논증 구조도를 그려보면 다음과 같다.

① + ②
↓
③

예시 2

① 휴가가 대중적으로 된 데 결정적인 역할을 한 것은 자동차의 출현에 힘입어 급격히 확대된 개인주의적인 (가족적인) 성향이다. ② 모든 사람은 자신만의 휴가를 계획하고 자신이 가고자 하는 곳으로 향하며 하고 싶은 것을 한다. ③ 사실 휴가의 행태는 (특히 사회 계층에 의해) 고도로 정형화되어, 휴가를 상징하는 탈출은 일반적으로 어떤 고정된 일상으로부터 다른 것으로 옮겨가는 것을 의미한다. ④ 그러나 일로부터의 휴식, 새로운 곳으로의 여행, 쾌락과 흥분의 가능성 등을 경험하는 것은 분명 일종의 자유다.

이 진술은 앞의 진술이 지닌 논증 구조와 마찬가지인 구조를 보여준다. 단지 병렬로 결합해야 할 논거가 하나 더 제시되어 있을 뿐이다. 이 진술의 논증 구조도를 그려보면 다음과 같다.

① + ② + ③
↓
④

2.3.4. 논증의 복합지지 구조

논증의 복합지지 구조는 앞에서 말한 논증의 단순지지, 독립지지, 병렬지지 구조 등이 서로 연계하여 지지 관계를 형성하는 복합적이고 중층적인 논증 구조를 말한다. 그리고 진술상의 어떤 명제들은 논거라기보다는 보충 설명이나 부연 설명, 그리고 개념 정의에 해당하는 보조적 진술일 경우가 있다. 진술상에 이러한 명제가 있다면, 그 진술의 논증 구조 역시 복합지지 구조로 간주한다.

예시 1

① 자유와 자기 통치(자치)의 관계에 대해서는 고전적 공화주의자들은 후자를 전자를 보장하는 조건 중 하나로 여겼다. ② 로마의 정치사상가들은 왕이 흠정(欽定)한 법 아래에서 사는 인민은 예속된 자들이지 자유민이 아니라고 생각했다. ③ 즉 이들은 자유의 상태가 아니라 예속의 상태에서 살고 있는데, 주인 아래에 있는 노예와 그 상태가 별반 다를 게 없다는 것이다. ④ 따라서 절대왕정은 주종관계와 비슷한 것이며, 반면 공화정은 자유로운 인민의 통치방식이며 생활방식이다.

이 진술에서 명제 ③은 명제 ②를 부연 설명하고 있다. 그러므로 명제 ②와 명제 ③은 같은 의미를 지닌 명제로 간주된다. 이럴 경우, 괄호를 치고 같은 의미의 명제를 '='로 표시하여 논증 구조도를 그리면 된다. 이런 점에 유의하면서, 위의 진술의 논증 구조도를 그려보면 다음과 같다.

① + ② (= ③)

↓

④

예시 2

① 사회의 여러 조직체가 문명화해감에 따라 새로운 사실에 대한 지식을 습득해가게 되고, 또

거의 무의식적으로 특이한 법칙들을 인식하게 된다. ② 인간이 이러한 법칙을 많이 알게 되면 될수록, 자연히 일반적인 개념을 더 많이 고안해내게 된다. ③ 다수의 특이한 사실은 그것들을 결합시키는 공통의 끈을 마침내 발견해내지 않고 개별적으로 분리해서는 파악될 수가 없다. ④ 여러 개의 개별적인 것은 종(種) 개념을 형성하게 되고, 또 여러 개의 종은 유(類) 개념을 형성하게 된다. ⑤ 그러므로 일반적인 개념에 대한 습관과 취향은 고전문화와 광범한 지식을 갖춘 사람들에게 있어서 아주 중요한 위치를 차지하게 될 것이다.

이 진술은 명제 ①과 명제 ②가 병렬로 결합하고, 명제 ③과 명제 ④가 병렬로 결합한 양상을 보여준다. 이렇게 병렬로 결합한 명제들이 이제는 각각 독립적으로 결론인 명제 ⑤를 지지하는 논증 형태를 보여 준다. 이 진술의 논증 구조도를 그려보면 다음과 같다.

① + ②　　③ + ④

↘ ↙

⑤

예시 3

① 인간은 또한 그 개별존재의 구호(救護)에 대한 충동뿐만이 아니라 무엇보다 그 집단 전체의 구호에 대한 억제할 수 없는 충동에 의해서, 애초부터 동물에 대립해서 인간의 소질 중에 있었던 '거창한 상상과잉'에 의거해서, 또 이런 상상과잉의 도움을 받아, 임의의 형태를 가진 이 존재영역에 안주할 수 있었고, ② 그래서 의례와 예배를 통해 이 존재영역의 힘 속으로 자신을 피난시켜 인간 배후에서 오는 수호와 도움 같은 것을 얻을 수 있었다. ③ 왜냐하면, 인간은 그의 자연 소외와 자연의 대상화라는 근본작용에서 — 그와 동시에 자기존재와 자기의식이 생기는 데에서 — 순수허무로 빠지는 듯했기 때문이다. ④ 이런 구호 즉, 수호의 형식에서 허무주의를 극복함이 우리가 종교라고 하는 것이다.

이 진술의 구조를 파악할 때 주의해야 할 점은 명제 ②와 명제 ④의 관계이다. 여기에서 명제 ④는 명제 ②의 부연 설명으로 간주할 수 있다. 그럴 경우, 이 진술의 논증 구조도는 다음과 같이 그려진다.

①　　③
↘ ↙
② (= ④)

예시 4

① 모든 언어의 사용은 사실상의 어떤 보편성을 내포한다. … ② 예를 들어서 술어에 대한 정의를 생각해 보자. ③ 술어라는 것은 어떠한 습관에 관련된 비슷한 소리들의 집합이다. ④ 우리는 다음과 같이 말할 수 있다. ⑤ 즉, 'P가 비슷한 소리들의 집합이라 하자. 그러면 P는 어떤 유기체 N에 대해서 술어가 되는데 그 조건은 만일 비슷한 사상들의 집합 E가 있는데 집합 E 가운데 몇 개가 발생하면 그것은 N에 대해 집합 P를 소리 내도록 하는 충동을 일으킨다.' ⑥ 만일 N이 서로 결합되어 있는 E와 P의 요소들을 자주 경험하면 소리들의 집합 P는 N에 대해서 오직 이러한 성질을 가질 뿐이다. ⑦ 반복과 보편성은 사실에 있어서는 문제의 본질인데, 그 이유는 언어는 습관들로 이루어져 있고 습관은 반복을 내포하며 반복만이 보편적인 것이 될 수 있기 때문이다.

이 진술에서 명제 ⑤는 명제 ③의 부연 설명으로 간주된다. 그리고 문장 ②는 명제 ③, 문장 ④는 명제 ⑤에 관련한 지시적 문장에 해당하므로 문장 ②와 문장 ④는 논증 구조도에서 제외한다. 이런 점에 유의하면서, 이 진술의 논증 구조도를 그려보면 다음과 같다.

③ (= ⑤)　　⑥
↘ ↙
⑦
↓
①

이상에서 여러 유형의 논증 구조를 도식으로 나타내는 방법을 고찰해 보았다. 그런데 여기에 한 가지 덧붙여 말할 것이 있다. 그것은 위에서 제시한 논증들의 논증 구조도가 전적으로 유일한 정답은 아니라는 점이다. 동일한 진술을 가지고서도 전제와 전제 간의 결합 및 지지관계, 그리고 전제와 결론 간의 지지관계를 어떻게 파악하고 있느냐에 따라서 서로 다른 유형의 논증 구조도가 그려질 수 있기 때문이다. 그러나 어떤 유형의 구조도가 제시되든, 주어진 진술 내에서의 전제와 결론 간의 구분은 동일해야 한다.

Exercise 연습문제

다음의 진술들의 논증 구조를 분석하고 그 구조도를 그려 보자.

1. ① 범죄와의 관련에서가 아니라, 그것이 재발할 수 있는 반복성과의 관련에서 형벌을 측정해야 한다. … ② 범죄자가 되풀이하여 범행을 저지를 생각을 못하게 하고, 범행을 모방하는 자가 나올 가능성을 없애도록 조치해야 한다. ③ 그러므로 처벌은 효과를 노리는 기술이 된다.

2. ① 자연은 인간에게 그 자신의 존재목적들을 달성하기 위하여 그의 정신의 모든 힘을 불러 모으고 전력을 기울여야 할지도 모른다는 사실을 가르쳐 주었다. ② 또한 자연은 인간이 현실적으로 그 목적들을 달성하지 않았다면 자기 자신뿐 아니라 세상 사람들도 그의 행동에 결코 만족할 수 없고 그 행동에 무조건적인 박수갈채를 보낼 수 없다는 점을 가르쳐 주었다. ③ 이로써 인간은 선한 행동의 공로가 수반되지 않는 선한 의도에 대한 칭찬으로는 결코 세상의 가장 요란한 환호나 최고의 자기만족을 얻을 수 없다는 사실을 깨닫게 된다.

3. ① 행위만이 우리에게 유일한 의미를 갖는 것이다. ② 우리가 모든 사고의 구별들을 근본적으로 살펴보면, 가능한 실천적 차이점을 보여주는 것 이외에는 그 구별들 가운데 어떤 것도 그렇게 분명하지가 않다는 것이다. ③ 어떤 대상에 대한 우리의 생각을 명백히 이해하기 위해서는 즉각적이든 그렇지 않든 그 대상에게서 우리가 인식적으로 기대할 수 있는 감각내용이 무엇인가, 그 대상이 진심일 경우 어떤 행위를 준비해야 하는가 그것만 결정하면 된다.

4. ① 정체성은 근본적인 욕구이다. ② 정체성이란 대부분의 사람에게 삶의 방향을 알려주는 대단히 중요한 의미를 갖는다. ③ 인간이란 '고독한 늑대'가 아니라 공동체를 이루어 사는 존재이다. ④ 하지만 소속감을 주는 것은 피부색이나 얼굴 모양, 몸집과 같은 외적·육체적 특징만은 아니다. ⑤ 오히려 공동의 문명적인 관행이 더 중요하다. ⑥ 그렇기 때문에 일상의 삶이 흔들릴 때, 전래되어온 습관의 의미가 의심스러울 때 인간의 정체성은 공격받는 것이다.

5. ① 모든 생물은 가장 단순한 세포에 이르기까지 마치 기계처럼 시종일관되고 통합된 기능적인 단위를 이루고 있다. ② 명백한 사실이지만, 그처럼 복잡하면서도 동시에 자동적인 화학기계가 시종일관된 기능을 발휘하려면 수많은 점에서 관리하고 제어하는 사이버네틱 시스템을 필요로 한

다. ③ 특히 고등생물에 관해서 이러한 시스템 전체의 구조를 밝히기에는 아직도 요원한 상태에 있다. ④ 그럼에도 불구하고 오늘날에는 이와 같은 시스템의 많은 요소가 알려져 있으며, 그리고 그 모든 경우의 가장 기본적인 인자는 소위 조절(調節) 단백질로서, 그것이 결과적으로는 화학적 신호의 탐지기로서 작용하고 있다는 사실이다.

6. ① 과학적 서술은 대체로 우리의 관점, 우리의 관심에 의존한다. ② 그런데 이 관점과 관심은 일반적으로 우리가 시험하고자 하는 가설이나 이론과 밀접히 연결되어 있다. ③ 그리고 그것은 또한 서술되는 사실에도 의존한다. ④ 이론이나 가설은 관점의 결정이라고 표현할 수 있다. ⑤ 왜냐하면 우리가 우리의 관점을 짜임새 있게 표현해 놓으면, 바로 이것이 일반적으로 우리가 가끔 작업가설이라고 부르는 것이 되기 때문이다. ⑥ 작업가설은 우리가 사실을 선택하여 조직하는 것을 돕는 기능을 가진 잠정적 가정이다.

2.4. 비판적 사고의 요소와 기준, 그리고 대안

비판적 사고의 요소와 기준은 주어진 글의 분석적 이해와 평가(논평)를 하는데 직접적으로 이용할 수 있는 유용한 도구가 된다. 비판적 사고의 요소에는 목적, 문제, 개념, 가정(전제), 정보, 결론, 관점, 함축 등이 있다.

목적은 글의 목표를 말하는 것이다. 어떤 글의 목적 혹은 목표는 글쓴이가 무엇을 위해 그리고 왜 썼는지 물어봄으로써 드러나게 된다. 문제는 글에서 해결하고자 하는 문제를 말한다. 논증적인 글이라면 통상적으로 어떤 문제가 있고 그것에 대한 해결책을 제시하려고 한다. 개념은 글에서 유의해서 따져보아야 할 단어를 말한다. 글의 핵심단어가 무엇인지 살펴본다. 정보는 글쓴이가 자료, 증거, 관찰 등 경험과 관련하여 얻어진 것을 사실로 받아들여 글에서 사용하고 있는 내용을 말한다. 또한 어떤 정보는 경우에 따라서 전제로서 추론 과정에 사용될 수도 있다. 가정(전제)은 글쓴이가 어떤 주장을 지지하기 위해 사용하고 있는 근거를 말한다. 즉, 우리가 어떤 것에 대해 생각할 때 미리 당연한 것으로 받아들이거나 전제하는 것이다. 그런데 이 근거는 명시적으로 표현될 때도 있고, 암묵적으로 가정할 때도 있다. 글쓴이는 어떤 사고를 근거로 자신의 주장을 정당화한다. 여기에는 추론이라고 하는 일련의 사고과정이 개입한다. 이러한 사고과정을 거쳐서 정당화된 주장이 바로 결론이다. 글쓴이는 문제를 보는 시각을 가지고 있기 마련이다. 글쓴이가 가지고 있는 어떤 시각과 입장이 관점에 해당한다. 글에는 명시적으로 드러난 결론도 있지만 그 결론으로부터 도출할 수 있는 암시적인 주장이 있을 수 있다. 이 암시적인 주장이 함축(귀결)이다.

어떤 주어진 글을 분석하는데 이용될 수 있는 분석 항목표는 아래와 같다.

▌비판적 사고의 요소를 이용한 분석 항목표▐

① 이 글(지문, 제시문)의 주요 목적(목표)은 무엇인가?

② 핵심 문제(현안, 질문)는 무엇인가?

③ 이 글을 이해하기 위한 중요 개념이나 중요 아이디어는 무엇인가?

④ 이 글에서 매우 중요한 정보는 무엇인가?

⑤ 이 글의 중요한 가정(전제)은 무엇인가?

⑥ 핵심 결론(주장)은 무엇인가?

⑦ 이 글의 주요 관점(준거틀, 지평)은 무엇인가?

⑧ 이 추론의 중요 함축(귀결)은 무엇인가?

비판적 사고의 기준에는 명료성, 정확성, 정밀성, 중요성, 논리성, 적절성, 충분성, 폭넓음, 깊이 등이 있다.

명료성은 애매함 — 어떤 주장이 두 가지 이상의 의미를 가지는 것 — 이 제거된 것을 말한다. 정확성은 어떤 사물이나 사건을 실제에 맞게 나타내는 것을 말한다. 정밀성은 모호성 — 어떤 주장에 정도나 범위 등이 언급되지도 확정되지 않은 것 — 이 제거되어, 어떤 사고의 내용을 확실하게 이해하는 데 필요한 세부 사항이 구체적으로 제공된 것을 말한다. 중요성은 어떤 쟁점과 관련하여 사고할 때, 가장 중요한 정보에 집중하고 가장 중요한 개념들을 고려한다는 것을 말한다. 논리성은 결합된 사고들이 상호 지지하고 있으며 결합을 통해서 유의미성을 확보한다는 것이다. 적절성(관련성)은 어떤 사고가 현재 논의되고 있는 문제나 주제와 관련하여 잘 맞아떨어진다는 것을 말한다. 충분성은 어떤 쟁점에 대한 우리의 사고가 목적에 맞도록 필요한 모든 요인을 고려했는가를 따져 보는 것을 말한다. 폭넓음은 다각성을 의미하는 측면으로서 어떤 주장에 대하여 여러 관점들에 서서 폭 넓게 하는 사고를 의미한다. 깊이는 심층성을 말하는 것으로서 다루고자 하는 주제를 피상적이 아닌 본질적인 측면에서 내재된 복잡성을 파악하여 다룬다는 것을 말한다.

비판적 사고의 기준을 적용 영역별로 정리하면 다음과 같다. 명료성과 정밀성은 주로 표현에 적용되는 평가 기준이다. 정확성은 사실 여부, 사태와 생각의 관계에 적용하는 평가 기준이다. 중요성은 우리와의 관계에 적용되는 평가 기준이다. 논리성과 적절성은 생각들의 관계에 적용하는 평가 기준이다. 충분함은 사고 내용의 질과 공정성에 적용하는 평가 기준이다. 폭넓음과 깊이는 사고 내용의 깊이와 폭에 적용하는 평가 기준이다.

비판적 사고의 기준을 비판적 사고의 요소와 결합하여 아래와 같은 평가 항목표를 구성해 볼 수 있다.

비판적 사고의 기준을 이용한 평가 항목표

① 목적이 명료, 중요하며, 논리적 일관성이 있는가?

② 문제가 명료, 정밀, 중요하며, 설정한 목적의 달성과 해결에 적절한가?

③ 개념들이 명료, 적절, 깊이, 정밀한가?

④ 정보가 명료, 정확, 적절, 논리적 일관성, 충분함을 만족시키는가?

⑤ 가정들이 명료하며, 적절하며, 중요하며, 가정들 간에 논리적 모순이 없는가?

⑥ 결론이 명료하며, 논리적으로 정당화되며, 깊이가 있으며, 폭넓은 정보를 이용했는가?

⑦ 다각적이고, 명료하며, 적절한 관점이며, 논리적 일관성이 있는가?

⑧ 함축, 즉 귀결된 내용이 중요, 명료한가?

이상에서 비판적 사고의 8요소를 이용한 분석 항목과 9기준을 이용한 평가 항목을 살펴보았다. 그런데 이 비판적 사고의 8요소에 '맥락(배경)'과 '대안(개선책)'을 추가하여 그것의 구성 요소를 10요소로 만들기도 한다. 그러나 '맥락'은 사고를 구성하고 있는 요소의 성격보다는 그 사고의 배경, 즉 주어진 텍스트의 외적인 상황에 관련한 성격이 두드러지기 때문에 여기에서는 제외시켰다. '대안'의 경우는 먼저 제시문의 내용을 8요소에 의거하여 분석하고, 그 분석된 내용을 9기준에 근거하여 평가한 연후에 그것을 따로 제시하는 것이 보다 합리적이라는 생각이 든다. 이런 이유로 필자는 비판적 사고의 구성 요소에서 '대안'을 제외시켰다.

대안의 제시에 도움이 되는 방법을 간략히 소개하면 다음과 같다.

① 제시문을 분석한 내용과 평가한 내용 중에서 나 자신의 견해와는 다른 글쓴이의 견해를 찾아낸다.

② 글쓴이가 글을 전개하는 방식에 대해서도 검토해 본다.

③ 근거를 갖춘 자신의 생각을 제시해 본다.

이제 비판적 사고의 방법에 따라서 아래의 제시문을 분석 및 평가한 후에 대안적 견해를 제시하는 연습을 해보기로 하자.

논제 : 아래의 제시문을 ① 비판적 사고의 요소에 따라서 그 내용을 분석하고, ② 비판적 사고의 기준에 따라서 평가(논평)하시오. ③ 이 제시문의 논지와는 다른 대안적 견해를 제시하시오.

제시문 : '사랑의 매'까지 금지하면 교실 황폐화한다

서울시교육청이 관내의 한 빗나간 초등학교 교사의 학생 폭행 사건을 빌미삼아 일선 학교에서 학생들에 대한 훈육·훈계의 수단으로 사용되는 '사랑의 매'까지 사실상 범죄로 규정, 처벌하겠다고 나서고 있다. 서울시교육청은 19일 "2학기부터 모든 유치원과 초·중·고교에서의 체벌을 금지하기로 했다"면서 "교사폭력 사태는 학생인권조례의 제정 필요성을 더욱 부각시키고 있다"고 덧붙였다. 학생의 일탈을 지적·교정하기 위한 교사의 교육적 체벌과 감정적 폭행은 구별해야 하는데도 불구하고 학생인권의 허울을 앞세워 교사들에게 엄격한 훈육을 포기하도록 오도하고 있는 것이다.

물론 최근 공개된 한 초등학교 교사의 폭력 행위 동영상은 비인격적이고 감정적 폭행일 뿐 교육적인 체벌이라고 볼 수 없다. 해당 교사가 직위해제된 것도 그 때문이다. 하지만 학생의 일탈에 대한 훈육의 효과를 키우기 위한 최소한의 신체적 징벌까지 금할 일은 아니다. 교실에서 학생의 교사 폭행과 희롱이 다반사인 것이 엄연한 현실이라는 사실을 서울시교육청도 모르진 않을 것이다. 그런 상황에서 교사가 일탈 행동을 한 학생의 손바닥을 때리거나 앉았다 일어서기를 반복하도록 하는 정도의 체벌조차 할 수 없게 하고, 해당 교사를 학생이 당국에 신고해 징계를 받게 하겠다는 것은 교실 황폐화를 자초하는 일일 뿐이다. 초·중등교육법에 '교육상 불가피한 경우를 제외하고는 학생에게 신체적으로 고통을 주지 않는 훈육·훈계'를 강조한 취지 또한 체벌의 남용을 금하면서 교육적 불가피성은 인정하는 것이다.

한국교원단체총연합회는 서울시교육청의 방침에 대해 "94%의 교원이 교권 위기를 호소하는 상황에서 체벌 금지는 교사들에게 교육적 방관자로 머물러 있으라고 유도하는 것과 같다"고 지적하고 있다. 과도한 체벌까지 정당화할 수는 없지만, 원활한 학생 지도를 위해 교육적 목적을 지닌 최소한의 체벌은 필요하다는 교육계 안팎의 목소리를 서울시교육청은 진지하게 경청하고 체벌 전면 금지의 빗나간 발상을 접기 바란다.

—문화일보, 2010년 7월 20일자 사설

2.4.1. 비판적 사고의 요소에 따른 내용 분석

예시

① 이 글의 목적은 무엇인가? : '사랑의 매'로서의 최소한의 체벌이 정당한 이유를 보여줌으로써 서울시교육청의 체벌 전면 금지 조치를 철회시키기 위한 여론의 환기를 목적으로 한다.

② 핵심 문제(현안)는 무엇인가? : 최소한의 체벌마저도 금지하는 서울시교육청의 조치는 정당한가?

③ 중요 개념들 및 중요 아이디어들은 무엇인가? : 교육적 체벌, 감정적 폭행, 학생인권, 교권 위기, 최소한의 체벌['학생의 손바닥을 때리거나 앉았다 일어서기를 반복하도록 하는 정도의 체벌'].

④ 매우 중요한 정보는 무엇인가? : ㉠ 서울시교육청 관내의 한 초등학교 교사의 학생 폭행 사건이 있었다. ㉡ 서울시교육청은 모든 유치원과 초·중·고교에서의 체벌을 금지하기로 했다. ㉢ 교실에서 학생의 교사 폭행과 희롱이 다반사인 것이 엄연한 현실이다. ㉣ 초·중등 교육법은 '교육상 불가피한 경우를 제외하고는 학생에게 신체적으로 고통을 주지 않는 훈육·훈계'를 강조한다. ㉤ 94%의 교원이 교권 위기를 호소한다.

⑤ 중요한 가정(전제)은 무엇인가? : 최소한의 체벌을 한 해당 교사에게 징계를 받게 하는 것은 교실 황폐화를 자초하는 일이다. 초·중등 교육법은 체벌의 남용을 금하면서 교육적 불가피성을 인정한다. 체벌금지는 교사들에게 교육적 방관자로 머물러 있으라고 유도하는 것과 같다. 원활한 학생지도를 위해 교육적 목적을 지닌 최소한의 체벌은 필요하다.

⑥ 핵심 결론(주장)은 무엇인가? : 체벌 전면 금지의 빗나간 발상을 접기 바란다.

⑦ 이 글의 주요 관점은 무엇인가? : 학생 지도의 효율성을 고려한 교육적 체벌을 옹호하는 관점이다.

⑧ 이 추론의 중요 함축(귀결)은 무엇인가? : 최소한의 체벌의 실시는 엄격한 훈육을 가능하게 할 뿐만 아니라, 부분적으로 교권 위기의 해소라는 기대효과를 결과할 수 있다.

2.4.2. 비판적 사고의 기준에 따른 평가

예시

① 목적이 명료한가? : 매우 명료하다.

② 문제가 명료, 정밀한가? : 제기된 문제는 명료하며, 구체적으로 관련기관의 이름을 밝히고 있다는 점에서 정밀하다.

③ 개념들이 명료, 적절, 정밀한가? : 중요 개념들의 명료성이나 적절성은 크게 문제될 것이 없다고 본다. 그러나 '최소한의 체벌'이라는 개념을 제외한 대부분의 중요 개념들에 대한 보다 설득력 있는 구체적 정의가 없다는 점에서 개념들의 정밀성에 조금은 문제가 있을 수도 있다. 그럼에도 불구하고 신문 사설이라는 점을 감안할 때, 독자가 이미 어떤 개념들에 대한 사전적 지식을 어느 정도 갖고 있는 것으로 간주하고 사용할 수밖에 없으므로 그것은 불가피한 일이라고 할 수 있다.

④ 정보가 정확하고, 충분한가? : 정보 ㉠과 ㉡은 사실 정보이며, 정보 ㉣은 법률 정보에 해당한다. 이들 정보들은 실제로 확인할 수 있는 정보들로서 그 정확도를 신뢰할 수 있다. 그러나 정보 ㉢의 경우는 어느 정도 사실로 확인될 수 있는 부분도 있으나, 그것을 '다반사'라는 과장법을 사용하여 일반화시킬 수는 없다고 본다. 이런 점에서 정보 ㉢은 '성급한 일반화의 오류'를 범하고 있는 것으로 판단된다. 때문에 이 정보의 정확도는 신뢰할 수 없다. 그리고 통계 정보에 해당하는 정보 ㉤은 그것이 산출된 표본의 충분성과 대표성에 의문을 제기할 수 있는 여지를 주고 있다. 이런 이유로 정보 ㉤의 신뢰도는 그리 높다고 할 수 없다. 그리고 정보 ㉠과 정보 ㉢을 비교해 볼 경우, 정보 ㉠은 특정한 하나의 사례에 관한 특수진술이며, 정보 ㉢은 특정한 사건들과 사례들을 일반화시킨 일반진술에 해당한다. 정보의 충분성 및 비교의 공정성을 위해서는 정보 ㉠과 관련한 보다 많은 다른 사례들의 제시가 요구된다.

⑤ 가정(전제)들이 명료, 적절, 중요하고, 가정들 간에 논리적 모순이 없는가? : 대체로 그렇다. 그렇다고 해서 여기에 사용된 전제들 모두가 의문의 여지없이 옹호(정당화)된다는 이야기는 아니다. 관점이 다를 경우, 전제들의 모두 혹은 일부에 대해서 의문을 제기하는 것이 가능하기 때문이다.

⑥ 결론이 논리적으로 정당한가? : 이 글의 가정(전제)들로부터 도출 가능한 결론이므로 논리적 정당화를 확보하고 있는 것으로 보아야 한다.

⑦ 다각적이고, 적절한 관점인가? : 이 글은 학생인권의 보호를 중시하는 체벌 반대의 관점과 갈등을 일으키는 관점을 견지하고 있다. 관점상의 적절성(관련성)은 인정되나, 다각적인 관점을 고려한 것으로 보기는 어렵다. 그렇지만, 신문 사설은 그것이 지닌 지면상의 한계랄지 기타의 특성상 다각적인 관점의 수용이 어려울 수밖에 없다는 점을 감안할 필요가 있다.

⑧ 함축, 즉 귀결된 내용이 중요, 명료한가? : 그렇다고 할 수 있다. 특히 함축의 중요성은 그것이 최종적인 결과—결론이 아닌—라는 점에서 더욱 잘 드러난다고 할 수 있다.

2.4.3. 대안적 견해

예시

예시는 생략하기로 한다.

이와 같은 문제 풀이 연습을 많이 함으로써 우리의 비판적 읽기와 쓰기 능력은 진보할 것이며, 이러한 능력의 진보는 곧 바로 좋은 논리적 글쓰기를 위한 초석을 마련해 줄 것이다.

연습문제

논제 1 : 아래의 제시문을 ① 비판적 사고의 요소에 따라서 그 내용을 분석하고, ② 비판적 사고의 기준에 따라서 평가(논평)하시오.

제시문 : 선풍기는 억울하다… 진실은 무엇?

폭염주의보가 일주일째 계속되고 있다. 낮 기온이 섭씨 35도를 우습게 넘고, 해가 져도 대지는 뜨거운 열기를 품어댔다. 박 형사는 인상을 잔뜩 찌푸린 채 의사인 친구를 기다리고 있다. 더운 날씨에도 여전히 활기찬 얼굴의 친구가 나타났다.

"자네, 얼굴색이 좋지 않군. 더워서 잠을 못 잤나?"

"이런 열대야에 잠을 제대로 자는 사람이 있겠나. 하지만 내 고민은 그게 아니라네. 최근 원인 모를 사망사고가 이어지고 있어. 방문과 창문이 모두 닫혀 있고 침입한 흔적도 없는데 아침이면 죽은 사람들이 연일 발견되고 있지."

"자연사 아닐까?"

"전날까지 멀쩡했던 사람이 갑자기 죽으니 수긍하기 어렵다네."

"그렇다면 살인이라고 보는 건가?"

"문은 모두 닫혀 있었고, 현장에 있던 건 선풍기뿐이라네."

"아니 그럼, 선풍기가 사람을 죽였다는 건가?"

사실 경찰 내부에서는 선풍기를 유력한 용의자로 보는 경향이 많았다. 전국적으로 선풍기 주의보를 내려야 한다는 강경한 태도를 보이는 사람도 늘고 있었다.

"좁고 밀폐된 공간에서 선풍기를 틀면 산소 부족, 호흡 곤란, 저체온증을 유발하기 때문에, 선풍기가 의도한 것은 아니겠지만 사람을 죽일 수 있다는 의견이 많지. 회전 기능이나 타이머를 사용하지 않고, 신체의 특정 부위에 집중적으로 장시간 바람을 쐴 경우에 그 위험이 커진다는 걸세."

박 형사는 의사인 친구의 견해가 궁금했다.

"글쎄, 공기가 통하지 않는 밀폐된 장소라면 선풍기 때문이 아니라도 산소 부족이 생기겠지만, 선풍기가 산소 부족을 유발할 만큼 공기 압력을 바꾸진 못할 걸세. 난로를 오래 켜둔다면 공기 중의 화학성분이 바뀌기 때문에 문제가 있을 수 있지만, 선풍기 날개는 그저 바람을 일으키지 공기의 화학성분을 바꾸지는 못하지. 방문이나 창문이 닫혀서 공기의 흐름이 차단된다고 해도 방 안의 산소량은 그대로 유지되기 때문에 질식하긴 어려워. 첫 번째 원인은 제외해도 좋을 것 같네."

"그럼 호흡 곤란은 어떤가? 얼굴에 집중적으로 강력한 바람을 쐬면 산소가 희박해지고 의식이 점차 흐려지게 되고 결국 죽을 수도 있지 않겠나?"

(…중략…)

"선풍기 바람 때문에 호흡기 근처의 압력이 낮아져 공기를 들이쉬기 힘들어진다는 얘기로군. 하지만 이 논리가 성립되려면 오토바이를 타고 바람을 가르며 달리는 사람들은 심각한 호흡 곤란을 겪어야 하는데 그런 일은 없지. 달리는 자동차에서 얼굴을 내미는 경우도 마찬가지야. 선풍기 때문에 호흡곤란이 온다는 건 상식적으로 이해하기 어렵네. 하지만 술을 많이 마셨다거나 몸에 병이 있고 허약한 사람이라면 그런 증상을 겪을 수도 있긴 있겠네."

박 형사는 선풍기 때문이 아니라고 단정하는 친구에게 조심스럽게 저체온증에 대해 물어봤다.

"선풍기 바람이 저체온증을 유발했을 가능성에 대해서는 어떻게 생각하나?"

"저체온증이라. 우선 저체온증이 뭔지 설명해주지. 저체온증은 체온이 섭씨 35도 이하로 떨어지는 걸 말하는데, 사망에 이르려면 체온이 27~28도까지 내려가야 하지. 2~3도 정도 체온이 떨어지는 결로는 죽지 않아. 8도에서 10도는 떨어져야 사망에 이르게 된다네. 사실 저체온증은 추운 겨울에도 잘 일어나지 않는 증상이네."

하지만 박 형사는 쉽게 수긍이 되지 않았다.

"선풍기를 틀고 바람을 쐬면 몸이 서늘해지는 느낌이 들지 않나. 그걸 좁고 밀폐된 방에서 밤새도록 틀어둔다면 체온이 많이 떨어질 수 있을 것 같아. 밤에는 신체 대사가 더뎌지고, 술을 마신 상태라면 가능성이 더 커지지 않을까?"

"물론 방이 밀폐되어 있고, 술을 많이 마신 상태라면 얘기가 달라지겠지. 저체온증을 유발할 환경이 조성되니까. 하지만 창문과 방문을 닫았다고 방이 밀폐되었다고 보긴 어렵고, 밀폐되는 방은 실제로 거의 존재하지 않을 거야. 술을 많이 마신 상태에서 더운 방에서 자다가 사망했다면 폐색전증이나, 뇌혈관성 사고, 또는 부정맥 등 여러 가지 다른 원인이 작용했을 수 있어. 그것을 선풍기의 탓으로 돌리긴 어렵지 않겠나."

의사는 박 형사에게 선풍기가 그렇게 의심스럽다면 간단한 실험을 해보자고 제안했다. 선풍기를 틀어놓고 실내 온도를 측정하는 실험이었다. 선풍기 바람이 실내 온도를 떨어뜨리는지 확인해보자는 뜻이었다.

실험 결과는 의사의 견해에 힘을 실어주었다. 선풍기는 시원하다는 느낌은 줘도 온도 자체를 낮추지는 못했다. 박 형사도 실험 결과에는 수긍하지 않을 수 없었다.

"하긴 더운 날 선풍기를 틀면 더운 바람만 나오지. 선풍기가 자체적으로 차가운 바람을 내뿜지 못하니까 오래 틀어둔다고 체온을 많이 낮추기는 어렵겠군."

"그래, 이제야 얘기가 좀 되는군. 오히려 좁은 방에서 선풍기를 오래 틀어두면, 선풍기가 과열되면서 실내 온도를 높이는 역할도 하게 될 걸. 선풍기가 과열될 정도로 오래 틀어둔다면 저체온증보다는 선풍기 과열에 의한 화재 사고로 사망할 가능성이 더 크겠지."

박 형사는 고개를 끄덕거렸다. 실제로 최근 1~2년간 선풍기 과열에 의한 사망사고도 몇 건 보고된 바 있다.

"의학적으로 설명하자면, 이렇다네. 선풍기 바람이 닿는 피부 표면은 혈관이 수축해 체온이 조금 내려갈 수 있지만, 인체의 심부는 온도를 항상 일정하게 유지하는 특징을 갖고 있기 때문에 선풍기 바람으로 심혈관계에 영향을 줄 정도로 체온이 떨어지기는 어려워. 인체는 놀라운 자기 체온 조절 기능을 갖고 있다네."

박 형사는 난감한 얼굴이 되었다.

"사람들은 자꾸 죽고, 유일하게 방에 있던 선풍기가 범인이 아니라면, 도대체 그들은 왜 죽은 걸까?"

의사는 조용히 답했다.

"까마귀 날자 배 떨어졌다고, 선풍기는 우연히 그 자리에 있었던 것뿐이었던 거네. 돌아보게나, 이런 날씨에 선풍기를 켜지 않고 자는 사람이 몇이나 되겠나? 간밤에 산 사람이건 죽은 사람이건 누구나 선풍기를 켜고 잤을 걸세. 죽은 사람 중 선풍기를 켜지 않은 사람을 찾는 게 더 어렵지 않겠나."

하지만 박 형사는 의문이 완전히 해소되지 않았다. 지난밤 사망한 사람의 방에 혼자 돌아가던 선풍기가 자꾸만 생각났기 때문이다.

"그렇게 말하는 자네는 더울 때 밤새 선풍기를 틀어 놓고 자나?"

의사는 빙그레 웃으며 답했다.

"물론 나도 그렇게 하진 않는다네. 선풍기에는 타이머 기능이 있지 않나. 사람은 깊은 잠에 빠지기 전인 수면 유도기에 체온이 올라가는데, 이 시간은 30분~1시간 사이라네. 그 시간 동안은 선풍기가 참 유용하지. 아까도 몇 번 말했지만 술을 마셨거나 병이 있는 허약한 사람이라면 선풍기는 독이 될 수 있어. 자네도 몸에 자신이 없다면 선풍기를 밤새 틀어 놓지는 말게."

형사는 선풍기 타이머를 맞추는 의사를 상상하며 속으로 빙긋이 웃었다.

'문을 닫은 채로 선풍기를 밤새 틀어 놓고 잔다고 죽지는 않겠지만, 몸에 좋을 리는 없어. 감기라도 걸릴 수 있으니까. 저 친구 말대로 타이머는 한 시간이면 충분하겠군. 참, 창문도 꼭 열어둬야지.'

—이소영(과학칼럼니스트), 한겨레신문, 2010.7.26.

논제 2 : 아래의 제시문을 (1) 비판적 사고의 요소에 따라서 그 내용을 분석하고, (2) 비판적 사고의 기준에 따라서 평가(논평)하시오. (3) 이 제시문의 논지와는 다른 대안적 견해를 제시하시오.

제시문

너와 함께 대화를 하는 방식을 배우는 과정이라고 이해되는 문명화는 침묵의 순간을 필요로 한다. 아리스토텔레스는 "스승은 말하고 제자는 듣는다"라고 했다. 그 순간 나에게 나라는 지위는 금지 당한다. 나는 묵시적인 지시에 의해서 스승에 대한 너라는 역할을 부여받게 된다. 묵시적이라는 것이 수동적이라는 것을 의미하지는 않는다. 상호작용이 중요하다고 하는 교육적 원칙은 순전히 듣기 좋은 빈말일 뿐이다. 학생들은 발언할 능력이 있지만, 동시에 발언할 권리를 얻어야 한다. 그러기 위해서 침묵하지 않으면 안 된다. 대화의 정지는 침묵을 강요하며 그러한 침묵은 좋은 것이다. 그러한 침묵은 발언권을 손상시키지는 않는다. 침묵은 발언권의 가치를 가르친다. 침묵은 발언을 우수하게 하기 위해서 필요한 훈련이다. 이러한 학생들처럼 작가들, 예술가들, 학자들, 견습생들도 타인들에게 말을 해야 하는 것을 배우기 위하여 뒤로 물러나 있는 기간을 갖는 것이 필요하다.

그 명칭을 무엇이라고 하든 스승에 해당하는 사람은, 학생들이 모르는 것을 학생들에게 가르쳐 주기 위해서, 학생들에게는 발언을 함께 나눌 수 있는 지위를 부여하지 않는다. 스승은 학생들이 이해할 수 없는 언어로도 말할 수 있다. 스승은 일반적인 타인인 너의 모습이 아니며 완전히 단절된 타자의 모습이다. 스승은 이방인이며, 외국인이다. 사람들은 외국인과 어떻게 대화를 할 수 있는가? 사람들은 외국인의 언어를 배워야만 할지도 모른다. 이 문제는 대화적으로 기대할 수 있는 바와는 다른 방식으로 '현존하는', 즉 벡케트가 '명명할 수 없는 것' 이라고 표명한, 어떤 불투명한 것을 밝히는 문학과 예술의 문제와 어느 정도 유사하다.

문명화의 학습과정에서 강요되는 침묵은 소외라는 고역의 순간이다. 그것은 나의 습성과는 다른 방식으로 발언하고, 내가 말하는 방식이라고 알고 있는 것과 다른 것을 말하는 것이다. 스승의 타인성을 통해서 또 다른 낯선 논리가 침묵 속에서 강요되고 있다. 스승은 나를 볼모로 잡아서 내가 모르는 것을 듣게 하고 말하게 한다. 엠마누엘 레비나스는 이 주제를 어느 누구보다도 잘 설명하고 있다.

이러한 간단한 분석에서부터, 발언이 이미 말해진 것이 아닌 것을 말할 수 있는 경우에만 대화의 능력이 발언의 권리로 변한다는 결론이 도출된다. 발언권에는 알릴 의무가 수반된다. 우리의 발언이 아무것도 전달하고 있지 않다면 우리의 발언은 기존의 의미들을 반복하고 보존하는 것일 뿐이다. 그럴 경우 인간공동체는 비록 확산될지는 모르나, 그것은 다만 자족감의 도취상태에 빠져 이제 활력을 잃고 더 이상 다른 가능성을 보여주지 못하는 존재일 뿐이다. 오늘날 미디어의 주된 기능도 바로 그처럼 한 공동체의 기존의 대화적 합의를 강화해 주는 것이다. 미디어들은 우리들에게 아무것도 가르쳐 주는 것이 없을 정도로 지루하다. 대화는 그 자체가 목적인 것은 아니다. 대화란 타인들을 통해서 타자가 나에게, 내가 듣고는 있지만 이해하지 못하는 것을 전해 줄 때에만 정당성을 띤다.

—장 프랑수와 리오타르, 「타자의 권리」, 스티븐 슈트·수잔 헐리 엮음, 민주주의법학연구회 옮김, 『현대사상과 인권』

3. 논증의 글쓰기의 단계

제시문 혹은 지문을 읽고 논제에 따라서 논리적 글쓰기를 실제로 하거나 연습할 경우의 논리적 글쓰기의 단계에 대하여 기술해 보기로 한다. 여기서는 논리적 글쓰기의 단계를 제1단계 문제 파악 단계, 제2단계 제시문 파악 단계, 제3단계 논리적인 글의 작성 단계 등으로 나누어 살펴보기로 한다.

3.1. 문제 파악 단계

문제 파악은 논술에 관한 '논제의 이해'를 말한다. 논제가 무엇인지 정확히 이해하지 못할 경우, 논술문의 작성을 위한 전체적인 방향 및 논의 범위 설정에 커다란 오류가 발생하거나 아예 논리적 글쓰기 자체를 할 수 없는 상황에 처할 수도 있다. 때문에 논제에 대한 철저한 이해가 필요하다.

3.2. 제시문 파악 단계

제시문 파악은 제시문의 '개요 파악', 제시문의 '요약', 그리고 '핵심 내용 분석'으로 구분해 볼 수 있다. 실용적 관점에서 볼 때, 제시문의 개요 파악은 제시문의 요약을 위한 전단계적 과정이라고 할 수 있으며, 또한 우리가 논리적 글쓰기를 수행할 때 필요로 하는 '개요 작성' 연습을 해보는 과정이라고 할 수 있다. 그리고 주어진 글에 대한 요약 연습은 그 글의 전체적인 요지를 파악하는데 도움이 되는 훈련 방법으로서 비판적으로 글을 읽고 쓰기 위한 능력을 기르는 데 필요한 기초적인 부분들 가운데의 하나이다.

핵심 내용 분석은 제시문에서 말하는 핵심 주장이나 핵심 '논점'을 파악해 보는 것을 말한다. 특히 앞에서 말한 바 있는 '논증 구조도 그리기', '비판적 사고의 8요소 및 비판적 사고의 9기준'에 의거한 분석 및 평가 연습, 그리고 '대안적 견해'를 제시하는 연습 등을 함으로써 어떤 글의 내용에 대한 분석 및 평가, 그리고 대안을 제시하는 비판적 사고능력이 향상될 수 있다고 본다.

3.3. 논리적 글의 작성 단계

논리적 글의 작성 단계는 '구상 과정'과 '구성 과정'으로 나누어 볼 수 있다.

3.3.1. 논리적 글의 구상 과정

논리적인 글의 구상 과정에서 우선시되어야 할 것은 논제에 따라서 논술문을 작성하는 사람의 기본적인 입장을 정하는 것이다. 이것은 일종의 논의의 기본 틀을 짜는 것으로서 자신의 의견, 생각, 그리고 관점(입장) 등이 반영된 주제문의 설정을 의미한다. 요컨대, 논점에 대한 직접적인 답을 포함하는 필자의 입장을 정하는 '논지 설정'을 말한다. 이 과정에서 요구되는 우리의 능력은 '창의적 문제해결 능력'이며, 필요한 평가 기준은 '비판적·창의적 사고력'일 것이다.

구상 과정에서 두 번째로 살펴야 할 것은 '논제 이해'를 바탕으로 하여 필자가 다루어야 한다고 생각되는 범위까지 논제를 세분화하여 논의의 범위를 설정해 보는 것이다. 이어서 어떤 논증의 전략을 택할 것인가를 결정하게 되는데, 이 경우에 선택된 논증 전략은 당연히 논제의 요구에 합치하는 방법이어야 할 것이다. 논증의 전략 가운데 어느 하나의 전략을 선택했다면 그것에 맞춰 세분화된 논제에 대한 자신의 주장 및 근거, 즉 '논거'를 제시한다. 이런 과정에서 우리에게 요구되는 능력은 '논리적 서술 능력'이며, 필요한 평가 기준은 '논증적 표현력'일 것이다.

3.3.2. 논리적 글의 구성 과정

논리적인 글에 관한 구상이 끝나면 논리적인 글의 구성으로 들어가야 할 것이다. 맨 먼저 구상 과정의 성과를 기초로 하여 개요를 작성해 본다. 개요에는 '화제 개요'와 '문장 개요'가 있는데 가능하면 문장 개요를 작성하도록 한다. 여기에서 말하는 화제 개요는 글에서 다루고자 하는 소재나 주제를 나열식으로 간략히 언급한 개요를 말하며, 문장 개요는 화제 개요를 보다 구체적인 문장으로 표현하여 작성한 개요를 말한다. 개요 작성에서는 서론, 본론, 결론 등의 형식적 요건이 갖추어져야 한다. 그렇다고 해서 서론, 본론, 결론의 작성이 반드시 서술 순서에 따라서 작성되어야 한다는 것은 아니다. 그것은 필자의 사고 흐름의 순서에 따라서 작성하면 된다. 개요 작성이 되면 그 개요에 따라서 단락을 만들고 이어보기를 하면서 글에 살을 붙이는 작업을 해나간다.

이상에서 논리적 글쓰기 능력의 함양을 위하여 필요한 사항들을 대략적으로 살펴보았다. 우리는 여러 가지 기법적인 훈련을 통해서 분명히 좋은 논리적인 글을 쓸 수 있을 것이다. 그러나 여기서 우리가 늘 염두에 두어야 할 것은 논리적 글쓰기가 단순한 글쓰기로 끝나는 것이 아니라는 점이다. 즉, 그것은 학문탐구 능력의 배양, 문제해결 능력의 향상, 창의적인 지식과 정보 창출 능력의 함양, 합리적인 의사소통 능력의 제고라는 스스로의 목표설정을 통하여 지식기반 사회가 요구하는 개인의 경쟁력을 강화시키는데 긍정적인 기여를 한다는 점이다. 이러한 의미에서 논리적 글쓰기의 교육이 제대로 이루어지려면, 반드시 폭넓은 독서와 특정 주제들에 대한 사유와 토론이 선행 및 병행되어야 한다는 사실 또한 간과해서는 안 될 것이다.

학술적 글쓰기

1. 학술적 글쓰기란 무엇인가?
2. 왜 정직한 글쓰기를 해야 하는가?
3. 어떻게 인용할 것인가?
4. 어떻게 참고문헌 목록을 작성할 것인가?
5. 어떻게 주제를 설정할 것인가?
6. 어떻게 자료를 수집하고 정리할 것인가?
7. 어떻게 논문의 개요를 작성할 것인가?
8. 논문이 갖추어야 할 형식과 조건은 무엇인가?

1. 학술적 글쓰기란 무엇인가?

학술적 글쓰기란 말 그대로 학문적인 글을 쓰는 것을 말한다. 학문의 대상은 거의 무제한적이다. 우주 자연과 인간의 삶에서 야기되는 문제들이 모두 학문적 고찰의 대상이 될 수 있다. 이 가운데 어떤 문제들은 명확하게 해명되었고, 어떤 문제들은 불충분하게 논의된 채로 있는가 하면, 어떤 문제들은 해결된 것처럼 보이지만 사실은 그렇지 못하고, 어떤 문제들은 현 상황에서는 도저히 해결할 수 없는 것처럼 간주되기도 한다. 학술적 글쓰기는 (인문과학, 사회과학, 자연과학을 막론하고) 아직 밝혀지지 않았거나 잘못 이해된 문제들을 구명하고, 불만족스러운 해결책들을 수정하거나 대안을 제시하는 사고 활동이라고 말할 수 있다.

학술적인 글에는 보고서report, 학술 평론essay, 학술 논문article; treatise; dissertation 등이 포함된다. 글의 유형이 다양하다고 해서 쓰는 법까지 상이한 것은 아니다. 무엇보다 학술적 글쓰기의 특징은 객관적인 근거를 제시함으로써 자기 의견을 피력하는 실증적이며 논리적인 과정을 거쳐야 한다는 데에 있다. 학술적인 글이 적어도 학술적인 한, 규모나 소재 면에서는 차이가 날지 몰라도 쓰는 법은 매우 유사하며 심지어 동일하기까지 한 이유가 여기에 있다. 이런 점에서 온갖 종류의 학술적인 글쓰기의 집필 요령을 따로 따로 서술하는 것은 불필요한 낭비일 것이다. 학술적 글쓰기를 대표하는 것은 학술 논문이며, 다른 유형의 학술적 글쓰기는 이에 대한 변용으로 간주될 수 있다. 바꾸어서 말한다면 학술 논문의 집필 과정과 요건은 다른 종류의 학술적인 글쓰기에도 일반화되어 적용될 수 있다. 이런 이유로 이후의 서술은 주로 학술 논문에 맞추어질 것이다.

학술 논문은 특정한 견해나 주장 혹은 이론이 정당하다(혹은 부당하다)는 것을 입증하는 글이다. 이것은 학술 논문이 단순히 정보의 전달이나 정리에 그쳐서는 안 되고, 자연과 인간의 삶에서 발생하는 여러 사태나 이론에 대하여 글쓴이의 평가나 가치 판단을 포함하고 있어야 한다는 것을 뜻한다. 학술 논문은 여러 사실들을 나열하고 기술記述하고 보고報告하는 것만으로는 불충분하다. 또한 글쓴이의 견해를 일방적으로 제시하는 것만으로도 자격 미달이다. 주장은 누구나 자유롭게 펼칠 수 있다. 문제의 관건은 "어떤 기발한 주장을 폈다"는 것이 아니라, "글쓴이가 왜 그렇게 주장하고, 주장할 수 있는가?"를 다른 사람이 이해하고 납득할 수 있도록 만들어야 한다는 것이다. 그렇기 때문에 학술적인 글쓰기에서 핵심은 이성적인 심의자라면 누구나 받아들일 수 있는 합리적이며 논리적인 근거의 제시에 있다. 학술 논문에서 특정한 견해에 대한 정당성(혹은 부당성)에 대한 입증 과정이 결여되어 있다면, 그것은 학술 논문이라고 볼 수 없다.

학술 논문은 이처럼 단순한 믿음의 진술, 사실에 관한 보고나 기술, 요약, 설명을 하는 글이 아니다. 이런 유형의 글들과 학술 논문이 다르다는 것은 이제 학술 논문이 반드시 갖추어야 하는 고유한 요건들이 있다는 것을 가리킨다. 무엇보다 학술 논문은 독창성을 지녀야 한다. 특정한 문제와 관련하여 글쓴이의 견해나 주장이 선행 이론이나 분석이 줄 수 없었던 조그마한 공헌이라도 해야 한다. 누구나 다 알고 있는 일반적인 (전문) 지식을 재확인하거나 요약하는 것만으로는 논문이 될 수 없다. 새로운 시각이나 착상이 논문을 통하여 첨가되든가 혹은 획기적으로 정립되든가 해야 한다. 한마디로 자기 이야기가 있어야 한다. 기껏 논문이나 책을 찾아 읽었는데 글쓴이의 고유한 주장을 찾아낼 수 없었다면 허탈할 것이다. 이 경우 독자가 읽고 싶었던 것은 학술적인 글이었는데, 실상 접한 것은 일종의 설명문이나 요약문에 불과하였기 때문이다. 학술 논문에서 글쓴이 나름의 평가와 판단이 없다면, 즉 글쓴이의 목소리를 전혀 들을 수 없다면 그것은 앙꼬 빠진 붕어빵과 같다. 그것은 붕어빵으로서의 가치를 다할 수 없다.

그러나 자기 이야기를 해야 한다고 해서 어떤 이야기라도 해도 좋다는 의미는 아니다. 아무런 증거도 없는 허구나 자기 혼자만이 확신하고 있는 주관적인 견해는 학술 논문에서는 배척되어야 한다. 글쓴이는 자기의 견해가 자신만의 독단적 믿음에 기초한 것이 아니라는 것을 보여주어야 한다. 어떤 주장을 내세우건 그것은 글쓴이의 자유이다. 그러나 가설의 제시와, 그 가설의 정당성 주장은 별개의 문제이다. 학술 논문에서 글쓴이는 자기 주장의 정당성을 보여 주어야 한다. 즉 제기된 주장은 여러 실증적 증거와 논리적 증명에 의해 그 정당성이 뒷받침되어야 하는 것이다. 이럴 경우에만 글쓴이는 합리적인 독자들을 이해시킬 수 있고 또 종국에는 설득할 수 있다.

학술 논문에 사용되는 용어나 개념들이 정확하고 분명하게 규정되어야 한다는 것은 말할 나위도 없을 것이다. 학술 논문이 목표로 하는 바는 글쓴이 자신만이 이해할 수 있는 내면의 토로가 아니다. 그것은 엄정한 독자들을 향해 있고, 그들의 이성적이고 보편적인 동의를 구하고 있다. 따라서 논문에 사용되는 용어 역시 보편적으로 규정될 수 있어야 한다. 그래야 학술 논문은 객관적인 갑론을박의 지평에 놓일 수 있다.

독자들을 끌고 나가기 위해서 학술 논문에서 전개되는 이야기는 우선 앞뒤가 맞아야 한다. 요컨대 학술 논문은 전제(근거)와 결론(주장) 간에 논리적인 정합성을 갖추고 있어야 한다. 여러 근거들을 바탕으로 도출된 결론은 논리적으로 수미일관하면서도 무엇인가 (작더라도) 새로운 자기의 이야기를 담고 있어야 하는 것이다.

2. 왜 정직한 글쓰기를 해야 하는가?

"학술 논문을 어떻게 쓸 것인가?"를 논하기 전에 먼저 언급되지 않으면 안 되는 문제가 있다. 바로 '표절plagiarism'이다. 자기 것이 아닌 남의 물건을 훔치는 행위는 절도이다. 만약 누군가 자기의 물건을 훔쳐간다면 가만히 있을 사람은 없을 것이다. 절도 행위가 묵인되거나 혹은 그런 행위를 적극적으로 막지 못할 경우, 사회는 혼란에 빠지고 절도 행위자만이 이익을 볼 것이다. 정직하게 사는 사람은 바보 취급을 받으며, 사회는 불법이 판치는 밀림의 약탈장으로 변해 버릴 것이다. 학술 논문에서도 절도 행위가 이루어질 수 있고 또한 이루어지고 있는데, 이렇게 (물질적 재화財貨는 아니지만) 지적 재산에 대한 절도 행위를 표절이라고 할 수 있다. 표절은 학문적인 도둑질인 셈이다.

표절이 논란이 되는 경우가 요즈음 우리 사회에서 (예컨대 저명인사의 공직 임명과 관련하여) 심심찮게 일어나고 있지만, 물질적 재화의 절도에 대한 부정적인 시각에 비하면 표절에 대한 시각은 매우 관대한 편이라고 할 수 있다. 심지어는 표절에 대한 문제의식조차 없는 경우도 있다. 베토벤이 청력을 잃어가는 고통 속에서 만든 교향곡을 누군가 자기가 창작해 낸 작품처럼 사용하고 그런 행위를 통해 명예와 부를 얻을 수 있다고 허용되면, 새로운 곡을 창조하기 위해 생명을 걸었던 베토벤은 분명 어리석은 외골수일 것이다.

적절한 인용 표시 없이 다른 사람의 작품이나 연구 실적을 이용하는 표절은 부정행위이다. 가장 고약한 경우는 다른 연구자의 연구 실적에 대한 인용을 고의적으로 누락한 채 이용하는 것이다. 비록 베끼기와 차용이 고의성이 없다 하더라도, 또 그것이 우연이나 부주의에서 비롯된 것이었다 하더라도 그 피해의 심각성은 고의적인 표절에 버금간다. 표절이 이루어진 경우 그것의 고의성 여부를 밝혀낼 뚜렷한 방도는 존재하지 않는다. 어쨌든 표절 의혹으로부터 간단하게 빠져 나올 도리가 없기 때문에 더욱 세심한 주의가 요구되는 것이다.

표절이 학문의 영역에서의 규칙과 질서를 위반하고 연구자의 의욕을 떨어뜨리며 나아가 창조적인 연구 자체를 무의미하게 만드는 행위인 것만은 분명하다. 학문적 정직성은 곧 연구자의 인격적 정직성을 드러내 준다. 도둑질을 하는 자를 벌하듯이 표절을 한 사람에 대해서도 그것에 상응하는 처벌이나 명예훼손이 가해져야 한다. 특히 학문의 전당이라 불리는 대학에서 표절을 했다면 그것은 학문의 진실성을 가르치는 곳에서 부정직한 행위가 자행된 셈이기 때문에 자기 모순적이고 따라서 더욱 엄격하게 처리되어야 한다. 이런 이유로 외국 대학의 경우 표절에 대해서는 우리가 볼 때 신경과민이다 싶을 정도로 촉각을 곤두세우고 있다. 우리나라의 대학도 곧 이런 추세에 동참하게 될 것이고, 또 현재 그런 추세에 놓여 있다. 우리나라 교육부에 따르면 여섯 단어 이상의 연쇄 표현이 일치할 경우 또는 생각의 단위가 되는 명제 또는 데이터가 동일하거나 본질적으로 유사한 경우 표절로 판정할 수 있도록 하고 있다.

표절과 관련해서 인문 과학과 사회 과학, 자연 과학의 구별은 무의미하다. 선행 연구에 대한 인용뿐만 아니라 (특히 자연과학의 경우) 정직한 데이터의 제시야말로 논문의 완성도를 좌우하는 가장 기본적인 요건이다. 실험 결과를 표절하거나 위조해서는 안 되며, 자신에게 불리한 실험 결과를 의도적으로 빠트리거나 숨겨서도 안 된다. 비록 자신의 가설과 반대된다 하더라도 자신의 실험 결과를 정직하게 제시해야 한다.

"어떻게 표절을 하지 않을 것인가?"는 조금도 어려운 일이 아니다. 그냥 정직하기만 하면 되는 것이다. 어떤 (핵심) 단어나 문장 혹은 논문의 주제가 자기가 직접 생각해 낸 것이나 작성한 것이 아니라면, 그것이 자기의 것이 아니라고 솔직하게 밝히기만 하면 된다. 얼마나 단순한가! 표절을 예방하는 구체적인 방법에 관해서는 한 권의 책을 쓸 수 있을 정도로 복잡하나, 사실 그 원리는 명확하고 단순하다. 뭔가 찝찝하면 밝히면 된다는 것이다. 요컨대 다른 연구자의 연구 실적을 인용하거나 참고할 때는 출처를 밝혀야 한다. 다른 연구자의 원문을 직접 인용할 때에는 인용 부호(' ' 혹은 " ")로 확실하게 출처를 표시하면 되고, 다른 연구자의 연구를 간접적으로 이용할 때에는 그것을 참고했다고 밝히면 된다. (사안이 간단하지 않을 경우에는 표절 예방 지침서를 찾아볼 것을 권하고 싶다.) 표절 문제에 있어 중요한 점은 다른 연구자의 작품이나 연구 성과를 자신의 것인 양 제출하거나 이용해서는 안 된다는 데에 있다. 절도 행위를 하지 않으려면 남의 물건에 손을 대지 않으면 되는 것과 마찬가지로, 표절 행위를 하지 않으려면 그것이 내 것이 아니라고 밝히기만 하면 된다. 이렇게 이치가 간단한데도 (혹은 간단하기 때문에) 표절 행위를 한 경우, 표절 행위자의 자기변명은 옹색하고 구차하기 마련인 것이다. 이와 같은 맥락에서 자신의 동일한 작품이나 논문을 여러 강좌나 잡지에 제출해서도 안 된다는 것은 너무나 당연한 일이다. 이런 경우 다른 강좌에 제출했거나 혹은 다른 잡지에 이미 발표하였음을 명기해야 한다.

요즘은 인터넷이 발달하여 리포트나 심지어 논문조차 얼마 되지 않은 돈을 지불하고도 쉽게 다운로드를 받을 수 있다. 학생들로부터 보고서 과제를 받아볼 경우 똑같은 문장이나 표현이 발견되는 사례도 있다. 다운로드를 쉽게 받을 수 있는 만큼 부정행위가 의심스러운 글을 확인하는 방법도 쉽다. 그 글 가운데 몇 구절을 뽑아 구글google 검색창에 입력하기만 하면 된다. 똑같은 문장을 구사하는 학생들은 똑같은 지문을 갖고 있는 복제인간과 다름없다. 이 경우 학생은 영혼 없는 기계에 불과하다는 것을 스스로 자인하는 꼴이다. 논문을 매매하는 행위나 표절하는 행위는 결코 허용되어서는 안 된다는 점을 스스로에게 각인시켜야 한다. 학술적인 글쓰기를 하는 사람은 (다른 연구자의 도움을 받은 부분은 그 출처를 밝히면서) 기본적으로 자신이 애를 써서 직접 써 내려가야 한다.

연습문제

황우석 전 서울대 교수는 줄기세포 연구로 한때 국가적인 영웅이 되었다가 기소를 당하는 지경에까지 이르렀다. 왜 그렇게 불미스러운 퇴장을 해야만 되었는지를 표절과 관련해서 조사해보자.

3. 어떻게 인용할 것인가?

표절 문제는 인용이나 출처를 명기하지 않는 데서 비롯된 것이다. 따라서 표절을 피하기 위해서는 어디에서 인용했는가를 밝혀야 한다. 인용을 할 경우 정해진 인용법을 따라야 하며 자기 멋대로 인용해서는 안 된다. 각 대학교나 연구소, 학회마다 각각의 인용규정집을 마련하고 있다. 그러므로 대학교나 연구소, 학회에 논문을 제출하려는 사람은 해당 인용규정집에 따라 논문을 작성해야 한다. 이것은 인용 방법이 매우 다양하고 때로는 까다로울 수 있다는 것을 말해준다. "어떻게 인용해야 하는가?" 하는 주제만으로도 소책자 한 권을 만들 수 있을 정도이다. 사정이 이렇다고 해서 움츠러들 필요는 없다. 인용법이 (세세한 부분에서) 각각 다르긴 해도, 인용에는 기본적으로 일정한 규칙이 있기 때문이다. 인용의 기본 규칙은 거의 정해져 있다.

인용에는 직접 인용과 간접 인용의 두 가지 방식이 있다. 직접 인용은 원문 그대로를 인용하는 것으로, 인용되는 부분은 맞춤법과 문장 부호까지 원문대로 인용해야 한다. 예컨대 인용자가 원문을 강조하기 위해 고딕으로 바꾸었다면, 인용문 뒤에 '(고딕은 인용자의 것)'이라고 표시해야 한다. 긴요하지 않은 부분을 생략했을 경우는 줄임표를 사용하면 된다. 인용문 가운데 단어나 구절의 일부 생략은 '…'로, 완전한 문장의 생략은 '(……)'으로 표시를 한다. 직접 인용의 경우 단어나 숙어는 작은따옴표(' ') 속에, 짧은 인용문은 큰따옴표(" ") 속에 쓰고 본문에 포함한다. 두 문장 이상이거나 길이가 긴 인용문은 본문에서 분리하여 새로운 문단으로 따로 앉힌다. 인용문 전체는 본문보다 약간 들여쓰기를 하고, 크기는 작게 하는 것이 관례이다. 원문에 없는 말을 독자들의 이해를 위해 인용자가 첨가할 경우에는 대괄호([ ]) 안에 쓴다.

간접 인용은 원문의 내용을 그대로 따오기에는 너무 장황하거나 번거로울 때 이용된다. 원문 그대로의 직접 인용이 필요하지 않다고 판단될 경우, 원문의 내용을 요약해서 인용할 수 있다. 동양어권일 경우는 '참조'라고 명기하면 되고, 서양어권일 경우는 'cf.'라고 표시하면 된다. (그러나 서양어권을 포함하여 일반적으로 '참조'로 표시해도 된다.) 직접 인용이나 간접인용을 막론하고 인용에서 중요한 점은 대괄호와 줄임표를 이용하여 첨삭하거나 원문의 내용을 압축할 때 원문의 의미가 조금도 변형되거나 왜곡해서는 안 된다는 것이다.

예시 1

1925년에 발표한 유명한 『증여론』에서 마르셀 모스는 아메리카 북서부 해안에 거주하는 인디언들의 포틀래치(Potlach)를 자세히 분석하였다. 포틀래치란 인디언들이 관혼상제 등과 같은 통과 의례뿐만 아니라 후계자를 계승하거나, 새 집을 짓거나, 공적을 기리거나, 명예와 위엄을 찾기 위해 여는 공적인 의례 행사를 말한다.[1] 포틀래치의 본질은 전혀 아낌없이 부를 주는 데에 있다. 손님을 초대한 주인은 손님에게 아낌없이 음식과 예물을 나누어 주어야 한다. 많이 베풀수록 주인의 명예와 위세는 높아진다. 초대받은 손님들은 다음에 자기의 손님이 될 이 주인에게 더욱 성대한 선물을 해야 한다. 포틀래치에서는 부의 축적이 아니라 부의 소비가 상대방을 이길 수 있는 수단이 되는 것이다.

> 인디언들의 거래에서 명예 관념이 행하는 역할도 그에 못지않게 크다. (……) 그곳에서는 소비와 파괴가 실제로 한계가 없다. 어떤 포틀래치에서는 자기가 가지고 있는 모든 것을 소비해서 어떤 것도 간직하고 있어서는 안 된다. 누가 가장 부자이며 또 가장 미친 듯이 씀씀이가 헤픈 자인가를 저마다 앞 다투어 경쟁하는 것이다.[2]

상대방의 코를 납작하게 만들기 위해 이상적인 것은 포틀래치를 제공하되 그 답례는 받지 않는 것이다. 그리하여 포틀래치를 통해 막대한 부는 특정한 사람에게 집중될 수 없고, 끊임없이 소비되면서 부족 공동체 구성원에게로 계속해서 이전되는 과정을 밟는다. 포틀래치가 떠들썩한 축제가 될 수 있는 까닭은 무상으로 부가 증여되고 낭비되는 가운데, 그 부가 포틀래치에 참여한 사람들의 부로 전환되기 때문이다. 포틀래치가 행해지는 "이들 [과키우틀족과 하이다족의 인디언] 사회 어디에서나 사람들은 주려고 안달한다".[3] 이익과 축재를 집요하게 따지는 피곤한 계산적 패러다임으로부터 완전히 떠나 마음 놓고 즐기고 사치하고 지출할 수 있을 때, 축제의 막은 오른다. 축제다운 축제가 벌어지려면 모든 사람이 실컷 나눠 먹을 수 있는 풍족한 희생 제물

(지출)이 있어야 한다.

모스는 포틀래치의 보고에 대한 분석을 통해 본래 인간은 타산적인 경제 동물이 아니었음을 역설한다. 인간이 부의 무한한 축적만을 추구하는 그런 존재가 된 것은 기나긴 인류 역사를 통해 볼 때 매우 최근의 일이며, 아주 오랜 동안 체면을 차릴 줄 아는 존재였음이 아낌없는 증여 행위에 의해 충격적으로 드러난다. 모스는 인간이 다른 동물과 달리 인간다운 삶을 영위하게 된 것은 무엇보다 같이 통음난무하며 부를 가차 없이 소모하는 디오니소스적 축제를 행해 왔다는 데에서 찾을 수 있다고 생각한다. 모스가 성공하기 위해 아귀다툼을 벌이는 현대인을 본다면 필경 '썩은 얼굴'[4)]이라고 부를 것이다.

—황설중, 「헤겔 『정신현상학』에서 죽음과 의식의 경험 : 노동과 에로티즘의 관계를 중심으로」, 『헤겔연구』 제23호(서울 : 용의숲, 2008), 101~104쪽 참조.

---

1) 포틀래치의 정의(定義)에 관해서는 Marcel Mauss, 『증여론』, 이상률 옮김(서울 : 한길사, 2002), 30~32쪽 참조.
2) 같은 책, 139쪽.
3) 같은 책, 153쪽.
4) 같은 책, 152쪽.

강조해서 말하지만, 올바른 인용법의 원칙이란 (자신의 말과 생각이 아닌) 다른 연구자의 말과 생각을 빌릴 경우 솔직하게 그것을 밝히면 된다는 것이다. 논문 작성에 도움을 받은 연구나 책이 있다면 원문을 확인하고 정직하게 밝히면 된다. 다만 누구나 알고 있는 널리 유포된 정보나 사실일 경우 굳이 출처를 밝히지 않아도 된다. 예를 들어 상대성 이론을 논할 때 아인슈타인에 대한 각주가 따로 필요하지는 않다.

인용은 적절한 방식으로 활용되어야 한다. 인용문이 논문의 내용 전개에 부합되지 않으면 글의 정합성을 해치고, 인용이 너무 많으면 잡다하게 자료들을 수집해 놓은 꼴이 되고 만다. 이제 인용을 한 경우, 그 출처에 대한 각주를 달아야 한다. 인용과 마찬가지로 각각의 기관이나 학회에 따라 약간씩 다르지만 각주를 다는 방식도 일반적으로 확립되어 있다. 동양어권의 저서의 제목은 '『 』' 또는 '≪ ≫' 기호로 표시하고, 논문일 경우는 '「 」' 혹은 '〈 〉'로 표시한다. 서양어권의 저서의 제목은 이탤릭체로 하고, 논문은 큰따옴표(" ")를 사용하면 된다. 인용한 쪽수는 한글로 표기할 경우는 '쪽'이나 '면'이라는 용어를 사용하면 되고, 영문으로 표기할 때 한 쪽만 인용한 경우는 'p.'를, 여러 쪽에 걸쳐 인용한 경우는 'pp.'를 사용한다. 그러나 최근에는 동·서양권의 저서들을 인용할 때 모두 '쪽'으로 표기하는 경향이 있다. 출판 사항은 출판(사 소재)지, 출판사, 출판연도의 순으로 적고 전체를 '( )'로 묶는다. (경우에 따라서는 '( )'로 묶지 않아도 되다. 요즘은 출판지를 생략하는 경우도 많다. 세세한 사항은 논문을 제출하는 기관의 각주 작성법에 따르면 된다.) 출판지 다음에는 쌍점(:), 출판사 다음에는 쉼표(,)를 찍는다.

지금 여기서 소개하고 있는 인용법은 영미권에서 일반적으로 통용되고 있는 시카고대학출판부(CUP)의 인용법에 준한 것임을 밝혀둔다.

예시 2

1) 김용준, 『과학과 종교 사이에서』(파주 : 돌베개, 2005), 373쪽.
2) 조지훈, 「민족 문화의 당면 과제」, 『지조론』(서울 : 삼중당, 1962), 36쪽.
3) David Hume, *A Treatise of Human Nature*, ed. L. A. Selby-Bigge(London: Clarendon Press, 1960), p. 217.
4) Richard Hofstadter, "Abraham Lincoln and the Self-made Myth", in *The American Political Tradition and the Men Who Made It*(New York : Alfred A. Knopf, 1948), pp. 99~101.

이 외에 반드시 알아두어야 할 몇몇 각주 처리법이 있다. 'Ibid.'는 라틴어 ibidem(=in the same place)의 생략형으로서 바로 앞의 각주에서 다루어진 저술을 가리킬 때 사용한다. 'Ibid.'에 상응하는 우리말 용어로는 (같은 책이지만 페이지가 다를 때는) '같은 책'이거나 (책도 같고 페이지도 같을 때는) '같은 곳'이다. 'op. cit.'는 opere citato(=in the work cited)의 생략형이며, 바로 앞 각주에서 명기한 문헌은 아니지만 이미 앞에서 언급한 문헌을 다시 인용할 때 사용한다. 우리말 '앞의 책'이 이에 상응한다. 'op. cit.'와 '앞의 책'은 중간에 다른 각주가 끼어 있어서 'Ibid.'를 쓸 수 없을 때 사용한다. 따라서 'op. cit.'와 '앞의 책'을 사용할 경우는 반드시 저자명과 쪽수를 함께 명기되어야 한다. 동일 저자의 저술이 둘 이상 인용되었을 경우에는 당연히 'op. cit.'와 '앞의 책'은 쓸 수 없다. 이런 경우에는 〈저자명, 논문명 혹은 저서명, 쪽수〉로 표기하면 된다. 주요저작이나 전집인 경우 집필자가 약호 규정을 사용하여 본문이나 각주에서 표기할 수 있다. 가능한 한 각주 1)에서 약호규정을 구체적으로 명기해 주면 된다.

예시 3

1) 김용준, 『과학과 종교 사이에서』(파주 : 돌베개, 2005), 373쪽. [단행본일 경우]
2) 같은 곳. [책과 쪽수가 같은 경우]
3) 같은 책, 215~219쪽. [책은 같지만 쪽수가 다른 경우]
4) 김정현, 「니체의 원시 기독교 비판」, 한국니체학회 편, 『니이체 연구』 제2집(서울 : 선학사, 1996), 181쪽. [논문일 경우]
5) 같은 글, 179쪽 [논문과 쪽수가 다른 경우]
6) 같은 곳. [논문과 쪽수가 같은 경우]
7) 김용준, 앞의 책, 138쪽. [앞에서 언급한 책을 다시 인용할 경우]
8) 김정현, 앞의 글, 182쪽. [앞에서 언급한 논문을 다시 인용할 경우]
9) 김정현, 「니체의 역사치료학」, 범한철학회 편, 『범한철학』 제35집(서울 : 경인문화사, 2004), 157쪽.
10) 김정현, 「니체의 원시 기독교 비판」, 181쪽. [동일 저자의 작품이 두 편 이상 인용될 경우 논문이나 저서명을 다시 기입]

예시 4

1) Thomas S. Kuhn, *The Structure of Scientific Revolutions*(London : The University of Chicago Press, 1962), p. 82. [단행본일 경우]
2) Ibid., pp. 98~99. [책은 같지만 쪽수가 다른 경우]
3) Richard P. Blackmur, *Form and Value in Modern Poetry*(New York : Doubleday & Co., 1952), p. 200.
4) Loc. cit. [책과 쪽수가 같은 경우]
5) Kuhn, op. cit., p. 92. [앞에서 언급한 책을 다시 인용할 경우]
6) Richard H. Popkin, "Scepticism and Anti-scepticism in the latter 18th Century," in *Scepticism in the Enlightenment*, ed. Richard H. Popkin, Ezequiel. D. Olaso and Giorgio Tonelli(Dordrecht, Boston, London : Kluwer Academic Publoshers, 1997), p. 30. [논문일 경우]
7) Ibid., p. 32. [같은 논문이지만 쪽수가 다른 경우]
8) Walt W. Rostow, *The Process of Economic Growth*, 2nd ed.(New York : Norton, 1962), p. 213.

9) Walt W. Rostow, *The Stage of Economic Growth : A Non-Communist Manifesto*(Cambridge : The University Press, 1960), p. 63.

10) Rostow, *The Process of Economic Growth*, p. 214. [동일 저자의 작품이 두 편 이상 인용될 경우]

앞에서도 언급한 바 있지만 각주 작성법에서의 기본적인 규칙은 거의 같다. 그러나 기관이나 학회마다 각기 요구하는 각주 작성법이 있으므로 거기에 맞추어 작성하고, 아주 세부적인 사항은 관련서를 찾아보면 된다. 각주 작성에서 무엇보다 중요한 것은 각주 전체의 작성법이 수미일관해야 한다는 것이다. 서로 다른 각주 작성 방식을 한 논문에 적용해서는 안 된다. 한번 적용된 각주 처리법은 논문이 끝날 때까지 유지되어야 한다.

Exercise 연습문제

잘못된 각주를 찾아 바르게 고쳐 보자.

1) 현상윤, 『조선유학사』(서울 : 민중서관), 39쪽.

2) 같은 책, 39쪽.

3) 김정현, 니체의 원시 기독교 비판, 한국니체학회 편, 『니이체 연구』, 제2집(서울 : 선학사, 1996), 181쪽.

4) 같은 책, 42쪽.

5) John Locke, An Essay Concerning Human Understanding, ed. Raymond Wilburn(London : Dent, 1947), 59-60쪽.

6) Locke, 같은 책, 161쪽.

7) Richard Hofstadter, Abraham Lincoln and the Self-made Myth, in *The American Political Tradition and the Men Who Made It*(New York : Alfred A. Knopf, 1948), 100쪽.

8) 같은 글, pp. 111-112.

9) 김정현, 「니체, 생명과 치유의 철학」(서울 : 책세상, 2006), 300쪽.

10) 현상윤, 같은 책, 39쪽.

11) 김정현, 「니체의 역사치료학」, 범한철학회편, 『범한철학』, 제35집, 서울 : 경인문화사, 2004, 157쪽.

12) Hofstadter, 같은 글, 110쪽.

13) 김정현, 앞의 글, 126쪽.

4. 어떻게 참고문헌 목록을 작성할 것인가?

학술 논문은 일반적으로 ① 제목, ② 목차, ③ 본문(서론, 본론, 결론), ④ 참고문헌 목록으로 이루어지며, 참고문헌 목록은 학술 논문의 마지막 부분에 들어간다. 하필 여기서 학술 논문의 끝 부분을 구성하고 있는 참고문헌 목록 작성 방식을 언급하는 이유는 참고문헌 목록이 인용문의 각주와 밀접하게 관련되어 있기 때문이다. 참고문헌 목록은 각주에서 인용된 전체 문헌들을 일정한 양식에 맞추어 일목요연하게 정리한 것이다. 이것은 논문 작성에 이용한 자료와 문헌들을 총괄적으로 제시함으로써 독자들에게 관련 정보를 알기 쉽게 제공하는 데에 그 목적이 있다. 참고문헌 목록이 없다면, 독자들은 해당 논문에서 인용되고 있는 각주를 일일이 본문에서 찾아보아야 하는 쓸데없는 수고를 해야 할 것이다.

각주와 참고문헌 목록은 매우 유사하지만, 기능 면에서 약간의 차이가 있다. 각주가 어떤 정보의 출처를 밝히는 데 주력한다면, 참고문헌 목록은 정보 출처를 총체적으로 제공한다. 이런 차이에서 양자를 기입하는 양식도 약간 다르다. (물론 이것도 각 연구 기관이나 대학교마다 약간씩 그 양식이 다를 수 있으므로, 논문을 본격적으로 시작하기 전 해당 논문 투고 규정의 참고문헌 작성법을 참조하는 편이 바람직하다. 따로 지정된 양식이 없으면 가장 일반화된 것을 택한다. 그러나 국내에서 어느 것을 일반적인 양식으로 해야 할 것인지에 관해 판단하기 어려운데, 각주 인용법과 마찬가지로 참고 문헌 목록 작성에 있어서도 아직 양식의 정비가 확립되지 않았기 때문이다.)

참고문헌 목록의 작성 방식은 기본적으로 각주와 같다. 다만 기입법상에 약간의 차이가 존재하는데, 참고문헌에서는 논문이나 책의 어떤 특정한 부분이 아니라 일반적인 서지사항이 중요하기 때문이다. 그래서 각주에서는 인용하고 참고한 부분의 페이지가 표시되지만, 참고문헌 목록에는 이것이 표시되지 않는다. 또한 각주에서 사용된 괄호 표시 ( )는 삭제한다. 또 하나 유의해야 할 점은 참고문헌 목록에 등장하는 서양 인명은 (예컨대 각주에서 Albert Einstein의 저작을 인용했다면) Einstein Alert와 같이 성, 이름의 순서로 적어야 한다는 것이다. 이는 알파벳 순 배열을 위한 것이다. 위의 기본 분류 방식을 토대로 국내 문헌과 국외 문헌으로 기본적인 구분을 하고 단행본, 잡지, 시청각 자료 등으로 하위 구분하여 자모순과 알파벳순으로 기입하면 된다. 각주 작성법을 알면 참고문헌 목록 작성법은 매우 간단하게 습득할 수 있다.

예시 5

(각주) 노창섭·김종서·한상준, 『개발도상에 있는 농촌사회연구』(서울 : 이화여자대학교 출판부, 1965), 75쪽. [단행본 저자 2~3인인 경우]

(참고문헌) 노창섭·김종서·한상준, 『개발도상에 있는 농촌사회연구』, 서울 : 이화여자대학교 출판부, 1965.

(각주) 신건식 외, 『농촌지도론』(서울 : 진명문화사, 1979), 79쪽 [단행본 저자 4인 이상의 경우]

(참고문헌) 신건식·임문순·홍남식·오조환, 『농촌지도론』, 서울 : 진명문화사, 1979.

(각주) 최치원, 『국역고운선생문집』, 최준옥 편(서울 : 고운선생문집편찬회, 1973), 79쪽 [단행본으로 남의 저술을 편찬할 경우]

(참고문헌) 최치원, 『국역고운선생문집』, 최준옥 편, 서울 : 고운선생문집편찬회, 1973.

(각주) Hans G. Gadamer, *Wahrheit und Methode*(Tübingen : J. C. B. Mohr, 1986), pp. 301~302.

(참고문헌) Gadamer Hans G., *Wahrheit und Methode*, Tübingen : J. C. B. Mohr, 1986.

연습문제

다음 각주를 참고문헌 목록 기입법으로 옮겨보자. 국한문 문헌 다음에 외국 문헌을 싣고, 각각 저자 이름의 가나다와 알파벳 순서로 정리하여 기재해 보자.

(각주) Will Durant, *The Story of Civilization*, vol. 1 : *Our Oriental Heritage*(New York : Simon & Schuster, 1942), p. 78. [전집 중의 한 권일 경우]

(각주) 조지훈, 「민족문화와 당면과제」, 『지조론』(서울 : 삼중당, 1962), 36쪽. [한 저술 중의 일부인 경우]

(각주) Henry D. Northrop, *The Flowery Kingdom and the Land of the Mikado or China, Japan and Corea*(n. p., n. d.), p. 9. [단행본으로 출판 사항 불명일 경우]

(각주) Fuller Schmalz, "The Weltschmerz of Charles Addams"(Ph.D. dissertation, Columbia University, 1959), p. 17. [학위논문일 경우]

(각주) Donald Davidson, "Truth Rehabilitated," in *Rorty and His Critics*, ed. Robert B. Brandom (Oxford : Blackwell Publishers Inc., 2000), p. 69. [합집이나 선집 중의 일부일 경우]

(각주) Paul Feyerabend, *Against Method*, rev. ed.(London : Verso, 1988), p. 9. [증보판일 경우]

(각주) 신중섭, 「온생명의 윤리학」, 과학사상연구회 편, 『온생명에 대하여－장회익의 온생명과 그 비판자들－』(서울 : 통나무, 2003), 83쪽. [합집이나 선집 중의 일부일 경우]

(각주) 강영안, 『자연과 자유 사이』(서울 : 문예출판사, 2001), 15~16쪽. [단행본일 경우]

(각주) John Locke, *An Essay Concerning Human Understanding, ed. Raymond Wilburn*(London : Dent, 1947), pp. 59~60. [단행본으로 남의 저술을 편찬한 경우]

(각주) Paul Reuter, *International Institutions*, trans. J. M. Chapman(New York : Frederik A. Praeger, 1961), p. 93. [단행본으로 번역된 경우]

5. 어떻게 주제를 설정할 것인가?

지금까지는 학술 논문을 작성하는 데 있어 주로 형식적인 부분을 다루어 왔다. 수영장에서 수영을 배우기 전에 수영장 이용법을 배운 셈이다. 이제 수영하는 법을 배울 차례이다. 수영을 무턱대고 배울 수 없듯이 학술 논문도 아무렇게나 쓸 수 있는 것이 아니다. 학술 논문의 중요한 요소 가운데 하나는 무엇인가 자기 이야기를 해야 한다는 것이다. 다른 사람이 이미 다 한 이야기를 반복하는 것은 자기 이야기가 아니다. 자기 나름대로 어떤 사안에 대해 말할 수 있다는 것은, 그 사안과 관련하여 글쓴이에 의해 새로운 해석이나 판단이 이루어지고 있다는 것을 의미한다. 학술 논문을 쓰기 전 글쓴이는 새로운 '무엇'에 대해 쓸 거리를 가지고 있어야 한다.

이렇게 학술적인 글은 새로운 문제나 주제 의식으로부터 출발한다. 물론 어느 날 갑자기 새로운 물음이 생각날 리는 만무하다. 새로운 물음을 묻기 위해서는 이전에 성취된 해당 물음에 대한 답변들을 숙지하고 있어야 한다. 이창호 국수가 둔 신수新手의 새로움을 인지하기 위해서는 과거에 무수히 두어졌던 정석定石이나 수를 알고 있어야 하는 것과 마찬가지 이치이다. 문제의 새로움을 볼 수 있는 시각은 과거에 이 문제를 어떻게 다루어 왔는가를 면밀히 살피는 데서 생겨난다. 말하자면 글쓴이가 관심을 갖고 있는 분야에 관한 연구서들을 부지런히 읽는 동안 새로운 문제의식이 싹틀 수 있는 것이다. 낡은 것을 알지 못하고서 새로운 것의 새로움을 알아낼 방도는 없다. 바둑 18급은 바둑에서 어떤 신수도 알아볼 수 없을 뿐만 아니라 창조할 수도 없다. 글쓴이가 관심을 갖고 있는 분야에서 기존에 수행된 연구 성과를 꾸준히 추적하고 숙지해 가는 동안, 기존의 연구의 미진한 부분과 오류 등을 발견할 수 있다. 어떤 특정한 관심 분야에 일정 정도의 경지에 오르게 되거나 정통하게 되면, 이전까지 아무런 의심 없이 용인되어 왔던 해결책을 의심할 수 있고, 새로운 문제의식을 품을 수 있다. 새로운 문제의식이란 권위나 관습, 혹은 사람들이 자연스럽게 갖고 있는 선입견에 맞서서, 말하자면 일반적으로 아무런 의심 없이 사용되고 이해되어 온 사태 분석과 해결 방식에 대해 지적인 의혹을 과감하게 제기하는 것이다.

논문을 집필하기 전, 시간을 갖고 "과연 어떤 주제 혹은 물음을 설정할 것인가?"를 심각하게 고민해야 한다. 주제 설정은 논문의 첫걸음이자 그 논문의 생산성을 가늠할 수 있는 준거점이 될 수 있다. 물음의 새로움이 해결의 새로움으로 인도할 가능성이 높은 것처럼, 물음 자체가 생산성을 지닐 때 결과도 생산성을 지닐 수 있다. 마음이 급해 쫓기듯이 무조건 쓰고 보자는 태도는 십중팔구 무익한 결과를 낳는다. 자칫 안개 속을 헤매게 되어 금쪽같은 시간과 정력을 낭비하게 되는 경우도 있게 된다. 좋은 논문을 쓰기 위해서는 우왕좌왕하지 말고 주제 설정에 많은 노력과 시간을 들이는 편이 효과적이다.

주제를 선택할 때에는 그것이 과연 새로운 독창적인 연구주제인지, 해당 분야의 연구 수준에서 새로이 연구할 만한 의의가 있는지, 그 해결을 통해 기존 지식을 확대 심화하거나 수정할 수 있는지(즉 학술적 가치가 있는지), 그 주제를 연구하는 데 있어 적절하면서도 필요한 자료를 구할 수 있는지, 글쓴이 자신이 이 주제에 흥미를 느끼는지 등을 헤아려보아야 한다. 무엇보다 글쓴이는 자기의 능력과 준비 상태로 보아 해당 주제를 적절하게 다룰 수 있는지를 가늠해 보아야 한다. 너무 힘에 부치는 주제를 설정하게 되면 제풀에 주저앉게 되거나 아니면 이쪽저쪽 입질을 하는 선에서 논문을 마감해야 하는 사태에 직면하기 십상이다. 5년을 연구해야 할 주제를 1년 안에 마치려고 한다면 글쓴이 본인은 자기 학대의 길로 들어서고 있는 셈이다.

주제는 새로워야 하지만 그것만으로는 충분하지 않다. 새로운 것도 중요하지만 구체적이고 명확해야 한다. 주제가 구체적이고 제한적이지 않으면 글은 초점을 잃게 된다. 이런 글을 읽고 난 독자들은 대개의 경우 "그런데?" 혹은 "그래서?"라고 재차 묻게 된다. 이것은 무조건 새롭고 기발한 주제라 해서 모두 좋은 주제일 수는 없다는 것을 보여준다. 물음이 구체적이어야 답변도 구체적일 수 있으며, 물음이 분명해야 답변도 분명하게 제시될 수 있다. 자기의 역량으로 다룰 수 있는 새롭고도 명확한 주제 설정이야말로 확고한 논리와 선명한 결론을 가진 좋은 논문의 생산 요인이라고 말할 수 있다.

좋은 논문의 성공의 절반은 "어떤 연구 주제를 설정할 것인가?"에 달려 있다고 해도 과언이 아니다. 연구 주제 설정과 관련해서는 지도 교수나 경험 많은 선배 연구자의 평가와 조언을 구하라고 권하고 싶다. 연구 주제를 정했다고 곧바로 연구를 시작할 것이 아니라 그 연구 주제의 적절성에 관해서 최소한 어떤 경로이든 피드백의 과정을 거치는 것이 바람직하다.

예시 6

이 책은 인간 아닌 동물(nonhuman animals)에 대한 인간의 폭정(暴政)에 관한 책이다. 이러한 폭정은 이제껏 상당한 고통과 괴로움을 야기하였으며, 오늘날에도 여전히 고통과 괴로움을 초래하고 있다. 동물들이 겪는 고통에 비할 만한 것은 흑인에 대한 백인의 수세기 동안의 폭정의 결과로 야기된 고통과 괴로움뿐이다. 동물들에 대한 폭정에의 대항은 최근 수년 동안의 어떠한 도덕적·사회적 문제에 대한 투쟁 못지않게 중요하다.

많은 독자들은 방금 한 말이 공연한 과장이 아닌가 생각할지도 모른다. 5년 전이었다면 나 또한 내가 지금 매우 진지하게 적고 있는 내용들을 읽고 웃음을 금치 못하였을 것이다. 하지만 이 책을 주의 깊게 읽는다면… 당신도 그리 길지 않은 이 책에 몰입되어 나 못지않게 동물 억압에 대해 알게 될 것이다. 그런 후 당신은 위에서의 말이 공연한 과장인지, 그렇지 않으면 일반 대중들에게 그다지 알려지지 않은 상황에 대한 진지한 평가인지를 판단할 수 있게 될 것이다. 나는 앞 절의 첫 구절을 당장 믿으라고 요구하지 않는다. 나는 단지 당신이 이 책을 끝까지 읽을 때까지 판단을 유보하길 바랄 뿐이다.

내가 이 책을 쓰기 시작한 후 얼마 있지 않아서 아내와 나는 내가 동물에 관한 글을 쓰려 한다는 사실을 전해들은 한 부인의 차 대접 — 그때 당시 나는 영국에 있었다 — 을 받게 되었다. 그녀는 자신이 동물에 대해 매우 관심을 가지고 있다고 말하며 이미 동물에 대해 책을 쓴 친구가 한 명 있고, 그 친구가 우리를 몹시 만나고 싶어 한다고 말해 주었다.

우리가 도착했을 때 부인의 친구는 이미 와 있었고, 물론 그녀는 동물에 대해 몹시 이야기하고 싶어 했다. "저는 동물들을 너무 사랑합니다." 그녀는 이렇게 말문을 열었다. "저는 개 한 마리와 고양이 두 마리를 키웁니다. 그들은 너무나도 잘 어울려 놀지요. 혹시 스코트 부인을 아세요? 그녀는 아픈 애완 동물을 돌봐주기 위해 작은 병원을 운영하고 있어요…." 그리고는 끝이었다. 그녀는 집주인이 다과(茶菓)를 들여오고 있는 동안 잠시 멈추었다가 햄 샌드위치를 들고서 우리에게 어떤 애완 동물을 키우느냐고 물어왔다.

우리는 애완동물을 키우지 않는다고 대답했다. 그녀는 약간 놀라는 기색을 보이더니 샌드위치를 한입 물었다. 여주인은 샌드위치를 나르고 나선 합석하여 대화를 이어갔다 : "하지만 싱어씨는 분명 동물에 대해 관심을 가지고 있지 않습니까?"

우리는 우리들이 고통과 비판을 막는 데에 관심을 갖고 있다고 설명하려고 노력했다. 즉 이유 없는 처벌을 반대하고, 설령 어떤 존재가 우리 스스로의 종 구성원이 아닐지라도 그 존재에게 불필요한 고통을 야기하는 것은 잘못이라고 생각하며, 동물들이 인간에 의해 무자비하고도 잔인하게 착취되고 있으며 그와 같은 상황을 바꾸어 놓을 수 있었으면 좋겠다고 말하였다. 우리는 그렇게 하지 않으면 동물에게 특별히 '관심을 갖는' 것이 아니라고 하였다. 우리 부부는 한 번도 개·고양이 또는 말을 다른 사람들이 좋아하는 방식으로 좋아한 적은 없다. 우리는 동물들을 '애호하지(love)' 않았다. 우리는 그저 동물들이 인간의 목적을 위한 수단 — 마치 지금 여주인이 만든 샌드위치에 자신의 살이 들어가 있는 돼지처럼 — 으로 대우받지 않고 고통과 쾌락을 느낄 능력이 있는 존재로 대우받길 원했다.

이 책은 애완동물에 관한 내용을 담은 책이 아니다. 이 책은 동물에 대한 사랑이 단순히 고양이를 어루만져 준다거나 정원의 새들에게 모이를 주는 것이라고 생각하는 사람들이 편히 읽으라고 쓴 것이 아니다. 오히려 이 책은 억압과 착취가 일어나는 곳이면 어디에서건 그것을 종식시키고자 하는 사람들을 위한 것이며, 이익 동등 고려라는 기본적인 도덕 원리가 아무런 이유 없이 우리 스스로의 종 구성원에만 제한되어 있어선 안 된다는 점을 보여주기 위해 씌어졌다. "그와 같은 문제들에 관심을 가지려면 동물을 애호해야 해"라는 말은 그 자체가 인간들 사이에서 적용되는 도덕 규준을 다른 동물들에게 확장시킬 용의가 조금도 없음을 보여준다. 자신의 반대자를 '깜둥이를 애호하는 자(nigger-lovers)'라고 비방하려는 인종차별주의자를 제외하고는 그 누구도 "처우를 제대로 받지 못한 소수 인종들의 평등에 관심을 가지려면 그들을 애호해야 한다"고 말하지 않을 것이다. 또한 "그들을 예뻐서 꽉 껴안고 싶은 존재로 생각해야 한다"라고도 주장하지 않을 것이다. 이 말이 사실이라면 동물의 생활 조건을 개선하기 위해 노력하는 사람들을 동물 애호가라고 가정해야 할 이유는 전혀 없다.

지금까지 동물 학대에 반대하는 자들은 감정적이고 정서적인 성향을 지닌 '동물 애호가'로 묘사되어 왔다. 하지만 그와 같은 묘사는 심각한 정치적·도덕적 논의로부터 인간 아닌 존재들의 처우에 관한 전반적인 문제를 배제시키는 효과를 가져 왔다. 그들에 대한 처우를 심각하게 고려하지 않으려는 이유는 쉽게 짐작할 수 있다. 가령 우리가 동물에 대한 처우 문제를 심각하게 고찰한다고 가정해 보자. 현대의 '공장식 농장'에 살고 있는 동물들(이들은 우리가 먹는 고기를 제공한다)의 처지를 자세히 알게 되면 우리는 햄 샌드위치·쇠고기 구이·닭튀김, 그리고 기타 육류 제품들을 먹고 있다는 것을 께름칙하게 생각하게 될 것이다. 이 때문에 우리는 우리가 먹고 있는 육류 제품들을 죽은 동물들에서 왔다고 생각하길 원하지 않는 것이다.

이 책은 '귀여운' 동물들에 대한 동정심을 얻고자 하지 않으며, 따라서 감정에 호소하지 않는다. 나는 음식으로 사용하기 위해 말이나 개를 도살하는 것 못지않게 동일한 목적을 위해 돼지를 도살하는 것에 대해서도 분노가 치밀어 오른다. 미국 국방부는 치명적인 가스를 실험하기 위해 비이글 개를 사용하려다가 그에 대한 거센 항의가 있자 쥐를 대신 사용하겠다고 선언하였는

데, 이 경우에도 나는 진정이 되지 않는다.

나는 이 책을 통해 우리가 인간 아닌 동물들을 어떻게 대해야 하는가의 문제를 조심스럽고도 일관되게, 그리고 남김없이 다루어보려 한다. 그 과정에서 이 책은 우리가 가지고 있는 현재의 태도 및 행위 뒤에 숨겨져 있는 편견을 폭로한다. 그러한 태도가 현실에서 어떻게 나타나고 있는가 — 인간의 폭정으로 인해 어떻게 동물들이 고통을 당하고 있는가 — 를 서술하고 있는 장(章)들에서는 감정을 자극하는 구절이 있을 것이다. 나는 그러한 자극이 서술된 현실을 개선하기 위해 무엇인가를 해야겠다는 결심과 결부된 노여움과 분개의 감정이길 바란다. 하지만 이 책의 어느 곳에서도 이성의 지지를 받지 못하면서 독자의 감정에만 호소하는 곳은 없다. 서술해야 할 내용이 불쾌한 사실임에도 불쾌함을 숨기면서까지 그것을 중립적인 방식으로 서술하려고 노력하는 것은 정직하지 못하다. 당신은 나치 수용소 '의사들'의 '인간 이하'로 간주한 사람들에 대한 실험을 정서적인 동요 없이 객관적으로 서술할 수 없을 것이다. 이는 오늘날 미국·영국, 그리고 그 외 여러 곳의 실험실에서 자행되고 있는 몇 가지 동물 실험을 서술하는 경우에도 마찬가지이다. 하지만 나는 이와 같은 실험을 반대하는 이유를 감정에 호소함으로써 정당화시키고자 하지 않는다. 궁극적인 정당화는 우리 모두가 받아들이는 기본적인 도덕 원리에 대한 호소를 통해 이루어져야 하며, 그러한 원리들을 위해서 언급한 유형의 실험 희생 대상에 적용하는 것은 정서의 요구가 아니라 이성의 요구이다.

— Peter Singer, 김성한 옮김, 『동물해방』, 인간사랑, 1999, 8~12쪽

다음 예시문은 동물 해방을 주창한 싱어의 『동물해방』의 유명한 서문이다. '동물 해방'이라는 주제는 그 이전 누구도 미처 생각하지 못했고 제출하지 못했던 문제이다. 연구 주제는 독창적이며 또 명확하고 구체적이다. 저자가 본문에서 제시한 풍부한 자료로 볼 때 자료에의 접근성도 갖추고 있다. 그 때문에 본문에서의 내용 전개도 (단지 감정에 호소한 것이 아니라) 체계적인 설득력을 지닐 수 있었고, (무엇보다 새로운 물음 제기로 인해) 새로운 결론으로 독자들을 안내할 수 있었다.

연습문제

세기의 관심을 불러일으킨 학술 저서들은 새로운 문제의식을 명확하게 보여준다. 다음의 저서들을 찾아 어떤 점에서 그것들이 다룬 주제가 (이전의 시각과는 달리) 독창적인지를 구체적으로 지적해보자.

Bataille Georges, 『에로티즘』, 조한경 옮김, 서울 : 민음사, 2007.

Darwin Charles, 『종의 기원』 1, 박동현 옮김, 서울 : 신원문화사, 2006.

Dawkins Richard, 『만들어진 신』, 이한음 옮김, 파주 : 김영사, 2008.

Descartes Rene, 『방법서설』, 이현복 옮김, 서울 : 문예출판사, 2006.

Foucault Michel, 『광기의 역사』, 김부용 옮김, 서울 : 인간사랑, 1991.

Freud Sigmund, 『늑대인간』, 김명희 옮김, 서울 : 열린책들, 1996.

Fromm Erich, 『자유로부터의 도피』, 지경자 옮김, 서울 : 홍신문화사, 1994.

Hobbes Thomas, 『리바이어던』, 신재일 엮어옮김, 파주 : 서해문집, 2007.

Kuhn Thomas S., 『科學革命의 構造』, 김명자 옮김, 서울 : 정음사, 1986.

Machiavelli Niccolò, 『군주론』, 조현수 역해, 서울 : 타임기획, 2006.

Mauss Marcel, 『증여론』, 이상률 옮김, 파주 : 한길사, 2002.

Norberg-Hodge Helena, 『오래된 미래 : 라다크로부터 배우다』, 양희승 옮김, 서울 : 중앙북스, 2007.

Ritzer George, 『맥도날드 그리고 맥도날드화』, 김종덕 옮김, 서울 : 시유시, 2004.

Robbins John, 『육식, 건강을 망치고 세상을 망친다』, 이무열 옮김, 파주 : 아름드리미디어, 1999.

Rorty Richard, 『우연성 아이러니 연대성』, 김동식·이유선 옮김, 서울 : 민음사, 1996.

Rousseau Jean-Jacques, 『에밀』, 김중현 옮김, 파주 : 한길사, 2005.

연습문제

자기 자신이 직접 연구 주제를 설정해 보고, 그 주제의 독창성과 적절성, 명료성, 생산성 등에 대해 지도교수나 해당 분야의 전문가에게 조언을 구해보자.

6. 어떻게 자료를 수집하고 정리할 것인가?

여러 논문이나 서적들을 읽어 보는 가운데 자신의 연구 주제를 정했으면 이제 집중적으로 자료 수집과 정리에 나서야 한다. 해당 자료를 조사하고 평가하고 채록하고 정리하는 과정을 거쳐야 하는 것이다. 연구 주제와 관련된 자료를 조사하기 전 먼저 자신이 정한 연구에 대한 명확한 문제의식을 갖고 있어야 하며, 주제와 관련된 핵심어key word를 정확하게 파악하고 있어야 한다. (이때 핵심어가 무엇인지, 그리고 관련 분야의 연구사가 어떻게 진행되어 왔는가를 일차적으로 파악하기 위해서는 개념어 사전이나 관련 전문 사전을 참조하는 것도 한 방법이다.) 그래야 연구 주제에 도움이 될 만한 유용한 자료를 효과적으로 찾을 수 있다."

자료를 조사하기 가장 좋은 곳은 도서관이다. 평소에 도서관 이용법을 잘 알아두면 편리하다. 요즈음 도서관 자료들이 전산화되어 있다. 자료 조사와 수집이 예전과는 비교할 수 없을 정도로 수월해졌다. 연구 주제뿐만 아니라 핵심어만 검색하여도 대개의 경우 엄청난 양의 자료 정보를 얻을 수 있다. (그래서 자료를 수집하는 것이 문제가 아니라 어떤 자료를 버릴 것인가가 더 중요한 일이 되는 경우도 있다.) 연구 주제와 관련된 자료들을 얻을 수 있는 사이트를 알아두는 것도 자료 수집의 한 요령이다.

우선 연구 주제에 필요한 자료들을 광범위하게 수집할 필요가 있다. 연구 주제와 관련된 단행본이나 주요 논문들에 실려 있는 참고문헌 목록을 참조하면 반드시 읽어야 할 논문이나 단행본이 무엇인가를 대충 추측할 수 있다. 문헌 자료의 경우 단행본이나 학술 전문지 등에 실린 논문들을 (그리고 이 글들에 대한 논평들을) 살펴볼 필요가 있다. 특히 최신에 발간된 단행본이나 논문에는 더욱 세심한 주의가 요구된다.

(완벽한 자료 수집은 불가능에 가깝기 때문에) 어느 정도 자료가 수집되었다고 생각하면, 수집한 자료들을 읽고 평가해야 한다. 관련 글들이 어떤 측면이나 부분에서 자기가 선

정한 주제에 기여할 수 있는지를 따져 보아야 한다. 제목만 연구 주제와의 연관성을 가질 뿐 실제 내용은 그렇지 않은 글들도 많이 있다. 이런 자료들은 과감하게 버려야 한다. 대개의 경우 자료가 많기 때문에 정독할 필요가 있는 자료들을 선별해야 한다.

이제 주제와 관련해서 집필자가 추려낸 글들에 대한 질적인 평가가 이루어져야 한다. 그리고 관련 자료에 대한 독해와 질적 평가를 수행하는 가운데 자료를 채록하는 단계에 들어가야 한다. 필요한 자료에 대해서는 서지사항을 정리하고, (연구 주제에 이 자료들이 어떤 면에서 유용할지 가늠하면서) 자료의 내용들을 요약하거나 인용해서 모아 놓는다. 이것이 자료의 채록 단계이다. 자료 채록은 문헌 카드를 이용할 수도 있고, 그때그때 컴퓨터에 저장해 놓아도 된다. (컴퓨터에 저장할 경우 소트 기능을 이용하면 편리하다.) 어떤 경우가 되었든 서지사항은 정확하게 기입해 두어야 한다. (각주 작성법에서 이미 언급한 바대로) 저자명, 저서명이나 논문명, 출판지, 출판사명, 출판연월, 그리고 채록된 자료의 쪽수를 기록한다. 채록을 할 때도 자료의 내용을 요약하는 간접 인용이나, 원문을 그대로 옮기는 직접 인용 방식으로 작성한다. 이렇게 해 두어야 이중수고를 덜 수 있고, 나중에 헷갈리지 않을 수 있다. 한문이나 외국어로 된 자료는 채록을 할 때 원문을 함께 병기해 둔다.

예시 7은 논문의 개요 구성 상 본문 1장 1절에서 다루어질 절대적인 신앙의 내용과 관련되어 있고, 직접 인용할 예정인 외국 문헌의 자료임을 나타낸다. 예시 8은 사회 생물학의 입장과 관련하여 결론 부분에서 간접 인용(참조)할 예정인 자료 채록의 한 예이다.

예시 7 : 본문 1.1 절대적인 신앙

Michel d. Montaigne, *The Complete Essays of Montaigne*, trans. Donald M. Frame(Stanford : Stanford University Press, 1958), p. 457.

“Nor can man raise himself above himself and humanity; for he can see only with his own eyes, and seize only with his own grasp. He will rise, if God by exception lends him a hand; he will rise by abandoning and renouncing his own means, and letting himself be raised and uplifted by purely celestial means. It is for our Christian faith, not for his Stoical virtue, to aspire to that divine and miraculous metamorphosis.”

"인간은 자신과 인간성 위로 자신을 높이 끌어 올릴 수 없다; 왜냐하면 그는 자신의 눈으로밖에는 볼 수 없고 자신의 손이 미치지 못하는 곳에서는 잡을 수 없기 때문이다. 다만 신이 그에게 손을 내어 주실 경우에만 그는 올라가게 될 것이다; 그는 자기 자신의 도구들을 포기하고 단념함으로써 올라갈 것이며, 순전히 천상의 수단들에 의해 그 자신이 고양되도록 할 것이다. 우리가 이 거룩하고도 기적적인 변신(變身)을 열망하는 것은 스토아 학파의 덕에 의해서가 아니라 우리의 기독교 신앙에 의해서이다."

예시 8 : 결혼 – 사회 생물학의 입장

Cf. Edward O. Wilson, *On Human Nature*(Cambridge & London : Harvard University Press, 1978), pp. 150~151.

윌슨에 따르면 울새, 개똥지빠귀 혹은 박새 같은 작은 새들은 매가 접근하면 다른 개체들에게 경고 신호를 보내며, 침팬지들은 사냥을 함께 하여 그 과실인 고기를 나눠 먹을 뿐만 아니라 사람처럼 고아가 된 새끼를 입양하여 키우는 경우도 있다고 한다. 또한 개미, 꿀벌 혹은 말벌 군체의 성원들은 공동의 집을 지키기 위해 언제라도 침입자를 향하여 돌격할 태세를 갖추고 있다고 한다.

자료를 해당 주제와 관련하여 한 편의 글을 쓸 만큼 충분하게 채록했다는 판단이 들면 논문의 내용과 분량과 배열을 생각하면서 채록된 자료를 다시 취사선택하고, 논문의 진행 순서에 맞게 좀 더 정밀하게 재배열하는 작업을 해야 한다. 이때 잠정적으로 구상한 논문의 개요에 맞추어 자료를 정돈하는 것이 도움이 된다. 사실 논문의 개요 작성이 먼저인가 아니면 자료의 채록과 정돈이 우선이냐 하는 양자택일적인 물음은 별 의미가 없다. 자료를 평가하고 채록하는 과정에서 논문의 개요가 작성되거나 좀 더 구체화될 수 있고 나아가 변경될 수 있으며, 다시 논문의 개요는 자료를 논리적으로 재배열하는 데 기여한다. 양자는 동시적인 작업이며, 선순환적인 관계에 놓여 있다고 할 수 있다. 그런가 하면 관련 자료를 조사하고 평가하다가 자신이 애초에 설정한 주제를 변경해야 하는 상황에 처하는 수도 있다. 그럴 듯하다고 자신自信했던 입장이나 가설이 강력한 반증에 직면하는 수도 있고, 적당한 자료를 확보할 수 없는 어려움에 처할 수도 있다. 이때는 연구 주제의 방향을 수정하거나 새로운 주제를 찾아야 한다. 주제 설정과, (특히) 자료의 정돈과 개요 작성은 따로 분리된 작업이 아니라 맞물려 진행되는 연관 관계에 있다.

아무리 어렵게 입수한 것이고 또 힘들게 독파한 것이라도 관련 자료를 평가하고 채록하는 과정에서 연구 주제와 별 관련이 없는 것으로 드러나면 과감하게 버릴 줄 알아야 한다. 자료 수집과 독해에 들인 노력이 아깝다 해서 그 자료를 인용하면 글은 일관성과 선명성을 잃게 되고, 결국 질적인 저하를 가져오고 만다. 논문을 집필할 때, 버려야 사는 수가 생기는 경우도 있다는 것을 알아두어야 한다.

7. 어떻게 논문의 개요를 작성할 것인가?

논문 개요는 논문을 쓰기 위한 청사진과 같은 것이다. 논문 개요는 어떻게 문제를 제기하고, 해당 자료를 어떤 지점에서 어떻게 이용하고 배열하며, 어떤 방향으로 글을 논리적으로 이끌고 갈 것인지, 그리고 마침내 어떤 결론에 도달할 것인지를 미리 구상하여 정리해 놓은 것이다. 영화를 찍을 때 무조건 가메라를 들이대는 식으로 해서는 결코 좋은 영화를 만들 수 없다. 치밀하게 준비된 시나리오와 콘티는 좋은 영화의 핵심적인 관건이 된다. 마찬가지로 치밀한 논문 개요를 준비하지 않고 조급하게 집필에 들어가서는 좋은 논문을 기대하기 어렵다. 설계도 없이 지은 집은 무너지기 십상이고, 설계도에 따라 충실하게 지었다 해도 애초에 설계도가 엉성했다면 엉성한 집만을 지을 수 있을 뿐이다. 견실한 청사진에서 견실한 집이 나온다. 논문 개요는 논리적인 연관(배열) 관계를 고려하는 가운데 되도록 구체적이고 상세하게 마련하는 것이 바람직하다. 설계도가 구체적이고 논리적일수록 집필도 구체적이고 논리적으로 이루어질 수 있다.

논문 개요의 작성은 어디까지나 논문을 쓰는 자신을 위한 것이다. 그러므로 어떤 격식에 얽매일 필요는 없을 것이다. 그러나 논문의 개요 작성부터 대체로 장·절·항·목의 분류체계에 따르고, 세부적인 사항을 해당 분류하에 (문장식으로든 요점식으로든) 작성하여 놓으면 효과적일 것이다. 각각의 장·절·항·목에도 내용에 맞는 적절한 제목을 붙여 두면, 내용의 유관성과 논리성 여부를 판단하는 데 도움을 얻을 수 있다.

전체 글이 근거(전제)와 주장(결론)의 논리적 관계를 형성해야 하므로, 이에 따라 큰 윤곽을 그려둔다. 서론에서는 왜 이 문제를 논의할 필요가 있는 것인지, 그리고 이 문제가 발생한 배경 정도를 적어 둔다. 본론에서는 전체 글의 논증 구조에 맞추어 논의 순서를 정해 둔다. 논의 순서가 정해졌다면, 순서에 따라 언급될 세부적인 내용들을 생각해 본다. 전체 글도 근거와 주장의 논리적인 관계를 형성해야 하지만, 전체 글을 구성하는 부분들로서 문단과 문단도 상호 유기적인 관계를 맺고 있어야 한다는 것은 말할 나위도 없다. 결론에서는 서론에서 언급했던 문제의 해결이나 오류의 수정, 혹은 자기의 새로운 주장 등을 제시하는 것으로 충분하다. 마지막으로 글의 전체 분량을 고려하면서, 또한 해당 논문에서 강조하고자 하는 핵심 사항의 비중을 염두에 두면서, 각 부분의 분량을 가늠하고 조정해 본다.

예시 9은 문장식으로 (상세하게) 작성한 논문 개요의 한 예이다. 문장식으로 개요를 작성하면 (특히 문제가 어렵거나 복잡할 때) 논문의 안정성과 완성도를 높일 수 있다. 그렇다고 모든 논문 개요를 문장식으로 작성해야 한다는 뜻은 아니다. 간편하게 명사형 구절로 요점식 개요를 할 수도 있다. (물론 예시 9의 개요도 요점식으로 작성 가능하다.)

예시 9

제목: 뇌사의 인간의 장기 은행－죽음에 대한 실용적인 재정의(再定義)*

문제: 뇌사자(腦死者)의 장기이식은 정당화될 수 있는가?

주장: 뇌사자의 장기이식은 그 자체 사람을 물건으로 취급하는 비인격적인 속성을 내포하고 있기 때문에 일방적으로 미화(美化)하거나 정당화할 수는 없다.

[서론] 1. 뇌사자의 장기 이식의 정당성에 대한 물음

1.1. 뇌사에 대한 정의

뇌사란 인공호흡기에 의존하여 호흡은 하되 뇌가 죽어 있는 상태를 말한다. 뇌사는 깊은 혼수(Koma)에 빠져 있고, 자발적인 호흡을 할 수 없으며, 동공이 고정되고, 뇌간 반사가 소실되어 있는 상태를 의미한다. 그러나 인공호흡기로 심장이 뛰고 있으므로, 숨이 끊어지지 않고 맥도 잡히며 신체도 그다지 차가워지지 않은 '살아 있는 신체에 죽은 뇌(a dead brain in a living body)'의 상태이다. / 전통적인 사망의 정의가 심장사라면, 뇌사는 새로운 사망의 정의라고 할 수 있다.

1.2. 뇌사의 국내외 현황(現況)

하버드 의과 대학은 뇌사의 판정을 처음에는 24시간 환자를 관찰한 후에 내려야 한다고 공시

했으나, 그 후 이 관찰 시간은 6시간으로 줄어들었고, 또 앞으로도 계속해서 줄어들 것이다. / 국내에서는 1983년에 뇌사의 판정기준이 제시되었고, 뇌사입법안이 1999년에 국회를 통과해서, 2000년부터 실시되고 있는 형편이다.

1.3. 뇌사자의 특징

뇌사자는 일단 뇌사 상태에 빠지게 되면, 절대로 소생이 불가능하다. 왜냐하면 우리의 뇌는 대부분 단백질로 이루어져 있는데, 뇌가 죽었으므로 이 단백질이 변성하게 되고, 따라서 뇌사자의 뇌 전체가 질퍽질퍽하게 두부처럼 흘러내리기 때문이다. 이 점이 뇌사자와 식물인간을 구분하는 중요한 요소이다. 뇌사자는 결코 다시 소생할 수 없지만, 식물인간은 인공호흡기 없이 숨쉴 수 있으며, 희귀한 경우이긴 하지만 원리적으로 원래의 상태대로 돌아갈 가능성을 갖고 있다. / 뇌사자는 자발적인 호흡을 할 수 없기 때문에, 인공호흡기를 제거하면 금방 호흡이 멎고 심장사 상태에 이른다. 인공호흡기를 한다 해도, 대개 성인 환자는 2일 후에, 어린이 환자의 경우 대략 2주 후에는 심폐기능이 정지되는 것이 일반적인 통계이다. / 상황이 이렇기 때문에, 뇌사자가 발생하면, 장기이식에 대해 뇌사자 자신의 유언이 없을 경우, 의사들은 빠른 시일 내에 환자 가족들에게 동의를 구하기 위해 애쓰게 된다.

1.4. 뇌사자의 장기이식의 의의(意義)에 대한 문제 제기

우리나라에서뿐만 아니라 전세계에 걸쳐, 뇌사에 의한 사망 판정과 뇌사자의 장기이식은 상당 부분 공감을 얻고 있고, 살신성인의 의미 있는 삶의 마감으로, 그리고 공익적 재산의 값진 환원으로 간주되는 경향이 농후하다. 대체로 매스컴은 뇌사자의 장기이식의 거부나 머뭇거림의 태도를 환자의 소생불가능을 인식하지 못하는 뇌사 상태에 대한 무지와 심지어 재활용이 가능한 자원의 폐기나 낭비로 언급된다. 뇌사자의 장기이식은 인류애의 발현이라는 미명 아래 이미 정당한 것으로 취급되고, 그래서 문제의 초점이 곧바로 장기의 상업적 매매 허용과 장기이식 공급의 공정한 방식과 장기이식의 분배 정의로 넘어가고 있는 듯하다. / 그러나 뇌사자의 장기이식은 이렇게 정당화될 수 있는 것일까? 바꾸어 말한다면, 심장사가 아니라 비가역적인 혼수상태의 뇌사를 사망의 새로운 정의로 채택하는 것이 정당화될 수 있는 논변인가?

[본론] 2. 뇌사자의 장기 이식의 정당성에 대한 비판 근거

2.1. 이원론과 신체의 고유성의 증발

사망의 새로운 정의와 그에 입각한 뇌사자의 장기이식은 육체와 뇌를 구분하는 이원론에 근거하고 있으며, 신체의 고유성을 무시하고 있다:

새로운 사망 정의 속에는 유기적 통일성으로서의 개념을 해치는 유서 깊은 심신이원론이 '신체와 뇌의 이원론(Dualismus von Körper und Gehirn)'의 모습을 하고 재연되고 있다. 육체와 뇌의 이원론에 의하면, 진정한 인간적인 인격은 뇌에 있고 (혹은 뇌를 통해 대표되고), 그 밖의 신체들은 단지 뇌에 봉사하는 도구적인 관계를 형성하고 있을 뿐이다. 이 이원론에 의하면, 뇌가 죽을 경우 인간은 단지 '죽어 있는 잔해'에 지나지 않는다. / 그러나 이 뇌가 저 뇌가 아니듯이, 이 신체 역시 저 뇌가 아닌 바로 이 뇌가 자리 잡고 있는 유일한 이 신체이다. 신체 전체가 비록 전 뇌의 통제하에 놓여 있다 하더라도, 신체 역시 뇌와 마찬가지로 개별적인 것이고, 나 자신만의 고유한 것이고, (지문이나 면역반응 등과 마찬가지로) 나의 정체성을 구성하는 단 하나의 것이며 교환이 불가능한 것이다. / 예를 들어, 남자가 어떤 여자를 사랑할 때, 그는 그녀의 뇌를 사랑하는 것이 아니라, 그녀에게서만 나는 독특한 살내음과 웃음소리와 싱그러운 치아를 사랑하는 것이다. 그러므로 남자는 누구가의 신체를 사랑한 것이다.

2.2. 뇌사라는 새로운 사망 정의(定義) 자체의 불확실성

뇌사는 사망에 대한 정의 자체가 아니라 사망을 판정하는 하나의 협소한 기준에 불과하며, 복잡하고 애매한 사태에 대해 너무나 단순하고 도식적인 방식으로 접근하고 있다:

원래대로 소생할 수 없는 비가역적인 혼수상태의 뇌사가 자발성이 없다고 해서 사망으로 정의내리는 것은 모든 활동성의 현상을 포함한 절대적 정의가 아니다. 한 마디로 뇌의 비자발성으로 환자가 죽었다고 설명하는 것은 사망에 대한 여러 기준들 가운데 하나가 될 수 있을 뿐, 절대적 정의가 될 수 없다. / 생사를 구획짓는 한계선은 (뇌사의 옹호자들이 주장하는 것처럼) 그렇게 확실하게 알려진 것이 아니다. 우리는 생과 사의 정확한 한계선을 정말로 모르고 있다. 뇌사란 원초적 불확실성에 놓여 있어서 이 정의가 사망에 관한 모든 지식을 대신할 수는 없다. 우리가 최대의 사망 정의(심장사)를 외면하고 협소한 최소 사망 정의(뇌사)를 사용하는 것은 우리가 가질 수 없는 지식을 마치 소유하고 있는 것처럼 부당하게 사칭하는 셈이다. / 뇌사란 죽음 자체를

정의내린 것이 아니라, 혼수상태에 빠진 사람을 더 이상 환자가 아닌 사체로 간주하고자 하는 하나의 기준에 불과하다.

2.3. 실용주의의 관심

뇌사 판정은 이 시대에 지배적인 실용주의에 봉사하는 사망의 정의로서 외적인 관심이 그 배후에 놓여 있다.

뇌사의 사망의 새로운 정의와 관련해서 가장 역겨운 지점은 그것이 환자로부터 호흡기를 제거할 정당한 이유를 제공하기보다는 '살아 있는' 상태로 신체를 유지 보관하기 위해 호흡기를 유지할 근거를 제공한다는 데에 있다. / 새로운 사망의 정의는 이전에는 생체해부에서나 가능했을 이상적인 상태로 싱싱하게 보존된 기관이나 조직들을 얻기 위해 혼수상태의 환자에게 호흡기를 착용하게 하여 인간의 신체마저 언제라도 사용가능한 부품으로 인간을 전락시킨다. / 가장 중요한 물음은 "인공호흡기를 단다고 해서 환자가 소생할 가능성이 없다는 것이 뇌사의 정의라면, 환자가 소생할 가능성도 없는데, (돈을 들여서까지) 인공호흡기를 왜 계속 가망 없는 환자에게 달게 하는 것일까?" 하는 것이다. 이유는 단 하나밖에 없다. 그것은 새로운 사망 정의에 입각하여 (생명 유지 장치를 이용하여) 싱싱한 장기나 조직을 지닌 보고(寶庫)나 은행으로 환자를 취급하려고 하기 때문이다. / 새로운 사망 정의에는 '실용주의적인 동기 부여(die pragmatische Motivierung)'가 놓여 있다. 뇌사자는 사실상 인격체로서이 죽음을 맞이할 권리를 박탈당한 채 신선한 장기를 보관하는 일종의 냉장고로서 간주된다.

[결론] 3. 우리 시대 죽음을 대하는 비겁한 태도

3.1. 죽음으로부터의 도피

죽음의 새로운 정의(뇌사)는 죽음과 맞서지 못하는 우리 시대의 비겁함과 맞물려 있다. / 현대의 산업 사회는 죽음을 정면으로 바라볼 수 없도록 하기 때문에, 죽음의 경건함을 과학 기술의 무심함으로 대체하려 한다. 사람들은 끊임없이 새로운 화제들을 쫓아다니고, 지껄이기 위해 지껄이며, 되도록 자신의 죽음을 생각하지 않으려 한다. 죽음에 겁을 먹고 뒷걸음치는 현대 사회의 비겁함은 결단이 행해져야 할 경우, 그 결단의 문제와 맞부딪치지 않기 위해 사망에 관한 새로운 정의를 필요로 한다. 우리 시대의 인간들은 혼수상태의 환자가 이미 죽었음을 통보해 주는 허구적 단언을 요구한다.

3.2. 그대로 죽을 수 있는 권리

사망의 새로운 정의는 "환자를 어떻게 다루어야 할 것인가"에 관심의 초점을 모으는 것이 아니라, "환자가 죽었느냐" 혹은 "환자를 어떻게 이용할 것인가" 하는 미혹된 길로 인도한다. 뇌사자의 신체 생명을 연장하는 것은 인간적으로 옳지 않으며 요구되어서도 안 된다. / 뇌사자의 장기 이식의 문제는 사망에 대한 한갓 하나의 정의를 통해서가 아니라 인간의 존엄과 인간적인 생명이 무엇인가에 대한 정의와 더불어 답변되어야 한다. 인위적인 생명 유지는 환자를 위해 (의무적으로) 중단되어야 한다. 환자에게는 그대로 '죽을 수 있는 권리(das Recht zu sterben)'가 보장되어야 한다. 결국 '죽을 수 있는 권리'는 인격을 보호하는 것이며, 혼수상태의 지속으로 인하여 환자가 이전에 지니고 있었던 고상한 인격에 대한 추억의 침식으로부터 인격의 고상함을 보호하는 파수꾼이기도 하다.

★ 이 글은 문장식 논문 개요의 한 예를 보이기 위해 한스 요나스의 논문을 임의적으로 재구성한 것이다. Hans Jonas, "Gehirntod und menschliche Organbank : Zur pramatischen Umdefinierung des Todes," in *Technik, Medizin und Ethik : Zur Praxis des Prinzips Verantwortung*(Frankfurt am Main : Suhukamp, 1985), pp. 219~241 참조.

이제 채록된 자료와 논문 개요가 준비되었다면, 본격적인 집필에 들어갈 수 있다. 요리 재료와 요리법을 알고 있으면 요리를 하기란 쉬우며 즐거운 일이기도 하다. 반대로 준비가 안 된 상태에서 요리를 해야 하는 상황은 일종의 고문일 것이다. 하나하나 준비된 자료를 사용하면서 점차 완성되어 가는 요리를 만들어가는 과정은 집필자에게 커다란 만족을 준다. 영화감독이 준비된 시나리오와 콘티에 따라 하나의 영화 작품을 완성해가면서 느끼는 가슴 설렘을 논문 집필자도 경험하게 된다. 논문의 집필 과정은 (비록 자료 준비와 논문 개요가 힘들긴 하지만 그만큼) 다른 어떤 것도 줄 수 없는 희열을 논문 집필자에게 안겨 준다. 마라톤 주자가 완주했을 때의 기쁨은 또 다른 마라톤을 준비할 수 있는 힘이 된다. 마찬가지로 한번 논문을 완성한 사람은 새로운 논문을 쓰고 싶은 욕구와 더불어 쓸 수 있는 역량도 점차 확장해 나갈 수 있다.

연습문제

Exercise

다음 글의 문단을 나누어보고, 이를 바탕으로 간단하게 개요를 작성해 보자.

자본주의 사회의 가장 큰 물신(fetish)이 무엇일까? 대다수는 '돈'이라고 할 것이다. 그런데 사회의 이념가들이 좋아하는 것이 있다. 돈보다 훨씬 고상한 '과학'의 논리다. 구미 각국의 근대사 교과서들이 가장 자랑스럽게 서술하는 것은 바로 16세기부터의 서구 '과학 혁명'이다. 절대왕권 시대의 유럽 국가 간 전쟁과 지노사이드(종족 섬멸) 사건들이 나타나는 비서구 지역에 대한 '개척'(점령) 역사는 되도록 완곡하게 묘사하면서 '과학의 진보'를 유럽인의 가장 큰 자랑이자 정체성의 기반으로 강조하는 것은 그들 교과서·대중서적의 일반적 태도다. 이 태도의 논리를 이해하기란 어렵지 않다. 예컨대 과거 '영국 국민의 자랑'이던 태평천국운동(1851~1864)의 탄압자이자 식민지 수단(Sudan)의 총독으로 반영(反英) 반군과 싸우다 죽은 고든 장군(Charles Gordon, 1833~1885)이 요즘 영국 젊은이에게 '제국의 망나니'같이 보인다 해도, 다윈(Charles Darwin, 1809~1882)과 같은 동시대의 과학자들은 아직도 매력을 지니는 것은 보편성이 가시적으로 보이는 과학의 발전을 혐오하지 않기 때문이다. 한마디로 전쟁과 같은 국가의 범죄를 '우리의 명예'로 만들기가 여의치 않을 때 자본주의 체제는 난공불락의 물신인 '과학'을 그 상징으로 만든다. 그러나 과학이 과연 만인의 편리와 합리성만을 추구해 자본주의의 범죄사(犯罪史)와 무관한 인류 공동의 가치를 지니는 것일까? 우리의 가까운 역사만 봐도 그 답을 알 수 있다. 예컨대 악명 높은 장문의 '조선민족개조론'(『개벽』지, 1922년 5월)에서 이광수라는 토착적 예속자본의 이념가는 "조선인들은 근본적 성격이 좋지 못한 민족이다. … 그 중 소수나마 몇몇의 선인(善人·유전적 형질이 우수한 사람)이 있을 것이다. 이 소수의 선인이야말로 민족부흥의 맹아다"라고 했다. 이광수가 '조선 민족 성격의 결함에 대한 개선책'으로 제시한 것은 '우수한 선인 사이의 결혼'과 그들에 의한 중추(지도) 계급 형성, 그리고 그 지도 계급에 의한 각종 계몽의 대중화 등이다. 그 '우수한 자'들은 바로 식민지 조선의 현실 순응적 유식자와 재산가들이었다. 그런데 만약 이광수가 자신의 사회·정치적 지향을 단순히 노골적으로 드러냈다면 이 '민족개조론'이 과연 상당수의 '문화 민족주의적 지식인' 사이에서 명성을 얻었겠는가. 천만에다. 극소수의 이기심으로 평가받을 수 있는 이 주장에 권위와 위력을 부어넣은 것은 바로, 인종 개선학 내지 우생학(優生學·eugenics)이라는 의학·생물학 담론에의 호소였다. 일본을 통해 미국·유럽에서 수입된 우생학에서 민족 형질의 개선이 가능하다는 이야기가 '과학적으로 입증'됐기에 이광수는 조선 부르주아들의 사회적 권위 획득 야욕을 '과학적 당위'로 그럴싸하게 포장할 수 있게 됐다. 중세 유럽에서 철학이 신학의 '시녀'로 기능했듯, 1920년대 식민지 조선에서는 멋져 보인 수입품 우생학이 신생 조선 자본가들의 시녀가 됐다. 우생학이 지금이야 주류 학계에서 사이비 과학의 딱지가 붙었지만, 약 35년 전만 해도 우생학적 관점에서 쓰인 옌센(Arthur Jensen) 버클리대 교수의 '흑인의 유전적 지능 부진'에 대한 논문의 영향으로 미국 지도부가 흑인에 대한 교육 정책을 재검토했을 정도로 우생학의 위력이 만만치 않았다. 60년 전에는 나치 독일의 '인종위생법률'(인종간 잡혼 불인정, '유전적 열등분자'의 의무적 불임 수술 등)을 미국의 우생학자들이 극찬하고 일본 등지에서는 황급히 모방하는 등 우생학이 세계 자본주의 사회의 한 지배 담론으로 군림했다. 물론 '서구'를 자유·평등·박애와 동일시하고 이슬람과 같은 외부적 '타자'들을 그 대척점에 넣으려는 오늘날 구미 지역 주류 사학은, 자유·평등·박애의 정반대인 우생학이 근대사에서 차지한 위치에 대해서 되도록 말을 아낀다. 그러나 거의 10년 전에 나온 터커(William Tucker) 교수의 『인종 연구의 과학과 정치』(University of Illinois Press, 1994)라는 책에서는 우생학이라는 '가장 정치적인 과학 분야'가 어떻게 만들어지고 이용돼 왔는지 자세히 읽을 수 있다. 우생학 담론의 탄생과 성장 과정을 조금 더 살펴보자. 우생학. 이 용어를 처음 만든 골턴(Francis Galton, 1822~1911, 다윈의 사촌)이란 다재다능한 영국 학자 논리의 출발점은 인류의 철저한 유전적 불평등이었다. 인종주의가 상식으로 통하던 19세기 후반 모든 유색 인종들을 '유전적으로 열등한' 것으로 치부한 것은 놀랄 만한 일이 아니다. 그러나 민주주의를 싫어하던 귀족 출신의 골턴에게는 백인의 95%조차 남의 지도 없이 행동도 할 줄 모르고 추상적 사고도 못하는 '동물적 군중'으로 보였다. 대다수 열등분자들이 극소수 '우등분자'에 비해 훨씬 빨리 번식하므로 선자의 번식을 막고 후자의 번식을 장려하는 것이 '지도자로서 중차대한 책임'으로 느껴졌다. 골턴의 '인종 개선책'은 간단했다. 한편으로는 '염치없이 번식만을 일삼는 유전적 열등분자들을 국가의 적으로 선포하고 무자비하게 다루어야' 하고, '유전적으로 우등한 극소수'는 '국가적 지원 대상'으로 인정하여 그들의 통혼(通婚)을 장려하고 그들이 지도자로 부상하게끔 도와주는 것이다. 서재필이나 유길준 등 당대 한국 초기 개화파들이 서구 '문명국가'들을 만인 평등의 세상이라 선전했지만 골턴이 생각한 '자연적 귀족층'(natural nobility) 주도하의 이상사회는 조선시대 양반사회보다 훨씬 더 가혹한 불평등 구조를 가졌다. 배타적 통혼권이 이루어진 것은 조선 후기 실질적 사회 지도층인 경화사족(京華士族·한양이나 그 근교에서 거주하는 양반 집단)도 마찬가지였지만, 그들이 혹 노비를 열등한 종자로 생각한다 해도 노비 번식을 인위적으로 억제할 궁리까지는 하지 않았을 것이다. 골턴의 우생학이 한 개인의 몽상으로 끝났으면 문제 없었겠지만, 골턴과 그 제자들은 곧 서구·미국 생물학계 주류의 한 부분을 이루어 학계와 일반 사회에 커다란 영향을 주기 시작했다. 골턴이 '번식 억제'와 단종(斷種)의 대상으로 삼은 '유전적 열등분자'들은 사회·경제·인종적으로 빈민이거나 비서구인 이민자이었기에, 골턴의 우생학은 해방적 근대 담론의 도전에 응수하려는 보수적 지배층이 호소할 수 있는 최적의 과학 담론이었다. 특히 19세기 말~20세기 초 미국의 앵글로색슨계 상류층 백인들은 남구·동구계의 이민이 폭발적으로 늘고 이민자를 중심으로 한 사회주의·노동 운동이 격화되면서 큰 위기감을 느꼈다. 이런 상황과 맞물려 보수적 정치인과 우생학 열풍에 휩쓴 학계 주류 인사들의 유착 현상이 두드러졌다. 예컨대 동양계의 이민을 거의 중단시키고 남·동구계 이민을 크게 억제시킨 1924년의 인종주의적 이민법 제정에는 인종의 잡종화가 퇴락을 가져다준다는 결론을 '과학적으로 입증한' 유전학자 대번포트(Charles Davenport, 1866~1944) 이론의 역할이 컸다. 이민 제한뿐 아니라 1960년대 말까지 수만 명의 빈민들에게 '정신 박약아' '유전적 불량배'의 딱지를 붙여 그들에게 생식 기능을 빼앗은 불임수술 법안 만들기에도 주류 학계의 역할이 주도적이었다. 대번포트의 영향 아래 있는 다나카 고가이(田中香涯) 등 당대 일본 우생학 연구자들의 글들을 조선에서는 새로운 '중추계급'을 만들려는 이광수가 열심히 탐독하고 있었던 것이다. 몇 십 년 전 세계를 휩쓴 우생학 열풍은 이제는 가라앉았다. 상당수 생물학자들의 반인륜적 극우정책 입안 주도의 사실이 과학계의 반성거리가 됐다. 그러나 주류 학계와 보수정치의 복잡한 공생·협력 관계가 과연 청산된 것일까 부시 정권이 '중동 문제의 대가'로 극진히 대접하는 베르나르 루이스(Bernard Lewis)처럼 아랍 문화의 후진성을 늘 들먹이는 유럽 중심주의적 학자들은 지금도 정학(政學) 유착의 전통(傳統)을 이어가고 있다. 자본주의 사회의 이데올로기가 과학을 정치 중립적인 것으로 내세우고 서구를 과학문명의 보루로 자랑스럽게 여기지만, 실제로는 보수정치의 궁극적인 합리화 도구로 언제든 쓰일 수 있는 과학 담론은 현 사회에서 정치와의 상호불가분의 관계를 갖는다. 과학 담론이 진실로 보편성을 얻으려면 지배층·금력 의존적이며 위계질서적인 세계 학계의 내부 구조가 바뀌는 것이 무엇보다 중요하다.

—박노자, 「우생학 연구자여, 반성하는가」, ≪한겨레 21≫, 2003.10.23

Exercise 연습문제

집필 예정인 연구 주제와 관련된 저서나 논문을 찾아 목차를 살펴보자. 그리고 그 목차 하에 어떤 내용이 들어가 있는지 논문 개요를 재구성보자. 논문 개요를 바탕으로 글의 전체 논지의 논리성, 물음과 결론 간의 수미일관성, 내용의 적절성, 각 항의 이행의 필연성을 포함하여 해당 글을 평가해보자.

8. 논문이 갖추어야 할 형식과 조건은 무엇인가?

논문 개요를 작성했다면 이제 논문을 본격적으로 집필할 단계에 들어선 것이다. 논문의 내용이 아무리 개성적이고 독창적이라 해도, 논문의 형식에서마저 독창성을 발휘해서는 곤란하다. 논문의 형식에는 대개 정해진 일정한 양식이 있다. (물론 자신이 논문을 제출할 해당 기관에 논문 규정집이 마련된 경우가 있는데, 이때는 규정집에 따라야 한다.) 이것은 학문 공동체의 역사적 경험을 통하여 확립되어 온 준칙과도 같은 것으로, 가장 간명하면서도 효율적으로 논지를 전개하는 방법으로 볼 수 있다. 이 형식을 지키지 않으면 글쓴이의 학문적 훈련의 미숙함을 드러내는 것으로 보이게 된다. 수영 경기를 하기 위해서는 일단 수영 경기의 규칙을 따라야 하는 것과 마찬가지이다. 축구장에서 아무리 현란한 수영 솜씨(내용)를 보인다 해도 그것은 어울리지 않으며, 수영 솜씨를 제대로 발휘하려면 수영장(형식)에서 해야 한다.

참고문헌 작성법에서 잠깐 언급했지만 논문은 일반적으로 다음과 같은 부분으로 이루어진다.

1. 제목
2. 목차
3. 본문
   (1) 서론
   (2) 본론
   (3) 결론
4. 참고문헌 목록

[5. 부록]

이 중 참고문헌 목록은 간단한 글일 경우 생략할 수도 있다. 그러나 원칙적으로는 붙이는 것이 바람직하다. 부록은 필요한 경우에 한에서 붙인다. 당연한 말이지만 본문에 해당하는((1) 서론에서 (3) 결론에 이르기까지) 부분에는 각주가 기입된다.

제목은 그 글이 무엇을 다루고 있는가를 단적으로 나타내주는 지표이다. 논문의 얼굴인 셈이다. 먼저 얼굴을 보고 사람을 알아보듯이 논문도 그렇다. 독자들이 제목만보고도 논문의 내용을 대략적으로 짐작할 수 있게끔 제목은 간결하면서도 연구 주제를 명료하게 드러내는 것이어야 한다. 학술적인 글의 제목을 너무 거창하게 붙이거나 미화하는 것은 (대개의 경우) 부적당하다. 제목은 해당 논문이 다루고자 하는 주제의 핵심과 범위에 알맞은 것으로 정하면 된다. 부제를 남발해서는 안 된다. 꼭 필요할 경우에만 사용한다. 예를 들어 제목만으로는 논문이 다루고자 한 주제를 구체적으로 한정하는 데 미흡할 때 제목에 첨가한다.

목차는 독자들을 위해 본문에서 어떤 내용을 다룰 것인가를 일목요연하게 보여주기 위한 것이다. 목차는 해당 부분에 대한 일종의 소제목이라고 할 수 있다. 요령은 제목 붙이기와 다르지 않다. 해당 부분에서 다루는 내용을 명료하게 제시하는 가운데, 다른 부분의 제목과의 연관성도 고려해야 한다.

논문의 본문은 서론, 본론, 결론으로 구성된다. 서론은 논문에서 다루고자 하는 문제가 어떤 것이고(연구의 목적), 왜 그 문제를 연구할 필요성이 있으며(연구의 필요성과 배경), 어떻게 연구를 수행해 나갈 것인가(연구의 방법과 관점, 범위)를 서술하는 부분이다. 연구의 목적을 확실하게 밝히고, 주제의 의의意義를 독자들이 인식하게 만든다. 기존에 수행되었던 연구 업적과의 비교를 통해 자신의 주제의 새로움과 필요성을 부각시켜도 좋다. 이때 자신의 연구 주제의 중요성을 너무 부풀리지 않도록 주의한다. 이외에 일반화되지 않은 특수한 용어나 개념, 관련 분야에서 알려지지 않은 자료, 새로운 방법론을 사용할 경우 이에 대한 설명을 한다.

본론은 서론에서 제시한 문제를 구체적으로 증거와 논리에 의해 풀어가는 과정이다. 논문의 성공여부를 가름하는 핵심적인 부분이다. 무엇보다 중요한 것은 자신의 입장을 지지할 수 있는 근거를 구체적으로 제시해야 한다는 것이다. 본론은 자신이 준비한 자료나 개요 작성을 적극적으로 이용할 수 있는 부분이다. 미리 작성한 개요를 참조하고 글의 유기적인 흐름에 맞추어 적절한 지점에서 준비한 자료를 인용하면서 논거를 체계적으로 제시할 수 있어야 한다. 독단적(주관적)인 판단이나 논리적인 비약, 수미일관하지 못한 태도, 계속적으로 중복되는 표현이나 주장, 과장된 문체, 통일되지 않은 용어 사용 등은 피해야 한다. 치밀하게 조직된 논거를 바탕으로 자신의 창의적인 주장이 (자연스럽게) 드러나도록 해야 한다.

논문의 결론은 이미 본론에서 (암묵적으로나마) 이미 도출된 상태이다. 따라서 결론은 본론에서 전개한 논지들을 순서에 맞게 재정리하고 요약하는 것이 바람직하다. 본론에서 언급되지 않았던 새로운 내용을 결론 부분에서 다루는 것은 생뚱맞다. 결론 부분은 논의를 확대하는 것이 아니라 앞에서 벌여놓은 논의들을 갈무리하는 지점이다. 앞에서 실증하고 논증한 내용들만을 결론의 내용으로 삼는 것이 바람직하다.

해결하지 못한 문제가 있다면 남는 문제로 남겨 두고, 이를 밝힐 필요가 있다. 하나의 문제를 남김없이 완벽하게 해결하지 못하는 경우가 다반사이다. 충분히 해결하지 못한 물음을 해결한 듯이 행세할 필요가 전혀 없다. 학문의 길은 지속적인 작업이고, 때로는 공동의 장場이기도 하다. 다음 연구에서 남은 문제를 자신이 탐구해도 되고, 혹은 다른 사람에게 연구 과제로 제공할 수 있다.

논문이 완성되었다고 생각되면, 반드시 퇴고의 과정을 거쳐야 한다. 컴퓨터에서 작업을 했을 경우는 출력해서 꼼꼼히 검사하는 것이 낫다. 그리고 논문 초고를 다른 사람에게 보여서 오탈자나 띄어쓰기 등의 형식적인 면뿐 아니라 내용적인 측면에서도 수정이나 조언을 얻어야 한다. 논문 초고가 완성되는 즉시 발표할 경우 자신이 의도하지 않은 여러 실수를 범할 확률이 높다. 동료나 선후배 혹은 지도교수의 솔직한 논평을 귀담아 들을 필요가 있으며, 이는 논문의 질의 향상과 직결된다.

Exercise 연습문제

지금까지 우리는 수영장에 입장하는 법과 수영하는 법을 배웠다. 그러나 아무리 수영장에 들락거리고 수영 교본을 독파한다고 해서 수영을 할 수 있는 것은 아니다. 수영을 하려면 직접 물에 들어가서 수영을 해 보는 수밖에는 없다. 자신이 설정한 연구 주제와 자료 수집, 그리고 논문 개요를 이용하여 직접 논문을 써보자. 이제 물에 들어가서 헤엄치면 된다. 논문도 쓰면 된다.

창의적 글쓰기

1. 창의적 글쓰기와 문학

2. 표현과 수사

3. 문학의 갈래와 창의적 글쓰기

4. 창의적 글쓰기의 실제

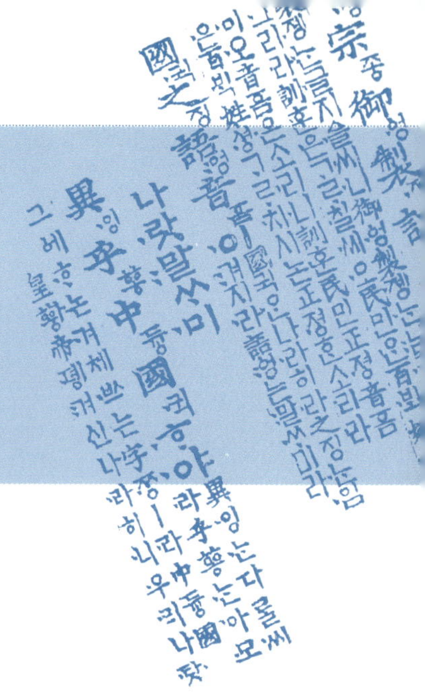

1. 창의적 글쓰기와 문학

1.1. 창의적 글쓰기의 의미

창의적 글쓰기란 무엇인가? 창의적 글쓰기는 말 그대로 창의적인 속성을 갖는 글쓰기라는 점에서 문학이라는 창조적인 예술 양식과 밀접한 관계를 맺고 있다. 또한 문학에서의 언어 사용은 일상이나 과학에서의 언어 사용과는 상당 부분 다른 방식으로 이루어진다. 이러한 까닭에 이 글쓰기의 이해를 위해서는 문학에 대한 이해와 함께 문학에서의 언어 사용에 대해서도 전반적인 검토가 필요하다.

주지하다시피 문학은 인간 정신 활동의 제반 영역 가운데 예술의 한 분야에 포함된다. 물론 문학은 학문의 한 분야로서 연구될 수도 있다. 하지만 일반적으로 우리가 문학을 한다는 것은 그것을 어떤 논리와 체계로서 연구한다는 뜻이 아니라, 일정한 미적 가치를 지닌 글을 쓰거나 읽는 과정에서 즐거움을 향유한다는 의미를 갖는다. 따라서 문학은 미적 가치의 추구와 향유라는 속성을 지닌, 글로 이루어진 예술의 한 영역이다. 과학이나 철학 같은 학문 영역과 비교하면 문학의 이러한 속성은 더욱 분명해진다. 과학이나 철학이 객관적이고 논리적인 타당성에 의해 누구나 인정할 수 있는 원리를 발견하는 학문의 한 분야라면, 문학은 어떤 대상에 대한 주관적 감정이나 느낌을 언어로 표출하여 정서적 공감과 향유를 추구하는 창조적인 예술 양식의 하나인 것이다.

여러 예술 양식들이 나름의 특성을 갖고 있는 것처럼 문학 역시 독자적인 성격을 지니고 있다. 그 중에서도 문학이 언어를 매재媒材로 하는 예술 양식이라는 사실은, 문학과 다른 예술 양식들을 특별히 변별하게 하는 중요한 속성이다. 음악이 소리를 사용하며 미술이 색채를 사용하고 무용이 동작을 사용하는 예술 양식인 데 반해, 문학은 언어를 매재로 사용하는 예술 양식이다. 그런데 소리나 색채, 그리고 동작 등은 일반적으로 우리의 감각기관에 직접 호소하는 매재들이다. 또한 이 매재들은 그 자체로는 일정한 의미나 가치를 갖지 않는다. 즉 가치중립적이다. 우리가 음악이나, 미술, 또는 무용 등의 작품을 감상할 때, 그 매재에 대한 사전 이해나 독해를 거치지 않고도 향유가 가능한 것은 이 때문이다. 그렇지만 문학의 매재인 언어는 그 자체로 이미 복잡한 속성을 지니고 있다. 언어는 우선 우리의 감각기관에 직접 와 닿는 매재가 아니라, 하나의 기호로서 독해 과정을 통해 우리와 접촉한다. 또한 언어는 이미 나름의 의미와 가치를 지니고 있다. 그 언어를 사용하는 사회, 역사, 문화, 관습 등과 밀접하게 관련을 맺고 있는 것이다. 즉 언어는 그 자체로 이미 가치편향적인 셈이다. 그래서 음악이나 미술, 무용 등의 예술 형식들과 달리, 문학 작품의 감상을 위해서는 우선 해당 언어에 대한 사전 이해나 번역 과정이 필요하다. 결국 인간에 의해 이미 창조되어 일정한 의미나 가치를 지니고 있는 언어를, 다시 재창조하여 대상을 표현하는 방식이 바로 문학이다.

그렇다면 언어 예술로서의 문학은 언어를 어떻게 사용하는가. 여기서 우리는 언어의 표시적 기능과 함축적 기능에 대해 생각해볼 필요가 있다. 표시적 기능의 언어 사용에서는 한 언어가 의미하는 바가 사전적으로 분명하며 누구에게나 같은 의미로 전달된다. 이를 언어의 외연外延: denotation이라고 한다. 반면에 함축적 기능의 언어 사용에서는 한 언어가 의미하는 바가 단일하지 않으며 특수하고 개별적이며 다양한 의미를 담고 있다. 이를 언어의 내포內包: connotation라고 한다.

일반적으로 과학이나 수학에서의 언어 사용은 표시적 기능을 중심으로 이루어진다. 이들 분야에서의 언어는 지시적 의미가 분명하며 외연적인 성향을 지니는 것이다. 반면에 일상생활이나 문학에서의 언어는 표시적 기능과 함축적 기능을 두루 함께 사용한다. 언어는 문학의 매재이기 이전에 이미 그 언어를 사용하는 사회의 약속이며 의사소통의 도구이자 수단으로 일정한 의미를 갖고 있다. 그래서 일상생활이나 문학에서의 언어 사용은 누구에게나 같은 의미로 단일하게 받아들여지는 표시적 기능과, 여러 가지 의미를 지니며 다르게 받아들여지는 함축적 기능을 폭넓게 수용하고 있다. 가령 '바보'라는 언어의 사용을 예로 들어보기로 하자. 이 언어의 사전적 의미는 보통사람보다 지능지수가 떨어지는 우둔한 사람을 가리키는 말이다. 그렇지만 연인들 사이에서 이 말은 때로 자신의 마음을 몰라주거나 오해하는 상대방의 무심함을 탓하여 지칭하는 말로 흔히 쓰인다. 사전적 의미와는 다른 차원에서 쓰이고 있는 것이다. 황순원의 널리 알려져 있는 작품 『소나기』에서 소녀가 소년에게 건넨 첫마디 역시 '이 바보'라는 말이었다. 여기서 이 말의 의미를 사전적 의미 그대로 지능지수가 떨어지는 우둔한 사람으로 해석하는 사람은 아마 아무도 없을 것이다.

일상생활이나 문학에서 언어는 표시적 기능과 함축적 기능을 두루 사용하지만, 특히 문학에서의 언어 사용은 개별적이고 내포적인 경우가 많다는 점에서 함축적 기능이 우세하다. 문학은 객관적이며 일반화된 진리의 발견을 추구하는 게 아니라, 주관적이며 구체화된 삶의 미묘한 정서를 포착하는 데 집중한다. 따라서 이때 사용되는 언어 역시 사전적 의미 그대로가 아니라, 다양한 의미 해석의 가능성에 더 역점을 둔다. 결국 문학에서 언어 사용의 특징은 함축적 기능이 우세하며 내포적 의미를 더 중요시한다는 데서 찾을 수 있다.

이제 우리는 창의적 글쓰기의 의미를 규정할 필요가 있다. 주지하다시피 글쓰기는, 말하기와 함께 언어로 무엇인가를 표현하는 것이다. 그러므로 글쓰기 역시 일차적으로는 언어의 중요한 기능인 의사소통이나 정보 전달을 소홀히 할 수 없다. 그렇지만 자신의 생각이나 사상, 혹은 어떤 대상에 대한 관점을 글로 나타내는 방식은 여러 가지이다. 표현하고자 하는 내용을 간결하고 명확하게 제시하는 데 주력하는 경우도 있을 수 있고, 또는 내용의 제시와 함께 표현 자체의 묘미와 미적 정서까지 고려하는 경우도 있을 수 있다. 일상생활에서의 언어 사용은 일반적으로 소통의 효용이나 경제성을 추구한다. 자신의 의사를 정확히 표현하고 정보를 맞게 전달하기 위해서는 누구나 인정할 수 있는 상식적이고 논리적이며 객관적인 정도로 언어를 사용해야 한다. 이러한 정도에서의 언어 사용은 그래서 자연히 습관화, 자동화, 일반화되는 경향을 보이게 마련이다. 그런데 이러한 일상적인 정도에서의 언어 사용만으로는 감각을 일깨우기 어렵고, 따라서 의미의 확장이나 정서의 극대화를 꾀하기 어렵다. 창의적 글쓰기를 위해서는 기존의 일상적인 어법과는 다른 차원에서의 언어 사용에 대해 고려할 필요가 있다. 여기서 일상적인 글과 창의적인 글의 기본적인 차이가 드러난다. 일상의 글이 의사소통이나 정보 전달의 내용에 주로 치중한다면, 창의적인 글은 이와 함께 표현 자체에도 집중하여 의미의 확장이나 정서의 극대화를 추구한다.

> 매끄럽게 빠져나가는 얼음 덩어리 앞에서 일시 정지된 칼처럼, 글을 쓰는 사람은 고정된 시선과 경직된 자세로 빠져나가는 단어들을 향해 두 손을 내밀에 애원하는 자이다. 어느 이름(혹은 명사 nom)이나 하나같이 혀끝에서 맴돌기만 할 뿐이다. 이름이 필요할 때, 그것의 작고 까만 육체를 소생시켜야 할 사유가 발생할 때 그것을 소환할 줄 아는 것이 예술이다. 귀와 눈 그리고 손가락들은 입과 마찬가지로 동그란 원 모양이 되어 이 단어를 기다린다. 시선이 열심히 찾지만 어디에도 없는 이 단어는 육체보다 더 먼 곳에, 허공의 심층에 있다. 글을 쓰는 손은 차라리 결

여된 언어를 발굴하는 손이며, 살아남은 언어를 찾아 더듬다가, 주먹을 쥐었다 폈다가, 손가락을 앞으로 내밀어 언어를 구걸하는 손이라 할 수 있다.

—파스칼 키냐르, 송의경 옮김, 『혀끝에서 맴도는 이름』, 문학과지성사, 2005, 13~14쪽

어떤 이름이나 표현이 머리 속에서 떠오를 듯 떠오르지 않거나, 혹은 입 안에서 가물가물 맴돌던 경험이 있었을 것이다. 더구나 그것이 이미 익히 알고 있었던 것이라면 그 안타까움과 답답함은 더할 수밖에 없다. 이러한 경험을 이 글에서는 '매끄럽게 빠져나가는 얼음 덩어리 앞에서 일시 정지된 칼'로 빗대어 보여주고 있다. 혀끝에서 가물가물 맴도는 이름을 다시 찾아 생생하게 표현하고자 하는 것, 그것이 바로 창의적 글쓰기의 본질적인 의미이자 목적일 것이다. 그렇지만 어떤 언어 표현도 그 대상의 본질과 실체를 완전하게 총체적으로 구현해내지는 못한다. 다른 모든 예술적 창조의 운명이 그렇듯이 완전하지 못하며, 다만 거기에 도달하려는 열망과 시도가 있을 뿐이다. 이 글에서 언어를 찾아 더듬다가, 주먹을 쥐었다 폈다가, 손가락을 내밀어 구걸하는 동작들은 이러한 창의적 글쓰기를 향한 열망과 시도를 잘 보여준다. 이런 점에서 보면 제시된 글 역시 매우 창의적이라고 할 만하다.

창의적 글쓰기는 결국 기존의 일상적 글쓰기와 달리 표현 자체에 집중함으로써 새로운 감각을 일깨우고 의미의 확장과 정서의 극대화를 추구하는 글쓰기라고 규정할 수 있다.

1.2. 일상적인 글과 창의적인 글

위에서 잠깐 언급했다시피 과학에서의 언어 사용은 주로 표시적 기능으로 이루어지며 외연적인 성향을 지닌다. 과학에서의 언어는 어떤 사실에 대해 혼란이 없이 단일한 의미를 가진 기호로 표시될 수 있을 때 가장 바람직하며 또 그것을 목표로 한다. 그렇지만 일상생활이나 문학에서의 언어는 이러한 표시적 기능과 함께, 주관적인 의미의 다양한 내포를 지닌 함축적 기능도 함께 사용한다. 다음의 두 문장을 비교해 보자.

* 물은 산소와 수소의 화학적 결합물이다.
* 4월의 눈동자를 가진 소녀를 보았다.

앞의 문장은 과학적으로 증명된 사항을 객관적으로 기술한 것이다. 이 문장을 더욱 단순화하면 'H_2O'라는 극히 간결한 화학 기호로도 표시가 가능하다. 그러나 뒤의 문장은 매우 주관적이며 비논리적이다. 과학의 논리에서 볼 때 '4월의 눈동자'라는 표현은 모호하다. 이는 표현 주체의 개별적이고 특수한 느낌의 제시에 불과하므로, 이를 논리적으로 증명하는 것은 불가능하다. 그렇기는 하지만 이러한 표현에 대해 당혹감을 느끼거나 틀렸다고 이의를 제기하지 않는다. 객관성이 부족한 표현임에도 불구하고, 사람들은 이 문장이 한 소녀의 맑고 반짝거리는 눈동자를 얘기하고 있다고 거부감 없이 받아들인다. 어떤 사람은 여기에 그치지 않고 봄날의 따사로운 느낌까지 곁들여 떠올릴 수도 있다. 물론 이 눈동자의 맑거나 반짝거림, 혹은 따사로움의 정도는, 이 표현을 받아들이는 사람들마다 제각각일 것이다. 또한 이 표현을 '5월의 눈동자'라고 바꿔 말한다면 이때의 느낌 역시 달라질 것이다. 그렇지만 이러한 개별성과 특수성, 그리고 다양성에도 불구하고, 이 표현은 적어도 표현 주체의 어떤 주관적인 느낌이나 독특한 정서의 표출로 받아들일 만하다. 또한 여기서 일상의 언어 사용과는 다른 신선함이나 독특함을 느끼게 되었다면, 새로운 미적 표현으로서의 가능성도 확인할 수 있다.

이러한 미적 표현은 일상적인 글에서도 어느 정도 가능하다. 그렇지만 일상적인 글은 아무래도 의사소통과 정보전달이라는, 언어의 기본적 기능에 충실하거나 적어도 우선한다고 보아야 자연스럽다. 이는 또한 어떤 감정이나 느낌을 기술하는 글에서도 마찬가지이다. 일상적인 글은 그 내용의 제시 자체에 더 주력하며 소통의 효용과 경제성도 고려한다. 그렇지만 창의적인 글에서는 그 내용뿐만 아니라 표현 자체에도 집중함으로써 정서의 극대화를 추구한다. 다음의 글 가)와 나)를 통해 일상적인 글과 창의적인 글의 차이를 살펴보기로 하자.

> 가) 어느 날 엄마는 열무 삼십 단을 이고 시장에 팔러 갔다가 늦도록 돌아오지 않는다. 아이는 혼자 집에서 숙제를 하며 엄마를 기다린다. 날은 저물고 비는 내리는데, 엄마는 늦도록 돌아오지 않아, 아이는 어둡고 무서워 빈방에 혼자 엎드려 운다. 오랜 세월이 흘러 이제 아이는 자라 어른이 되었지만, 그때 그 시절을 떠올리면 여전히 눈시울이 뜨거워진다.
>
> —기형도의 「엄마걱정」을 재구성함

글 가)는 어린아이가 혼자 집에서 엄마를 기다리던 경험을 제시하고 있다. 어렸을 때 학교에서 집에 돌아오면 대체로 엄마를 찾게 마련이다. 그때 엄마도 다른 가족도 아무도 집에 없다면, 아마 아이는 혼자 놀며 엄마를 기다리다가 그마저도 지쳐 어쩌면 울지도 모른다. 누구나 한두 번쯤 겪어보았음직한 어린 시절의 한 경험일 것이므로 이 글에 나타나는 정서나 분위기는 그리 낯설지 않을 것이다. 이 글이 제시하고 있는 내용이나 정보는 매우 단순하다. 시장에 간 엄마를 기다렸던 한 아이의 경험과, 그때 느꼈던 춥고 외롭고 무서웠던 정서가 표출되어 있을 뿐이다. 물론 이 글에는 직접 언급되어 있지 않지만, 주어진 정보만으로 몇 가지 부가적인 사항의 추정도 가능하다. 즉 아마 어머니와 아이 단 둘이 사는 가정일 것이며, 열무 삼십 단을 머리에 이고 시장에 내다 파는 행위를 통해, 가난하고 고단한 살림살이의 형편 역시 짐작할 수 있다. 그런데 이와 같은 경험과 정서의 제시만으로는 창의적인 글이라고 하기 어렵다. 정보나 내용의 전달만으로는 감각의 일깨움이나 공감의 정도가 미약하기 때문이다. 그런데 이 일상적인 글은 몇 가지 비유가 동원되고 표현의 묘미에 집중하면서, 그 정서가 극대화되어 보편적 공감을 이끌어내는 글로 변모한다.

나) 열무 삼십 단을 이고
시장에 간 우리 엄마
안 오시네, 해는 시든 지 오래
나는 찬밥처럼 방에 담겨
아무리 천천히 숙제를 해도
엄마 안 오시네, 배춧잎 같은 발소리 타박타박
안 들리네, 어둡고 무서워
금간 창 틈으로 고요히 빗소리
빈방에 혼자 엎드려 훌쩍거리던

아주 먼 옛날
지금도 내 눈시울을 뜨겁게 하는
그 시절, 내 유년의 윗목

—기형도, 「엄마걱정」

글 나)는 시작품의 형식적 특성이라고 할 수 있는 행갈이나 연갈이를 취하고 있으며, 이러한 미적 형식들 역시 나름의 역할을 수행할 것이다. 그렇지만 여기서는 우선 이를 고려하지 않고, 몇 가지 비유와 표현만을 살피기로 한다. 이를 통해서 일상의 글과는 다른 차원의 글쓰기가 이루어지는 사례를 살필 수 있기 때문이다. 우선 이 시에서 일상의 표현과 다른 부분을 추출해보면 다음과 같다.

① 해는 시든 지 오래(되었네).

② 나는 찬밥처럼 방에 담겨 아무리 천천히 숙제를 해도 엄마 안 오시네

③ 배춧잎 같은 발소리 타박타박 안 들리네

④ (돌이켜보면) 아주 먼 옛날(의 일이지만), 지금도 내 눈시울을 뜨겁게 하는 그 시절, 내 유년의 윗목(이었네.)

①의 일상적인 표현은 '날이 저물었다'거나 '해가 졌다'일 것이다. 우리말에서 '시들다'라는 동사는 식물이 말라 생기가 없어지는 경우에 가장 일반적으로 사용하는 말이다. 그런데 여기서는 해가 '시든 지 오래'되었다고 표현하고 있다. 자체로만 볼 때 이는 사실 일상의 언어생활에서도 더러 사용되는 표현이므로 크게 색다르다고 하기 어려울지 모른다. 그렇지만 이 글 전체를 통해 살펴보면 그 의미나 효과는 단순하지 않다. 이에 대해서는 ③과 관련하여 살펴보기로 하자.

②의 문장은 '혼자 방에 남아 숙제를 하며 기다렸지만, 엄마는 늦도록 안 오셨다'는 진술을 제시하고 있다. 그런데 아이는 혼자 방에 남아있는 자신을 '찬밥처럼 방에 담겨'라고 표현한다. 스스로를 '찬밥'이라 표현하고, 방을 밥그릇으로 여겨 '담겨' 있다고 하는데, 이러한 인식은 일상적인 것이 아니다. 또한 아이는 일부러 숙제를 천천히 한다. 얼핏 평범한 진술 같지만 이는 엄마를 기다리는 아이의 심사를 절실하게 제시해준다. 적어도 숙제를 하는 동안의 시간만큼은 엄마에 대한 기다림을 덜 수 있기 때문이다. 아이의 이러한 정서는 공감의 폭을 넓혀준다.

③의 표현은 발소리를 굳이 '배춧잎'에 비유하고 있다. 그런데 이 배춧잎은 아마 싱싱한 상태가 아니라 시들어 있다는 짐작이 가능하다. 열무 삼십 단을 이고 시장에 내다 팔며 생계를 꾸려가고 있는 엄마의 고단한 삶을 그려내기 위한 표현으로 읽을 수 있기 때문이다. 또한 이 비유는 이 작품의 앞부분에 표현된 '해는 시든지 오래'와도 호응을 이룬다. 이미 시들어 축 늘어져있는 배춧잎을 들어 발자국 소리를 나타냄으로써 엄마의 지치고 힘든 일상을 실감나게 구현하고 있는 것이다.

④에서 어른이 된 '나'는 그 시절을 '유년의 윗목'이라고 표현하고 있다. 어린 시절이 따

뜻한 아랫목처럼 느껴지려면, 그 시절에 어른들의 관심과 보살핌이 필요했을 것이다. 그렇지만 작품 속의 아이에게 어린 시절은, 늘 엄마를 기다리며 혼자 느껴야 했던, 가난하고 외롭고 춥고 무서웠던 기억으로 각인되어 있었던 모양이다. 그래서 '윗목'인 것이다. 이 '윗목'은 글의 앞부분에 제시된 '찬밥'의 이미지와도 잘 어울린다.

지금까지 글 가)와 나)를 통해 살펴본 바와 같이, 일상적인 글과 창의적인 글은 이처럼 그 표현의 묘미와 정서의 구현 정도를 통해 구별이 가능하다. 처음에 평범했던 글은 몇 가지 표현과 비유의 동원만으로도 이처럼 공감의 폭을 넓히고 정서를 극대화한다. 결국 일상적인 글이 의사소통이나 정보전달의 기능과 경제성에 더 주력한다면, 창의적인 글은 이에 그치지 않고 전달하고자 하는 내용을 둘러싼 분위기나 정서, 혹은 표현에도 집중하여 그 이상의 역할을 수행한다. 즉 분위기나 정서는 더욱 강화되고 공감의 폭 역시 훨씬 넓어져서 새로운 감각을 일깨우고 있는 것이다.

> 그러므로 생활 감각을 다시 갖기 위하여, 대상들을 느끼기 위하여, 돌이 정말로 돌이라는 것을 느끼기 위해 우리가 예술이라 부르는 것이 존재하는 것이다. 예술의 목적은 대상의 감각을 인식으로서가 아니라 시각으로서 부여하는 것이다. 예술의 기법이란 대상들의 특수화(낯설게하기, defamiliarization)의 기법이며, 그 형식을 애매하게 하는 기법이고, 시각의 어려움과 지속을 증가시키는 기법이다. 예술에 있어서 지각의 행위는 그 자체가 목적인 것이며 오래 끌어야 된다.
>
> — 슈클로프스키, 「기법으로서의 예술」, 츠베탕 토도로프 엮음, 김치수 옮김, 『러시아 형식주의』(이화문고 10), 이화여자대학교 출판부, 1997, 07쪽

기존의 습관적인 인식으로 인해 당연시되거나 간과되었던 대상은, 이제 새롭게 지각되기 시작한다. 흔히 문학이나 예술적인 글에서 요구하는 참신한 비유나 개성적인 표현은, 이 글에 나타나 있듯이, '사물에 대한 감각을 알려져 있는 대로가 아니라 지각되는 대로 부여하는 것'에 그 목적이 있다. 물론 이로 인해 처음에는 다소 이질적이거나 낯설게 여겨질 수도 있다. 제시된 글은 이러한 낯설게 하기의 과정에서 일정한 효과가 창출된다고 말하고 있다. 창의적 글쓰기 역시 기존의 알려져 있는 대로의 글쓰기가 아니라 새로운 글쓰기를 통해 습관적이고 무의식적인 우리의 지각이나 반응을 갱신하게 한다.

1.3. 창의적 상상력의 구현과 문학

인간이 글을 읽고 쓴다는 것은 대상을 인식하는 행위이고, 그것은 곧 '존재의 의미화'라고 할 수 있다. 무엇을 표현한다는 것은 그 대상을 인식하고 드러낸다는 것인데, 그 대상은 언어화되지 않으면 의미의 이해가 불가능하다. '언어는 존재의 집'이라는 널리 알려진 명제는, 이와 같이 언어로 표현되지 않은 존재는 인식되었다고 할 수 없다는 뜻에서 나온 것이다. 그렇지만 존재의 의미화 과정에는 근본적으로 복잡한 문제가 개입되어 있다. 글로 표현하기 이전의 존재론적 질서와 글로 표현한 의미론적 질서 사이에 차이가 발생하는 것이다. 다시 말해 글쓰기를 통해 인식했다고 생각했던 어떤 대상은, 사실은 글쓰기를 통해 이미 변질된 것일 뿐이다. 즉 언어는 의사표현과 정보전달의 유용한 도구이며 사물을 드러내는 수단이지만, 일단 언어화되면 그 대상 자체는 사라지고 언어 표현만 남게 된다. 그리고 그 언어 표현은 대상의 구체적인 질감을 갖지 못하고 추상화되며 일반화된다. 언어에 대한 이러한 인식은 일찍이 동양의 고전에도 나타나는데, 『역전易傳』에서 공자는 "글은 말을 다하지 못하고 말은 뜻을 다하지 못한다文不盡言 言不盡意"고 하여 말과 글의 한계를 지적한 바 있다.

존재와 언어의 이러한 관계 속에서도 일상적인 글과 창의적인 글의 차이를 살펴볼 수 있다. 일상적인 글이 추상적인 언어를 통해 습관화되고 자동화된 인식을 드러내는 데 그친다면, 창의적인 글은 거기에서 벗어나 어떤 체험이나 대상을 구체적으로 생생하게 그려내려 한다. 이를 위해서는 일반적인 상식과 논리에 기초를 둔 정형화된 일상의 글쓰기에서 벗어나, 대상을 새롭게 바라보고 그 질감을 구체적인 감각에 호소하여 드러내야 한다. 이때 창의적 상상력이 필요하다.

간단히 말해 상상력이란, 실제로 경험하지 않은 것을 마음속으로 떠올리거나 그려보는 힘을 뜻한다. 상상력은 흔히 이성적 사고와 대립되는 인간의 정신능력을 의미하며, 현실이나 사실의 세계와는 다른 인식을 가리키는 말로 널리 쓰이고 있다. 또한 주지하다시피 상상력은 모든 예술의 원천이기도 하다. 사실의 세계인 자연과 달리 예술은 상상적 창조의 세계인 것이다. 그러므로 사물이나 대상을 기존의 자동화되고 습관화된 인식 그대로 표현하는 게 아니라, 새로운 모습으로 형상화하는 데서 창의적 상상력이 구현된다.

이러한 상상력의 방식이 낯설다고 해서 당황할 필요는 없다. 낯설다는 것 자체가 바로 창의적 상상력이 갖는 속성이기 때문이다. 다음의 문학적 표현들 역시 일상적인 인식에서 벗어나 있는 창의적 상상력의 구현 사례라고 할 수 있다.

① 누님께서 더욱 아름다웠기 때문에 가을이 왔습니다

—고은, 「사치」

② 여름이 뜨거워서 매미가 / 우는 것이 아니라 매미가 울어서 / 여름이 뜨거운 것이다

—안도현, 「사랑」

③ 처음에는 바람이 나뭇잎을 흔드는 줄 알았지 / 그게 아니라 아주 오랜 기다림으로 스스로를 흔들어 / 바람도 햇살도 새들도 불러모은다는 것을

—강연호, 「세상의 모든 뿌리는 젖어 있다」

이 표현들은 모두 일상의 논리나 상식과는 다른 인식을 보여준다. ①에서 누님의 아름다움과 가을이 온 것과는 아무런 인과가 성립되지 않는다. ②에서 매미가 울어서 여름이 뜨겁다는 것이나, ③에서 나뭇잎이 스스로를 흔들어 바람을 불러 모은다는 인식 역시 전혀 논리에 맞지 않다. 이러한 표현에 익숙하지 않은 사람에게는 낯설고 이상하게 여겨질지도 모른다. 그렇지만 이 표현들은 각각 누님의 쓸쓸한 아름다움, 한여름 뜨겁게 우는 매미의 열정, 그리고 스스로를 흔들 만큼 간절한 기다림 등을 실감나게 보여준다. 결국 상상력은 일단 적절하고 효과적으로 구현되면, 그 의미에 대한 이해나 공감은 그리 어렵지 않다. 다만 일상의 논리나 상식과는 다른 차원에서 이루어지기 때문에 처음에는 익숙하지 않고 낯설게 여겨질 뿐이다.

이와 같은 상상력의 구현을 통해 어떤 사물이나 체험을 구체적으로 드러내어 그 본질에 다가서는 창의적 글쓰기는 흔히 문학 작품에서 가장 두드러진다. 다음의 작품을 통해 일상의 인식과는 다른 차원의 상상력에 대해 생각해보기로 하자.

내가 그리고 있는 기린은
네가 그리고 있는 기린과는
다를 수밖에 없다 엉터리 기린 그림이라고
너는 말하지만 그래 나는 기린 그림을
그린 것이 아니라 기린을 그렸다
너의 기린이 점점 형체를 갖추면서
나무의 잎사귀와 열매를 따먹으며

너의 붓 끝에 사로잡히는 동안에도
나의 기린은 점점 자라 화폭을 뚫고
이젤을 넘어뜨리곤 시멘트 바닥에
선명한 발자국을 남기며 걸어간다

—구광본, 「기린」

이 작품에서 '나의 기린 그림'은 '너의 기린 그림'에 비해 엉터리일 수도 있다. 가령 목이 짧거나 다리가 뭉툭할 수도 있다. 반면에 '너의 기린 그림'은 누구나 기린이라는 것을 알 수 있을 정도로 잘 그려졌을 수 있다. 문제는 여기에 있다. 누구나 기린이라고 알 수 있는 그림은 자동화되고 습관화된 인식에 바탕을 둔 그림일 뿐이라는 것이다. 그래서 '너의 기린'은 화폭 속에 그냥 그림으로 있다. 그러나 '나의 기린'은 단순히 그림으로 끝나지 않고 마침내 화폭을 뚫고 나와 걸어간다.

물론 현실의 차원에서 보면 이것은 불가능한 환상이다. 그렇지만 예술의 차원에서 보면 이것은 구체적이며 생생하게 살아있는 생명체로서의 기린을 새롭게 창조한 것이다. 무엇인가를 표현하는 것이 모든 예술 행위의 출발이라면, 이처럼 생생하게 표현하는 것은 또한 모든 예술적 창조의 궁극적인 지향이다. 이처럼 창의적 상상력을 동원한 글쓰기 역시 결국 언어의 불완전성을 뛰어넘어 대상을 생생하게 드러내려는 작업의 일환인 것이다.

앞에서 이미 언급했듯이 창의적 글쓰기는 문학이라는 창조적인 예술 양식과 밀접한 관련을 맺고 있다. 기존의 일상적 글쓰기와 다른 차원에서의 글쓰기를 시도한다는 점에서, 창의적 글쓰기는 문학에서의 글쓰기와 상통하는 부분이 적지 않다. 하지만 모든 창의적 글쓰기가 반드시 문학에서의 글쓰기를 통해서만 구현되는 것은 아니다. 창의적 글쓰기는 일상의 글쓰기뿐만 아니라 인문 과학, 사회 과학, 자연 과학, 그리고 예술 일반의 글쓰기를 통해서도 구현이 가능하다.

지구의 45억 년 역사에서 우리의 존재가 얼마나 최근에 등장한 것인가를 더 잘 이해하려면, 두 팔을 완전히 펴고, 그것이 지구의 역사 전체를 나타낸다고 생각해보는 것이다. 맥피의 「분지와 산맥」에 따르면, 그런 잣대에서 한 손의 손톱 끝에서부터 다른 손의 손목까지가 선캄브리아기에 해당한다. 고등 생물은 모두 손바닥 안에서 생겨났고, "인간의 모든 역사는 손톱줄로 손톱을 다듬을 때 떨어져나오는 중간 크기의 손톱 부스러기 하나에 들어가 버린다."

다행히 재앙의 순간은 아직 다가오지 않았지만, 그런 순간이 다가올 가능성은 높은 편이다.

> 이 시점에서 우울한 사실을 밝히고 싶지는 않지만, 지구에 살고 있는 생명에게는 아주 중요한 특성이 있다. 그것이 바로 멸종이다.
>
> (…중략…)
>
> 우리가 살아 있는 도도새를 만났던 기간은 겨우 7년뿐이었다. 이미 당시에 우리의 돌이킬 수 없는 멸종 역사는 수천 년에 이르렀지만, 그것은 숨이 막힐 정도로 짧은 기간이다. 인간이 얼마나 파괴적이었던가는 아무도 정확하게 모르지만, 지난 5만 년 정도의 세월 동안 우리가 가는 곳이면 어디에서나 짐승들이 사라져버렸고, 그것도 놀랄 만큼 엄청난 수의 동물들이 사라졌다.
>
> 아메리카에서는 1만 년에서 2만 년 전 사이에 현대 인류가 대륙에 발을 들여놓는 순간부터 30속(屬)의 대형 동물들이 사라졌다. 그중에서는 정말 거대한 짐승들도 있었다. 북아메리카와 남아메리카 전체에서 뾰족한 창과 고도의 조직력을 갖춘 인간 사냥꾼이 도착하면서 대형 동물의 4분의 3이 사라졌다. 오랫동안 인간에 대한 경계심을 키울 수 있었던 유럽과 아시아에서도 대형 동물들 중에서 3분의 1에서 절반 사이가 멸종되었다. 오스트레일리아는 정반대의 이유 때문에 95퍼센트 이상이 사라져버렸다.
>
> —빌 브라이슨, 이덕환 옮김, 『거의 모든 것의 역사』, 까치, 2003, 354쪽 및 491~492쪽

이 글을 통해 우리는 지구라는 행성의 역사가 얼마나 오래 되었으며, 인간이라는 고등한 생명체는 대략 언제부터 지구에 존재하게 되었는지를 알게 된다. 또한 인간으로 인해 지구상에서 사라져간 생명체들의 수효가 얼마나 많은지에 대해서도 정보를 제공받는다. 그런데 이 글은 자칫 무미건조하거나 따분했을지도 모를 숫자나 통계를 단순히 전달하는 데만 그치지 않는다. 이 글은 지구상의 모든 생명체와 생태에 대한 인간의 그동안의 행태를 고발하면서 동시에 앞으로의 관심과 존중을 촉구하는 데 초점이 맞춰져 있다. 지구상에서 그리 오랜 역사도 갖지 못한 인간이라는 존재가 그동안 다른 생명체들에게 얼마나 잔인했거나 혹은 아예 무심했는지를 탓하고 있는 것이다. 적절한 비유나 극적인 사례 제시를 통해 이 글은 과학적 숫자나 통계 나열 이상의 공감을 이끌어내고 있다.

1.4. 새로운 글쓰기를 위한 제안

지금까지의 습관적이고 자동화된 인식에서 벗어나 창의적인 상상력을 구현하는 것이 그리 간단하고 쉬운 일은 아니다. 창의적 글쓰기의 능력을 함양하기 위해 여러 가지 방법

이 고려될 수 있을 것이다. 그렇지만 어떠한 방법도, 좋은 글을 많이 읽고 많이 써보며 많이 생각해보는 것보다 더 효과적이지는 않다. 그래도 다음의 몇 가지 사항들은 기존의 글쓰기 방식에서 벗어나 새로운 글쓰기를 시도하기 위한 제안이 될 만하다. 물론 유념해야 할 것은 이 제안들이 다만 도움이 될 뿐 결코 절대적인 것은 아니라는 점이다.

① 창의적인 착상이나 상상력의 출발을 거창하게 생각하지 않는다. 사실 모든 창의적 상상력은 처음부터 낯설거나 어려운 것이 아닐 수도 있다. 어쩌면 사람들이 점점 이러한 경험에서 멀어지고 무뎌져서 나날의 되풀이되는 일상에 묻혀 지내고 있기 때문에 낯설고 어렵게 느껴지는 것인지도 모른다. 아마 감수성이 예민했던 사춘기 시절, 연습장이나 일기장에 순간적으로 스치는 단상이나 느낌, 혹은 시적인 표현 같은 것을 나름대로 적어본 적이 있었을 것이다. 유명 문학 작품의 멋진 구절을 베껴보거나, 가령 연애편지 같은 글에 종종 인용하기도 했을 것이다. 이러한 경험들과 창의적인 착상이나 상상력은 밀접하게 관련되어 있다. 이 경험의 한 순간 세상은 문득 새롭게 느껴지고 삶은 환하게 반짝거린다. 이때 스쳐가는 느낌을 포착하는 것이 바로 창의적 상상력의 출발이다. 창의적 상상력은 기존의 상식이나 논리에 의해 대상을 분석하는 게 아니라, 특유의 직관과 감수성으로 다가가 순간적인 포착을 통해 표현하는 것이다. 어린아이에게 세상의 모든 것이 경이이듯, 그동안 무심하게 지나쳤던 일상의 내밀한 단면이 제 모습을 드러내 새삼스럽게 인식되기 시작하는 것이다.

② 일상적 인식을 비틀어본다. 거꾸로 반대로 혹은 삐딱하게 생각해본다. 창의적 상상력의 구현을 위해 여러 가지 방법이 동원될 수 있는데, 그중에서도 이른바 역전의 사고, 혹은 전도된 발상을 통한 형상화에 주목할 필요가 있다. 일찍이 영국의 철학자 베이컨은 상상력에 대해 '자연이 분리해 놓은 것을 결합시키고, 자연이 결합해 놓은 것을 분리시키는 힘'이라고 정의한 바 있다. 이러한 정의는 모든 예술적 창조의 원천으로서 상상력이 작용하는 속성을 잘 보여준다. 자연은 사실의 세계이고, 문학은 상상의 세계라는 점에서, 역발상을 통한 상상력이 곧 창조적인 상상력이 될 수 있는 것이다. 기존의 습관적이고 자동화된 인식과는 다른 차원에서의 인식을 시도하는 데서 창의적 상상력이 비롯된다. 그러자면 지금까지와는 달리, 거꾸로, 반대로, 혹은 실제 현실에서 벗어나 대상을 파악할 필요가 있다.

③ 마음의 극장theater of mind을 설정한다. 마음의 극장 설정이란, 말 그대로 마음속에 가상

의 극장과 무대를 설치하는 것을 말한다. 글을 쓰는 것은 마치 한편의 드라마를 가상으로 공연하는 것이기도 하다. 무대와 배우와 관객, 그리고 이 모든 상황을 지휘하는 연출자가 마음속에서 제각기 맡은 역할을 수행한다. 물론 이때 글을 쓰는 자신이 이 드라마의 연출가이자 연기자이며 또한 동시에 관객이기도 하다. 극장의 무대를 진두지휘하거나 때로 직접 뛰어들어 연기에 몰입하면서 글쓰기를 수행할 때, 상황의 실감과 표현의 생생함은 두드러진다. 이러한 극장의 설정은 비단 글쓰기뿐만 아니라, 향유로서의 글읽기에도 유용하다. 특히 문학 작품과 같이 정서에 호소하는 글은 비평적인 거리를 유지하기보다는 그 속에 빠져들어야 더 공감할 수 있다. 이는 유머를 즐기려면 스스로 웃을 준비가 되어 있어야 하는 것과 같으며, 공포 영화의 공포를 즐기려면 영화 속의 인물 뒤에 다가서고 있는 위험을 내 위험으로 간주해야 하는 것과도 다르지 않다.

④ 세부細部, 즉 디테일을 중시한다. 창의적인 글은 전자제품의 사용설명서나 과학에서의 실험보고서와 다르다. 창의적인 글은 또한 엄격한 육하원칙에 입각한 정보전달의 신문기사도 아니다. 정보를 전달하거나 입증을 하는 글이 아닌 것이다. 그것은 대신에 논리로는 설명할 수 없는 주관적인 느낌과 미묘한 정서의 결을 담아내야 한다. 그래서 대부분의 좋은 작가들은 남들이 관심을 보이지 않거나 무심하게 지나치는 세세한 것들에 주목한다. 가령 식탁 위에 흘린 김칫국물 한 방울이나 쓰레기통에 구겨 던진 종이컵 하나에서 문득 인생의 축도나 삶의 비밀을 발견하기도 하는 것이다. 그것이 바로 세부이되, 삶의 축도로서의 세부이며, 이러한 세부에 집중할 줄 아는 능력이 곧 창의적 글쓰기를 가능하게 한다. 나비효과butterfly effect라는 것이 있다. 가령 베이징에서의 나비 날갯짓이 지구 반대편인 뉴욕에서 태풍이 될 수도 있다는 이론이다. 이러한 나비효과는 창의적 글쓰기에서도 작용한다. 아주 하찮을지도 모를 세부에 집중하는 것이 창의적 상상력의 구현과 글쓰기에 유용한 방법이 되기도 한다.

⑤ 감각을 동원한다. 익히 알려져 있듯이 시각, 청각, 후각, 미각, 촉각, 그리고 공감각 등 직접 인지할 수 있는 온갖 종류의 감각에 호소하는 표현들은 어떤 추상적인 글보다 구체적이며 생생하다. 감각을 동원하면 이른바 언어로 그려진 그림, 즉 이미지가 창조된다. 예를 들어 외로움, 쓸쓸함, 고독 등의 감정을 글로 나타낼 때, '외롭다', '쓸쓸하다', '고독하다'라고 말해서는 공감을 이끌어내기가 쉽지 않다. 이들은 모두 추상적인 표현들이기 때문이다. 그렇다면 가령 '텅 빈 골목의 외등처럼 서 있었다'라고 하면 어떨까. 잔뜩 기대감에 부

픈 감정 역시 그냥 '기쁘다', '즐겁다' 등으로 표현할 게 아니다. '풍선껌처럼 부풀었다'라거나 '오색 비누방울마냥 날아올랐다' 등은 어떨까. 외등이나 풍선껌이나 비누방울의 구체적인 그림이 그려질 때 비로소 표현은 생생해지고 느낌의 미묘한 결은 직접 감각에 와 닿는다. 감각의 생생함은 곧 표현의 생생함으로 이어진다.

⑥ 말하지 말고 보여준다. 글쓰기와 관련하여 널리 알려져 있는 격언의 하나는 직접 말하지 말고 보여주어야 한다는 것이다. 이는 앞서 언급한, 감각의 동원과도 관련을 맺는 사항이다. 특히 문학 작품과 같은 예술적인 글은 말하기의 방식보다는 보여주기의 방식을 선호한다. 이를 위해서는 추상적인 설명이나 표현을 그냥 쓸 것이 아니라 그것이 구체적인 그림이나 영상으로 나타나도록 바꿔보려는 시도를 해야 한다.

⑦ 의인화, 의물화에 관심을 기울인다. 의인화는 사물이나 추상적인 개념에 인간적인 요소를 부여하여 표현하는 방식이다. 의인화는 이런 점에서 만물에 영성이 깃들어 있다는 물활론적 사유나 애니미즘과도 깊은 관련을 맺고 있다. 의인화는 그 자체로 대상을 생동감 있게 만들 뿐만 아니라 기존의 관습에서 벗어나 새로운 표현의 묘미까지 생성하기도 한다. 그렇다면 반대로 인간이나 살아있는 생명체를 사물이나 추상적인 개념으로 바꾸는 의물화 역시 두드러진 표현의 효과를 달성할 수 있을 것이다.

⑧ 동심으로 인식한다. 널리 알려져 있는 『어린 왕자』의 첫머리에 나오는 그림을 기억해보자. 화가를 꿈꾸었던 한 아이가 화가의 꿈을 포기하게 된 계기는 한 장의 그림 때문이었다. 아이는 코끼리를 삼킨 보어뱀을 그려 어른들에게 보여주며 무섭지 않느냐고 묻는다. 뱀의 뱃속에 코끼리가 들어있는 이 그림은, 그렇지만 어른들의 인식 속에서는 그냥 단순히 모자로 보일 뿐이다. 이 일화는 세상의 경이와 신비에 대해 점차 무감각해지고 자동화되고 습관화된 인식 속에서 살아가는 어른들의 세계를 꼬집고 있다. 이런 점에서 동심의 발견은 자동화되고 습관화된 우리의 인식을 다시 일깨우는 데 유용하다. 흔히 사춘기나 문학청년 시절에는 문학 작품이나 시를 곧잘 읽다가도 사회에서 어른으로서의 삶을 살면서는 점차 무감각해지고 탈시화脫詩化하는 경향과도 관련지어 생각해볼 만한 사항이다.

⑨ 용감한 비교의 표현이 수사나 비유를 탁월하게 한다. 비유란 간단히 말해 비교에 의한 사물 이해의 방식이다. 비유가 성립하려면 표현하려는 원래의 대상과 표현을 위해 동원된

대상을 서로 연결시키는 근거가 필요하다. 흔히 유사성이나 인접성의 근거에 의해 비유가 성립된다. 그렇지만 수사나 비유는 이미 만들어진 것을 사용하는 경우보다는 그것을 독자적으로 새롭게 생성시키는 경우에 더 참신해지고 표현 효과 역시 커진다. 그러자면 기존의 소극적이며 예측 가능한 비교에서 벗어나 용감해질 필요가 있다. 이를 위해서는 연습이 필요하다. 가령 종이를 반 접어서 왼쪽에는 명사를, 오른쪽에는 동사나 형용사를, 그냥 머리에 떠오르는 대로 각각 다섯 개씩 적어 본다. 다음에는 종이를 펼치고 왼쪽의 단어와 오른쪽의 단어를 무작정 연결해보라. 처음에는 어색할지 모르지만 용감한 비교의 표현이 이렇게 시작될 수 있다.

⑩ 대상의 구체적인 이름을 불러준다. 그냥 보통명사로서의 꽃이나 나무나 새가 아니라, 어떤 꽃인지 어떤 나무인지 어떤 새인지를 고유명사로 직접 불러줄 때, 구체적이며 생생한 구현이 시작되는 것이다. 그래서 꽃이 아니라 장미, 수선화, 제비꽃이라고 해야 하며, 나무가 아니라 자작나무, 갈매나무, 물푸레나무라고 불러주어야 하며, 새가 아니라 제비, 청둥오리, 물총새라고 직접 거명해야 하는 것이다.

⑪ 인간 삶의 양면성 혹은 다양성에 대해 생각해본다. 삶의 위대함에 대한 경외나, 혹은 반대로 삶의 왜소함에 대한 연민을 복합적으로 인식할 때, 철학적인 성찰이 가능해진다. 인간 삶에 대한 경외와 연민이야말로 글쓰기의 중요한 요소라고 할 수 있다. 인간 삶의 이면에는 겉으로 드러나지 않은 다면적인 모습이 자리 잡고 있다. 중요한 것은 어떤 인간도 전적으로 고결하기만 한 것은 아니며, 반대로 어떤 인간도 전적으로 저급하기만 한 것은 아니라는 점이다. 문학 작품이나 예술적인 글뿐만 아니라 모든 글쓰기는 결국은 인간의 삶에 대한 성찰에 이를 수 있을 때 그 진정한 의미를 갖는다.

Exercise 연습문제

1. 지금까지 자신이 읽었던 글들 중에서 가장 창의적이며 인상적이었다고 판단되는 글을 찾아 소개하고 왜 그렇게 생각하는지 자신의 의견을 발표해 보자.

2. 다음의 작품을 읽고 물음에 답해 보자.

시간이 늘어지는 일요일 오후, 〈언어〉보다 〈言語〉가 더 단단한 집이라고 사유할 때 아이는 몇 개의 레고블록으로 기둥을 세우고 그것을 집이라 하고 거북이라고도 하고 사자라고도 한다. 레고블록 몇 개로 집을 짓고 거북이를 만들고 사자를 만드는 저 손끝의 사유, 아이는 언어의 집을 짓지 않는다. 금방 무너져내리는 레고블록 사이로 노오란 사유로 물든 내 언어는 땅에 떨어지고 거북이는 나뭇잎 무늬를 가진 바다로 느릿느릿 기어가고, 사자는 푸른 달빛 비치는 초원으로 달아나고 아이는 언어의 집을 짓지 않는다. 내가 그물 같은 언어로 세상을 만들고 나를 만들고 그리움을 만들 때도 아이는 언어의 집을 짓지 않는다. 나는 몇 개의 단단한 기둥을 세운다. 그것을 날개 달린 사랑이라고 이름을 붙이고, 단단한 추억이라고 이름을 붙이고 무너지는 소망이라고 이름을 붙일 때 아이는 몇 개의 기둥을 세웠다 다시 무너뜨린다. 아이의 손 끝에 내가 짓던 언어의 집이 흔들린다.

—정찬일, 「언어의 집」

1) 위의 작품에서 '나'는 언어를 사용하여 무엇인가를 표현하고 있으며, '아이' 역시 레고블록으로 무엇인가를 만들어 놀고 있다. '나'의 글쓰기와 '아이'의 레고블록 놀이를, 존재와 표현의 차원에서 비교해 보자.
2) 위의 작품은 앞서 제시되었던 구광본의 「기린」과 관련시켜 살펴볼 만하다. 「언어의 집」과 「기린」이 어떤 점에서 서로 관련을 맺고 있는지 설명해 보자.
3) 위의 작품은 '언어는 존재의 집'이라는 하이데거의 명제를 상기시켜 준다. 이 말의 의미에 대해 알아보자.

3. 앞서 제시되었던 작품 기형도의 「엄마 걱정」과 같이, 각자 지금도 눈시울을 뜨겁게 하는 어린 시절의 경험을 바탕으로 하는 글을 한 편 써 보자.

4. 속담에 "손톱은 슬플 때 자라고 발톱은 기쁠 때 자란다"는 말이 있다. 이 속담의 표면적 의미는 물론 상식이나 과학의 논리와는 맞지 않는다. 이 속담이 어느 경우에 쓰이는지 그 속뜻을 알아보고, 이와 관련하여 인간 삶의 본질에 대해 성찰해 보자.

2. 표현과 수사

2.1. 문체와 수사

모든 글쓰기는 결국 무엇을 어떻게 쓸 것인가의 문제에 대한 성찰을 통해 이루어진다. 여기서 '무엇'에 해당되는 것을 흔히 내용이라고 하고, '어떻게'에 해당되는 것을 흔히 형식이라고 한다. 좋은 글은 당연하게도 좋은 내용이 좋은 형식에 담길 때 가장 바람직한 결과를 보여준다. 한 편의 글이 갖고 있는 완성도에 대해 언급하기 위해, 흔히 내용과 형식을 나누어 살피는 경향이 있다. 예를 들어 내용은 좋은데 형식이 나쁘다든지, 형식은 그럴 듯한데 내용이 썩 좋지 않다든지 하는 식의, 분리를 전제로 한 평가가 그것이다. 내용과 형식을 이와 같이 나누어 살피는 것은 물론 설명의 편의를 위해서일 뿐이다. 한 편의 좋은 글은 내용과 형식이 한데 어우러져 조화를 이루면서 그 총체적인 완성도를 지향한다. 그래서 어느 한쪽만 좋거나 반대로 어느 한쪽이 상대적으로 좋지 않다는 식의 평가가 실제로도 가능하다면, 그것은 이미 좋은 글이 아니라는 사실을 다시 확인시켜 줄 뿐이다.

그렇지만 내용은 같다고 하더라도 글을 전개하는 방식까지 한결 같을 수는 없는 법이다. 다시 말해 같은 내용이라고 하더라도 그것을 어떻게 표현하느냐에 따라 그 느낌은 분명히 달라지게 마련이다. 우리말 속담에 "아 다르고 어 다르다"는 말이나, 혹은 "말 한 마디로 천 냥 빚을 갚는다"는 말이 있다. 이 속담들은 인간의 삶에서 말과 글을 잘 구사하는 능력이 차지하는 비중이 매우 높다는 사실을 말해주지만, 특히 그중에서도 전달 내용 자체보다는 그 표현 방식의 중요성을 강조하는 뜻을 담고 있다. 글쓰기에서 표현의 문제는 단순히 내용을 밝히는 과정에서의 장식이나 부가적인 차원에서만 작용하는 게 아니라, 글의 정확성과 적절성에 기여하는 중요한 역할을 담당한다. 특히 창의적 글쓰기에서는 그 심미적 차원에서의 완성도를 위해 표현의 문제가 더욱 강조될 필요가 있다.

문체와 수사는 이러한 표현의 문제에서 가장 먼저 다루어지는 요소들이다.

문체와 수사는 원래 오랜 학문의 영역인 고전적 수사학의 하위 분야이다. 고대 그리스 시대에 수사학은 이미 그 중요성이 강조되어 변론이나 웅변의 기술로서 자리를 잡고 있었다. 남의 마음을 움직이고 설득하기 위한 화술의 성격을 갖고 있었던 것이다. 그런데 수사학의 이러한 설득으로서의 속성은 오랜 세월을 거치면서 오히려 수사학 자체에 대한 부정적인 인식을 낳는 데 일조한다. 논리학이나 자연과학 등의 객관적 논리와 추론에 밀리면서 수사학은 그 위세를 잃을 수밖에 없게 된다. 흔히 '교언영색巧言令色'이나 '미사여구美辭麗句' 등의 표현에서 느껴지는 부정적인 인식도 이와 관련되어 있다. 결국 전통적인 수사학에서 오늘날까지 의미를 갖고 있는 것은 문체와 수사(수사법) 정도라고 하겠다.

문체는 그 용어의 개념이나 쓰임의 폭이 매우 넓고 다양해서 특정하기 쉽지 않다. 가장 일반적인 것은 필자의 사상이나 개성이 나타나는 글의 체재, 문장의 양식을 말한다. 문체를 구성하는 요소들은 복합적으로 문장에 얽혀있다. 동일한 내용을 쓴 문장이라고 하더라도 필자에 따라 다른 인상을 주게 되는데, 이것은 바로 문체의 차이 때문이다. 이렇게 보면 문체는 흔히 글쓰기에서 필자의 개성, 즉 '글버릇'이나 '글투' 정도를 의미한다고 하겠다. 그렇지만 문체는 또한 표현의 기술을 의미하기도 한다. 같은 내용이라고 하더라도 어떤 단어나 어휘, 혹은 문장을 선택하고 그것을 적절하게 배열했느냐에 따라 표현의 묘미나 전달의 효과는 달라질 수밖에 없다. 이때 표현의 묘미나 전달의 효과를 극대화하기 위해 사용하는 기술 일체를 가리켜 문체라고 규정하기도 한다. 그렇다면 이때의 문체는 '글솜씨' 정도를 의미한다고 하겠다. 결국 문체를 글버릇으로 보면 필자 특유의 개성을 강조하는 것이고, 글솜씨로 보면 글쓰기의 기술이나 필력을 강조하는 것이다.

한편 문체는 개인에 따라서 다르게 형성되기도 하지만, 시대나 사회나 장르에 따라서도 변별되는 양상을 갖는다. 앞의 경우를 개성적 문체라고 한다면, 뒤의 경우를 유형적 문체라고 한다. 국어의 유형적 문체는 기재 형식에 따라 한문체, 서기체, 이두체, 향찰체, 구결체, 국문체 등의 구분이 가능하고, 사용 어휘나 어법에 따라 문어체, 구어체 등이나, 국문체, 한문체, 국한문혼용체 등의 구분도 있다. 또 기술 방식에 따라 설명체, 논증체, 묘사체, 서사체 등이 있으며, 문학의 장르에 따라 문체가 나뉘기도 한다. 결국 하나의 문체는 필자의 개인적 특수성이 드러나는 개성적 문체와, 그 글과 관련되어 있는 외적 상황 등에 따른 유형적 문체가 적절하게 융합되어 있다.

우리에게 널리 알려져 있는 문체의 분류는 이태준의 『문장강화』(1940)에 나타나 있는 문체론에서 비롯되어 오늘에 이르고 있다. 즉 간결체, 만연체, 강건체, 우유체, 건조체, 화려체 등으로 나누는 방식이 그것이다. 이는 문체를 개성적 문체의 입장에서 나눈 것일 뿐 유형적 문체에 대한 고려는 배제되어 있다. 사실 문체의 분류는 논자에 따라 각기 다른 기준을 제시하고 있지만 대부분은 자의적이거나 인상에 의존하는 경우가 많다. 중요한 것은 문체의 분류 자체가 아니라, 각각의 글의 갖고 있는 개성적 면모의 파악이라고 하겠다.

한편, 흔히 말과 글을 잘 구사하는 능력이나 기술을 가리켜 수사라고 한다. 수사란 글의 전달성을 높이기 위해 사용하는 여러 가지 표현의 방식을 일컫는 용어이다. 이 용어는 글을 잘 꾸미는 능력이라는 개념으로 포괄적으로 쓰이기도 하고, 그중에서도 글을 잘 꾸미는 구체적인 여러 방법, 즉 수사법을 뜻하는 것으로 제한하여 사용되기도 한다. 전통적인 수사학에서는 문체의 하위 범주 중에 수사법이 있었는데, 오늘날에는 수사학의 중심 요소로 수사법이 자리 잡고 있다. 수사, 수사학, 수사법 등과 같은 용어의 혼란은 이렇게 정리할 수 있다.

원래 말이나 글은 표현의 논리적인 정확성만을 추구하는 게 아니라 정서적인 적절성도 함께 추구한다. 이때 표현의 적절성이나 효과에 집중하기 위해서는 수사가 중요한 역할을 담당한다. 특히 문학이나 예술적인 글에서 수사의 위상은 매우 높다. 이런 종류의 글은 단순히 정보나 지식을 주는 글이 아니라 글을 아름답게 꾸밈으로서 전달과 향유의 효과를 키우고, 또한 그 자체로 표현의 묘미를 즐기게도 해주기 때문이다. 그렇지만 수사가 동원되지 않는 글이 자칫 메마르게 되는 것과 마찬가지로, 지나친 수사 역시 뜻을 흐리게 하고 진의를 의심받을 수 있다. 중요한 것은 과유불급過猶不及이라고, 즉 지나침은 미치지 못함과 같다는 데 있다. 실제의 글쓰기 훈련 과정을 통해 보면, 건조하게 전개되는 글보다 지나친 수사의 글이 오히려 더 큰 문제점을 낳는 경우도 적지 않다.

수사는 크게 비유와 강조와 변화의 세 가지 차원에서 이루어지며, 수사법의 분류 역시 이를 기준으로 하는 것이 일반적이다.

비유법: 직유법, 은유법, 풍유법, 의인법, 대유법(환유법, 제유법)
강조법: 과장법, 반복법, 영탄법, 열거법, 점층법, 점강법, 대조법
변화법: 도치법, 인용법, 설의법, 대구법, 반어법, 생략법

비유법은 표현 대상을 좀 더 효과적으로 표현하기 위해 다른 대상에 빗대어 표현하는 것을 말하며 직유법, 은유법, 대유법, 풍유법 등이 이에 속한다. 강조법은 어떤 부분을 특별히 강조하거나 두드러지게 하여 뚜렷한 인상을 나타나게 하는 수사법으로 과장법, 반복

법, 영탄법, 점층법 등이 있다. 변화법은 문장을 생기 있게 하기 위해 변화를 주는 수사법으로 도치법, 인용법, 대구법 등이 있다.

문체나 수사의 종류는 논자에 따라 몇 백 개에 이를 정도로 다양하고, 구분하는 방식 또한 여러 가지이다. 그런데 지금까지 문체와 수사에 대해 간략히 알아보았듯이 전통적인 수사학의 맥을 잇는 지나친 분류학은 장점보다는 폐해가 더 커서 자칫 수사학 자체의 효용을 의심하게 만들기도 한다. 현대 수사학에서는 분류의 충동을 가능한 한 억제한 상태에서 그 구조와 원리를 탐색하려는 시도가 주를 이루고 있다.

수사법은 문장에 있어서 언어의 적절한 표현법이 되고, 이러한 문장이 모여 글의 문체가 형성된다. 즉 내용을 효과적으로 전달하기 위한 수사법을 활용하는 방법과 과정에 있어서 필자의 개성이나 특색이 드러나게 마련인데, 이것이 곧 문체라 할 수 있다.

흔히 문학이나 예술적인 글에서는 개성적인 문체와 참신한 수사를 강조한다. 기존의 습관적인 지각이나 인식으로 인해 당연시되거나 간과되었던 대상은, 개성적인 문체와 참신한 수사로 인해 잠시 낯설어진다. 이 과정에서 일정한 예술적 효과가 창출된다. 다시 말해 낯설게 하기의 과정에서 언어를 극적으로 인식하게 되고 동시에 습관적이고 무의식적인 우리의 지각이나 반응 역시 새로워지는 것이다. 다음의 글은 참신한 수사와 표현을 동원하여 감각적이면서도 개성적인 문체를 창출하고 있다.

> 조선달 편을 바라는 보았으나 물론 미안해서가 아니라 달빛에 감동하여서였다. 이지러는 졌으나 보름을 갓 지난 달은 부드러운 빛을 흐뭇이 흘리고 있다. 내와까지는 팔십 리의 밤길, 고개를 둘이나 넘고 개울을 하나 건너고, 벌판과 산길을 걸어야 된다. 길은 지금 긴 산허리에 걸려 있다. 밤중을 지난 무렵인지 죽은 듯이 고요한 속에서 짐승 같은 달의 숨소리가 손에 잡힐 듯이 들리며, 콩포기와 옥수수 잎새가 달에 푸르게 젖었다. 산허리는 온통 메밀밭이어서 피기 시작한 꽃이 소금을 뿌린 듯이 흐뭇한 달빛에 숨이 막힐 지경이다. 붉은 대궁이 향기같이 애잔하고 나귀들의 걸음도 시원하다. 길이 좁은 까닭에 세 사람은 나귀를 타고 외줄로 늘어섰다. 방울 소리가 시원스럽게 딸랑딸랑 메밀밭께로 흘러간다. 앞장선 허생원의 이야기 소리는 꽁무니에 선 동이에게는 확적히는 안 들렸으나, 그는 그대로 개운한 제 멋에 적적하지는 않았다.
>
> —이효석, 「메밀꽃 필 무렵」

이 아름다운 글은 메밀꽃 핀 밤길 풍경을 거의 모든 감각을 동원하여 선명하게 그려내고 있다. 즉 "달은 부드러운 빛을 흐뭇이 흘리고 있다", "짐승 같은 달의 숨소리가 손에 잡힐 듯이 들리며", "피기 시작한 꽃이 소금을 뿌린 듯이 흐뭇한 달빛" 등의 표현이 그것이다. 이로 인해 메밀꽃이 흐드러진 밤길의 정경을 마치 눈에 잡힐 듯, 손에 만져질 듯, 귀에 들릴 듯, 숨이 막힐 듯 생생하게 제시해주고 있는 것이다.

2.2. 심상과 비유

언어는 추상적이며 관념적인 기호의 체계이다. 어떤 느낌이나 대상을 언어로 표현할 때 우리는 이미 그 느낌이나 대상이 갖는 구체적인 질감을 있는 그대로 제시하는 것이 아니라 추상적이며 관념적인 기호로 대치하여 드러내는 셈이다. 또한 언어는 인간의 다양하면서도 미묘한 생각이나 느낌에 비해 그 표현이나 어휘 수가 제한되어 있다. 이는 감정과 어휘의 관계를 비교해보면 금방 드러난다. 아울러 언어는 사회의 약속이므로 어느 개인에 의해 임의로 변개될 수 없다. 즉, 언어는 음악에서의 소리나 미술에서의 색과 같이 자의적으로 바꿀 수 없는 것이다. 심상과 비유는 이러한 언어의 한계를 극복하고 대상의 질감을 생생하게 전달하려는 과정에서 이루어지는 표현 형식이다. 일상생활에서도 이러한 심상과 비유는 곧잘 사용되지만, 특히 그 효용을 극대화하면서 동시에 표현 자체의 묘미까지 즐기도록 하는 것은 역시 문학이나 창의적인 글에서 주로 이루어진다.

심상心象은 이미지의 우리말로서 말 그대로 '마음속에 그려진 그림'이라는 의미를 갖고 있다. 흔히 이미지라는 용어가 폭넓게 받아들여지고 있는데, 간단히 말해 상상력을 통해 어떤 영상이 머리에 떠오른 것을 심상 또는 이미지라고 한다. 이미지는 흔히 '언어로 그려진 그림word picture'이라고도 하며, '정신 속에 기록되는 감각적 모습', 혹은 '마음의 거울에 비친 그림'이라고 정의되기도 한다. 어떤 사물이나 대상, 혹은 관념에 대해 이러저러한 모습이 떠오른 것을 언어로 표현했을 때, 우리는 이미지가 구현되었다고 한다. 예를 들어 '고독'이나 '자유' 같은 추상어의 경우도 그것을 추상적 관념 자체로 표현하는 것이 아니라, 가령 '고독'을 '떨어지는 낙엽'으로, '자유'를 '새가 날아가는 모습'으로 표현해 내는 것이 바로 이미지의 구현인 것이다.

이미지는 원래 심리학에서 사용하던 용어로서 '머리에 떠오른 것으로서 감각적 성질을 지닌 것'이라는 뜻을 지니고 있다. 또한 상상력imagination과 이미지image는 모두 '환상'이라는 뜻을 가진 동일 어원(라틴어 imaginatio)에서 비롯된 용어이다. 이는 상상력과 이미지가 긴밀하게 관련을 맺고 있으며, 또한 현실이나 사실의 세계와는 다른 차원에서의 인식을 가리킨다는 뜻도 함께 내포하고 있다는 사실을 말해준다. 결국 상상력은 '이미지를 만들어내는 작용'이며, 이미지는 '상상력의 작용을 가장 보여주는 것'이라고 할 수 있다.

심상 혹은 이미지에 대한 정의는 그 한정 범위에 따라 의미가 달라지기도 한다. 넓은 의미에서 한편의 시나 문학작품 속에 표현된 감각, 지각의 모든 대상과 특질을 의미하기도 하고, 좁은 의미로는 비유적 언어 사용에 있어서, 특히 비유를 위해 동원한 보조관념만을 의미하기도 한다.

한편 비유란 표준적 의미를 지니고 사용되는 일상적 어법에서 벗어나 새로운 의미로 전이된 언어 표현을 하는 것을 말한다. 즉 어떤 사물을, 다른 사물을 빌어 표현하는 언어양식이 곧 비유인데, 이런 점에서 비유란 비교에 의한 사물 이해의 방식이라고 할 수 있다.

비유가 성립되기 위해서는 표현하려고 한 원래의 대상(원관념, 취지, 주지 Tenor), 표현을 위해 동원한 대상(보조관념, 수단, 매체 Vehicle), 그리고 두 대상의 비교에 관계되는 근거(비유의 배경, Ground)가 필요하다. 가령 일상생활에서 흔히 사용되는 비유적 표현들인 '쟁반 같이 둥근 달'이나, '앵두 같은 입술', '여자의 마음은 갈대' 등에서, 각각의 원관념인 달, 입술, 여자의 마음 등은 보조관념으로 동원된 쟁반, 갈대, 앵두 등에 의해 힘을 얻게 된다. 그리고 이때, 각각 둥글다, 붉고 아름답다, 흔들리기 쉽다 등의 형태적 관습적 사회적 인식들에 의해 결합의 근거를 갖는다. 여기서 원관념과 보조관념, 그리고 결합 근거 사이에는 두 가지 조건이 성립한다. 즉 첫째, 원관념과 보조관념은 동일해서는 안 된다. 가령 '책상은 책상이다' 식의 비유는 성립되지 않는다는 말이다. 둘째, 원관념과 보조관념은 전혀 이질적이며 관련이 없는 대상이어서도 안 된다. 자칫 비유의 근거가 사라질 수 있으므로, 둘 사이에 유사성이나 인접성이 필요한 것이다. 참고로 현대 수사학에서는 특별히 은유의 특성을 유사성에서 찾고, 환유의 특성을 인접성에서 찾기도 한다.

흔히 원관념과 보조관념의 관계가 습관화되어 있는 비유를 죽은 비유dead metaphor라 한다. 죽은 비유는 사물과 세계를 새롭게 인식하게 하는 것이 아니라 상투화시킨다. 사실 앞에서 예로 든 '쟁반 같이 둥근 달'이나, '앵두 같은 입술', '여자의 마음은 갈대' 등은 모두 죽은 비유라 할 수 있다. 참신한 비유, 살아있는 비유는 원관념과 보조관념 사이에 서로 반발력과 응집력이 작용할 때 이루어진다. 반발력과 응집력 사이의 긴장이 유기적일 때 비로소 살아있는 비유로서의 효과가 극대화되어 나타나는 것이다.

심상과 비유의 사용은 표현론적 관점에서 강렬성, 구체성, 명증성 등에 기여하며, 인식론적 관점에서 새로운 리얼리티의 창조에 기여한다. 이들은 결국 구체적인 사물과 추상적인 언어 사이의 장벽을 걷어내고 사물과 언어를 하나로 결합시키는 방식이라고 하겠다.

심상과 비유의 필요성이나 기능은 다음과 같이 설명될 수 있다.

첫째, 대상의 구체적 묘사, 특히 관념을 구체화하는 기능을 갖는다. 심상과 비유의 사용은 대상에 대한 감각을 구체적으로 떠올릴 수 있도록 '언어'와 '사물'의 관계를 강화하는 작업의 일환이다. 이런 점에서 심상과 비유는 '언어의 사물화', 혹은 '관념이 사물과 만나는 곳'이라고 정의될 수도 있다.

둘째, 정서를 객관화함으로써 오히려 특별히 환기시키는 기능이 있다. 생각이나 느낌, 기분 등의 정서를 그대로 표현하면 과도한 노출이 되기 쉬울 뿐만 아니라, 자연스러운 환기보다는 오히려 역효과를 내기도 한다. 예를 들면 슬픔의 감정은 엉엉 울 때보다, 울음을 참고 인내할 때 그 감정을 더 효과적으로 유발시킬 수 있는 것이다. 심상이나 비유를 통해 이러한 정서를 객관화, 혹은 감각화하여 표현하면 그 정서가 더욱 환기된다.

셋째, 선명한 인상과 함께 신선한 느낌을 줄 수 있다. 적절한 심상이나 비유를 통해 이루어진 표현은 그 자체로 선명한 인상과 함께, 새로운 시적 표현으로서의 신선감을 부여해 준다. 때로 그것은 강렬한 느낌과 충격, 경이감, 혹은 놀라운 발견에까지도 이르게도 한다. 가령 "나는 보았다 / 밥벌레들이 순대 속으로 기어들어가는 것을"(최영미, 「지하철에서1」)나, "개 같은 가을이 쳐들어 온다 / 매독 같은 가을"(최승자, 「개 같은 가을이」) 등의 경우와 같이, 인상적인 표현이 주는 느낌은 매우 강렬하다.

넷째, 주제, 의미, 사상 등을 추적할 수 있는 지표 역할을 하며, 분위기나 정서, 시공간적 배경을 제시하는 데도 쓰인다. 심상이나 비유는 글 속에서 각각 개별적, 독자적으로 존재하는 것이 아니라, 글 전체의 주제나 의미, 그리고 삶에 대한 종합적인 태도나 사상까지 유추해낼 수 있는 지표로서 작용한다. 또한 글 전체를 포괄하는 분위기나 정서, 그리고 시공간적 배경을 파악할 수도 있다. 그러므로 한 작품 속에서 이들은 단순한 집합으로서가 아니라, 서로 유기적 관련을 맺는 전체로 결합되어 있어야 한다.

주지하다시피 심상이나 비유는 문학 작품 중에서도 시 장르에서 가장 널리 쓰이는 용어의 하나이다. 특히 현대시는 그 음악성의 약화로 인해 이미지나 비유의 역할을 더욱 강조하고 있다. 흔히 시작품에 대한 평가는, 어떤 주제나 관념을 제시했는가를 중심으로 이루어지는 게 아니라, 그것들을 어떻게 이미지화했으며 어떤 비유를 동원했는가에 더 중점을 두는 경우가 많다. 주관적 정서의 표출을 특성으로 하는 시 장르에서 심상이나 비유는 상당한 역할을 수행한다.

책에는 두 번 다시 발을 담글 수 없어요

나는 책상에 강물을 올려놓고 그저 펼쳐볼 뿐이예요
내 거처는 공간이 아니라 시간일 뿐

—박형준, 「책상」 부분

이 이상한 표현에 의하면 책상 위에는 책 대신 강물이 펼쳐져 있다. 위의 글에서 책은 비유를 통해 강물로 표현되어 있다. 비유의 특성이 '차별성 속의 유사성'임을 가만해 본다면 우리는 잠시 헤라클레이토스의 '같은 강물에 두 번 발 담글 수 없다'는 경구를 떠올려 볼 수 있다. 강물은 항시 같은 것으로 보이지만 사실은 계속 흐르고 있고, 그 자리를 다시 다른 물이 와서 채운다. 같은 강물에 두 번 다시 발을 담글 수 없는 것이다. 작품 안의 책으로 돌아와 보면, 책은 그것을 읽는 사람에게 읽을 때마다 새로운 의미를 던져 준다. 어제의 읽었던 책의 의미가 오늘 다르고, 내일 역시 또 다를 것이다. 그것은 같은 '공간'에 있더라도 '시간'이 강물처럼 흐르고 있기 때문이다. 이러한 유사성 때문에 책상 위에 과감히 강물을 올려놓을 수 있는 것이다. 책상 위에 강물이 아니라 책이 놓여 있었다면 이 작품은 그리 새로운 의미를 획득해 내지 못했을 것이다. 이처럼 참신한 이미지나 비유는 단순히 글을 꾸미고 치장하는 역할만 하는 게 아니다. 그것은 존재와 인식과 언어에도 질적인 변화를 불러일으킨다.

2.3. 묘사와 서사

수사학에서는 언술의 형식을 크게 설명說明, 논증論證, 묘사描寫, 서사敍事의 네 가지로 나누는 게 일반적이다. 이 중에서 묘사와 서사는 설명이나 논증과 달리 특히 창의적이거나 예술적인 글쓰기에서 자주 볼 수 있는 언술의 형식이다. 문학 작품에서 묘사와 서사의 형식이 주로 쓰이고 있는 것도 이들 형식이 창의적인 표현의 특성을 주로 갖고 있기 때문이다. 물론 묘사와 서사는 문학 작품에서만이 아니라 일기나 편지, 혹은 감상문이나 기행문 등과 같은 일상적인 글쓰기에서도 자주 사용된다. 그렇지만 묘사와 서사는 아무래도 문학 작품과 깊이 관련을 맺는다고 보아야 할 것이다.

묘사는 어떤 대상에 대한 인상을 감각적으로 표현하는 형식이다. 그래서 묘사적 표현에서는 시각, 청각, 후각, 미각, 촉각 등 사람의 감각기관이 동원되어 그 느낌을 생생하게 재현하고자 한다. 물론 때로는 여러 감각들이 혼재되는 공감각적 표현이나, 인간의 내부 기관이나 근육 감각까지 동원된 표현이 이루어지기도 한다. 또한 묘사가 어떤 대상에 대한 인상을 그려낸다고 해서 그것 모두를 지나치게 세세하게 제시할 수는 없다. 이럴 경우 오히려 대상에 대한 인상이 흐려지거나 선명하게 파악되지 않는 결과를 낳기도 하기 때문이다. 어떤 대상에 대한 느낌이나 인상들은 같은 비중으로 고르게 나타나지 않는 게 보통이다. 그중에는 특히 인상적이어서 집중적으로 부각시켜야 할 느낌도 있고, 생략하거나 소략하게 지나쳐도 괜찮은 것이 있게 마련이다. 그러므로 묘사는 대상에 대한 지배적인 인상과 이를 둘러싼 부분들의 관계가 전체적인 관련을 맺으며 하나의 의미로 집중될 수 있도록 그려내는 게 좋다.

묘사는 글을 쓴 사람이 느낀 인상을 감각적으로 표현하여 글을 읽는 사람도 동일한 인상과 상상적 체험을 할 수 있도록 하는 데서 그 의미를 찾을 수 있다. 물론 글쓴이의 이러한 의도가 완벽하게 달성되어 읽는 사람도 똑같은 느낌이나 체험에 도달하는 것은, 이상적이기는 하지만 현실적으로는 불가능한 일이다. 우선 언어 자체의 속성상 대상의 완전한 재현은 한계가 있으며, 거기다가 사람마다 다른 인상이나 감각을 동일하게 맞춘다는 것 역시 가능하지 않기 때문이다. 그렇지만 묘사는 대상에 대한 지배적인 인상을 가능한 한 적절하면서도 풍부하게 재현함으로써 그것을 마치 있는 그대로 느껴지도록 그려내고자 한다.

서사는 어떤 사건의 의미 있는 시간적 과정을 제시하는 형식이다. 따라서 연속되는 시간의 흐름에 따른 대상의 행위 상황을 글로 표현하고자 할 때 사용된다. 어느 시작 시점에서의 상황과 그 이후 다른 시점에서의 상황이 달라졌을 경우 이 시간적 과정에 어떤 '일' 또는 '사건'이 벌어졌다고 볼 수 있다. 여기서 그 일은 이러이러하게 시작되어 이러이러하게 진행되었다는 방식을 취하는 글을 쓸 수 있는데, 이처럼 시간의 흐름에 따른 상황의 변화를 기술하는 것이 바로 서사인 것이다. 이때 처음의 상황과 나중의 상황이 일정한 원인과 결과로 얽혀 있고 그것이 시간의 흐름 속에서 연속적으로 일어나 어떤 일정한 의미로 모아지면 우리는 그 서사의 긴밀한 연속성을 인정할 수 있다. 그리고 이것은 또한 좋은 서사가 갖춰야 할 요건이기도 하다. 어떤 사건이 발생하게 된 원인과 추이, 그리고 그 결과가 한데 모아질 때 비로소 통일되고 완결된 의미를 갖춘 서사가 이루어질 수 있는 것이다. 다시 말해 서사는 일정한 시간적 질서 속에서 어떤 주제로 집약될 수 있는 사건의 추이가 드러나야 한다.

서사에는 시간의 흐름에 따른 사건이 전개되므로 자연스럽게 그 사건과 관련된 인물의 등장이 필요하다. 따라서 인물에 대한 서술은 곧잘 서사의 첫머리가 되는 경우가 많으며,

이어서 그 인물과 관련을 맺고 있는 사건이 펼쳐지는 것이 보통이다. 인물과 사건을 통해 자초지종을 밝혀내는 것이 서사의 기본 골격이라고 할 수 있는 것이다.

묘사나 서사는 일상적인 글에서도 얼마든지 구현이 가능하다. 가령 실용적인 글에서 대상을 관찰하여 객관적으로 그려내거나, 혹은 사건의 추이를 다른 사람에게 전달하는 글은 모두 일상적인 묘사나 서사의 형식을 취하게 마련이다. 그렇지만 문학이나 예술적인 글에서 특히 묘사나 서사는 주관적이며 암시적인 느낌이나 긴밀한 인과로 구성된 정황을 심미적으로 표현하는 역할을 담당한다. 읽는 이로 하여금 실감나게 느낄 수 있도록 감각적이고 섬세한 표현을 동원하거나, 사건의 정황을 단순히 나열하는 데 그치지 않고 긴밀한 인과를 형성하도록 전개시키는 것이 바로 묘사나 서사가 담당할 몫이다.

또한 한편의 글에서 묘사와 서사가 문장이나 단락별로 명확하게 구분되어 드러나는 것은 아니다. 대부분의 좋은 글에서 묘사와 서사는 따로 분리되지 않고 조화를 이루어 나타나는 것이 일반적이며, 특히 문학 작품에서는 묘사와 서사가 서로 긴밀하게 연결되어 있으면서도 각각의 쓰임과 효용을 자연스럽게 이룩하고 있는 경우가 대부분이다. 그러므로 묘사를 잘 하려면 느낌의 편린들을 단순히 나열하는 데서 그칠 것이 아니라 지배적인 인상을 중심으로 통일된 의미를 갖도록 표현해야 하며, 서사 역시 잘 구성하려면 그 사건의 세세한 과정을 일일이 제시하려고 할 것이 아니라 긴밀한 연속성과 짜임을 갖도록 효과적으로 배치해야 한다.

> 영달은 어디로 갈 것인가를 궁리해보면서 잠깐 서 있었다. 새벽의 겨울 바람이 매섭게 불어왔다. 밝아오는 아침 햇빛 아래 헐벗은 들판이 드러났고, 곳곳에 얼어붙은 시냇물이나 웅덩이가 반사되어 빛을 냈다. 바람소리가 먼데서부터 몰아쳐서 그가 섰는 창공을 베면서 지나갔다. 가기만 남은 나무들이 수십여 그루씩 들판가에서 바람에 흔들렸다.
>
> 그가 넉달 전에 이곳을 찾았을 때에는 한참 추수기에 이르러 있었고 이미 공사는 막판이었다. 곧 겨울이 오게 되면 공사가 새 봄으로 연기될 테고 오래 머물 수 없으리라는 것을 그는 진작부터 예상했던 터였다. 아니나 다를까, 현장 사무소가 사흘 전에 문을 닫았고, 영달이는 밥집에서 달아날 기회만 노리고 있었던 것이다.
>
> —황석영, 「삼포 가는 길」

위의 인용문에서 앞 단락은 작품 속의 인물인 '영달'을 일단 등장시켰을 뿐 나머지 부분들은 겨울 아침의 들판 풍경을 묘사해내는 데 주력하고 있다. 영달이라는 인물의 내력이나 사건의 제시는 두 번째 단락에서 집약적으로 그려진다. 그는 공사판에서 막노동꾼이고 오래 머물 수 없으며 밥값을 떼어먹고 달아날 궁리를 하는 참이다. 따라서 앞 단락은 묘사 중심의 서술이고 뒷단락은 서사 중심의 서술이다. 그렇지만 이 글에서 묘사와 서사는 긴밀하게 얽혀있다. 겨울아침의 춥고 헐벗은 풍경은 공사판을 떠도는 주인물의 처지와 조화를 이루어 앞으로 전개될 상황을 예비하고 있는 것이다.

영빈은 현금의 집을 알고 있었다. 이층집이었다. 여름이면 이층 베란다를 받치고 있는 기둥을 타고 능소화가 극성맞게 기어올라가 난간을 온통 노을 빛깔의 꽃으로 뒤덮었다. 그 꽃은 지나치게 대담하고, 눈부시게 요염하여 쌩쌩한 여름날에 그 집 앞을 지날 때는 괜히 슬퍼지려고 했다. 처음 느껴본 어렴풋한 허무의 예감이었다. 이층집에 대한 막연한 동경과 현란한 능소화 때문에 그 집이 그 동네서 특별나 보인 것인지, 그 안에 누가 사느냐는 그다지 중요하지 않았다. 그러나 그 일이 있은 후 그 이층집은 확실하게 현금의 집이 되었다. 영빈에게 그 집이 특별한 집이 되었을 때는 이미 겨울이어서 능소화의 자취는 이층 난간에 검부러기처럼 겨우 남아 있었고 베란다로 난 창문도 굳게 닫혀 있었다. 통유리로 된 창문 뒤에서 현금이 내다보고 있을 것 같아 영빈은 그 집 앞을 지날 때마다 걸음걸이가 부자연스러워졌다. 우스꽝스럽게 걸었다는 낭패감 때문에 그 집 앞을 비켜가고 싶기도 하고, 요 다음에는 더 멋있게 걸을 수 있을 것 같아 그 집 앞을 통과할 수 있는 기회가 기다려지기도 했다. 일없이 괜히 배회할 용기는 나지 않았다. 창문 뒤에서 현금이가 그의 속마음까지 빤히 바라보고 있을 것 같아서였다. 그 무렵 그는 곧잘 능소화를 타고 이층집 베란다로 기어오르는 꿈을 꾸었다. 꿈속의 창문은 검고 깊은 심연이었다. 꿈속에서도 그는 심연에 도달하지 못했다. 흐드러진 능소화가 무수한 분홍빛 혀가 되어 그의 몸 도처에 사정없이 끈끈한 도장을 찍으면 그는 그만 전신이 뿌리째 흔들리는 야릇한 쾌감으로 줄기를 놓치고 밑으로 추락하면서 깨어났다. 심연에 도달하지 못한 미진한 느낌은 쾌감인 동시에 공포감이기도 했다. 현금의 창은 꿈속에서는 한 번도 도달하지 못한 심연이었고, 현실에서는 이 세상의 비밀을 다 삼켜버린 것처럼 깊고 은밀해서 그는 울고 싶도록 지독한 소외감을 느꼈다. 마침내 사춘기였다.

—박완서, 『아주 오래된 농담』

이 인상적인 묘사는 영빈이라는 소년과 현금이라는 소녀의 관계를 보여주고 있다. 이제 막 사춘기에 접어들 무렵에 영빈은 현금의 집 앞을 지날 때마다 부자연스러워한다. 영빈에게 현금이라는 소녀의 존재는 '능소화'의 대담하고 요염하며 현란한 이미지로 각인되어 있다. 영빈이 '곧잘 능소화를 타고 이층집 베란다로 기어오르는 꿈'을 꾸는 것이나, 꿈속에서 '흐드러진 능소화가 무수한 분홍빛 혀'처럼 날름거리는 것은, 모두 이제 막 이성에 눈뜨는 나이의 소년에게 '쾌감인 동시에 공포감'인 성적 충동을 강하게 불러일으킨다. 또한 이 글을 통해 우리는 장차 이 작품에서 일어날 서사의 편린을 짐작할 수 있다. '영빈'은 '현금'에게 어린 시절부터 이미 미묘한 감정을 품고 있었다. 그러나 현금이 이사를 감으로써 이들은 갑작스럽게 헤어지며, 이들의 재회는 성인이 되어서야 이루어진다. 이후 이들 사이에 어떤 사건이 전개될 것인지를 이 글은 미리 보여주고 있기도 하다.

연습문제

1. 다음의 글은 추사 김정희가 제자 이상적에게 보낸 「세한도(歲寒圖)」 그림 옆에 적은 글의 일부이다. 이 글을 읽고 물음에 답해 보자.

지금 세상은 온통 권세와 이득을 좇는 풍조가 휩쓸고 있다. 그런 풍조 속에서 서책을 구하는 일에 마음을 쓰고 힘들이기를 그같이 하고서도, 그대의 이끗을 보살펴줄 사람에 주지 않고, 바다 멀리 초췌하게 시들어 있는 사람에게 보내는 것을 마치 세상에서 잇속을 좇듯이 하였구나! 태사공 사마천이 말하기를 "권세와 이득을 바라고 합친 자들은 그것이 다하면 교제 또한 성글어진다"고 하였다. 그대 또한 세상의 도도한 흐름 속에 사는 한 사람으로 세상 풍조의 바깥으로 초연히 몸을 빼내었구나. 잇속으로 나를 대하지 않았기 때문인가? 아니면 태사공의 말씀이 잘못되었는가?

공자께서 말씀하시기를 "한겨울 추운 날씨가 된 다음에야 소나무, 잣나무가 시들지 않음을 알 수 있다"고 하셨다. 소나무, 잣나무는 본래 계절 없이 지지 않는 것이다. 추운 계절이 오기 전에도 같은 소나무, 잣나무요, 추위가 닥친 후에도 여전히 같은 소나무, 잣나무다. 그런데도 성인(공자)께서는 굳이 추위가 닥친 다음의 그것을 가리켜 말씀하셨다.

이제 그대가 나를 대하는 처신을 돌이켜보면, 그 전이라고 더 잘한 것도 없지만, 그 후라고 전만큼 못한 일도 없었다. 그러나 예전의 그대에 대해서는 따로 일컬을 것이 없지만, 그 후에 그대가 보여준 태도는 역시 성인에게서도 일컬음을 받을 만한 것이 아닌가? 성인이 특히 추운 계절의 소나무, 잣나무를 말씀하신 것은 다만 시들지 않는 나무의 굳센 정절만을 위한 것이 아니었다. 역시 추운 계절이라는 그 시절에 대하여 따로 마음에 느끼신 점이 있었던 것이다.

—김정희, 「<세한도(歲寒圖)> 화발(畵跋)」

1) 추사 김정희는 이 글에서 사마천과 공자의 말을 들어 세상 풍조를 탓하고 있는데, 여기서 말하는 세상 풍조가 어떤 것인지 파악해 보다.
2) 이 글에서 언급하고 있듯이, 성인이 '소나무, 잣나무를 말씀하신 것은 다만 시들지 않는 나무의 굳센 정절만을 위한 것이 아니었다'면, 달리 무엇을 위한 것이었는지 이 비유의 숨은 속뜻을 구체적으로 설명해 보자.
3) 이 글의 문체와 수사가 갖는 특색에 대해 설명해 보자.
4) 추사 김정희의 「세한도」 그림을 찾아 감상하고, 이 그림을 한 편의 글로 묘사해 보자.

2. 다음의 글은 편지 형식으로 된 산문시이다. 이 글에 구현되어 있는 심상과 비유를 가능한 한 모두 찾아보고 일상의 표현과 어떻게 다른지 설명해 보자.

제1신(第一信)

아직은 미명(未明)이다. 강진의 하늘 강진의 벌판 새벽이 당도하길 기다리며 죽로차(竹露茶)를 달이는 치운 계절, 학연아 남해 바다를 건너 우두봉(牛頭峰)을 넘어오다 우우 소울음으로 몰아치는 하늬바람에 문풍지에 숨겨둔 내 귀 하나 부질없이 부질없이 서울의 기별이 그립고, 흑산도로 끌려가신 약전 형님의 안부가 그립다. 저희들끼리 풀리며 쓸리어 가는 얼음장 밑 찬 물소리에도 열 손톱들이 젖어 흐느끼고 깊은 어둠의 끝을 헤치다 손톱마저 다 닳아 스러지는 적소(謫所)의 밤이여, 강진의 밤은 너무 깊고 어둡구나. 목포, 해남, 광주 더 멀리 나간 마음들이 지친 봉두난발(蓬頭亂髮)을 끌고와 이 악문 찬 물소리와 함께 흘러가고 아득하여라, 정말 아득하여라. 처음도 끝도 찾을 수 없는 미명(未明)의 저편은 나의 눈물인가 무덤인가 등잔불 밝혀도 등뼈 자옥히 깎고 가는 바람 소리 머리 풀어 온 강진 벌판이 우는 것 같구나.

제2신(第二信)

이 깊고 긴 겨울밤들을 예감했을까 봄날 텃밭에다 무우를 심었다. 여름 한철 노오란 무우꽃이 피어 가끔 벌, 나비들이 찾아와 동무해 주더니 이제 그 중 큰 놈 몇 개를 뽑아 너와지붕 추녀 끝으로 고드름이 열리는 새벽까지 무우채를 썰면, 절망(絶望)을 썰면, 보은산 컹컹 울부짖는 승냥이 울음소리가 두렵지 않고 유배(流配)보다 더 독한 어둠이 두렵지 않구나. 어쩌다 폭설(暴雪)이 지는 밤이면 등잔불을 어루어 시경강의보(詩經講義補)를 엮는다. 학연아 나이가 들수록 그리움이며 한이라는 것도 속절이 없어 첫해에는 산이라도 날려 보낼 것 같은 그리움이, 강물이라도 싹둑싹둑 베어버릴 것 같은 한이 폭설(暴雪)에 갇혀 서울로 가는 길이란 길은 모두 하얗게 지워지는 밤, 사선재(四宣齋)에 앉아 시(詩) 몇 줄을 읽으면 세상의 법도 왕가의 법도 흘러가는 법, 힘줄 고운 한들이 삭아서 흘러가고 그리움도 남해 바다로 흘러가 섬을 만드누나.

— 정일근, 「유배지에서 보내는 정약용의 편지」

3. 다음 곽재구의 시 「사평역에서」는 이후 임철우에 의해 「사평역」이라는 소설로 창작된다. 서로 다른 장르에 속하는 이 두 작품을 같이 읽으면서 묘사와 서사의 특징적 요소를 찾아보자.

막차는 좀처럼 오지 않았다
대합실 밖에는 밤새 송이눈이 쌓이고
흰 보라 수수꽃 눈시린 유리창마다
톱밥난로가 지펴지고 있었다
그믐처럼 몇은 졸고
몇은 감기에 쿨럭이고
그리웠던 순간들을 생각하며 나는
한줌의 톱밥을 불빛 속에 던져주었다
내면 깊숙이 할 말들은 가득해도
청색(靑色)의 손바닥을 불빛 속에 적셔두고
모두들 아무 말도 하지 않았다
산다는 것이 때론 술에 취한 듯
한 두름의 굴비 한 광주리의 사과를
만지작거리며 귀향(歸鄕)하는 기분으로
침묵해야 한다는 것을
모두들 알고 있었다
오래 앓은 기침소리와
쓴약 같은 입술담배 연기 속에서
싸륵싸륵 눈꽃은 쌓이고
그래 지금은 모두들
눈꽃의 화음(和音)에 귀를 적신다
자정 넘으면
낯설음도 뼈아픔도 다 설원(雪原)인데
단풍잎 같은 몇 잎의 차창을 달고
밤 열차는 또 어디로 흘러가는지
그리웠던 순간들을 호명(呼名)하며 나는
한줌의 눈물을 불빛 속에 던져 주었다.

—곽재구, 「사평역(沙平驛)에서」

지금 대합실에 남아 있는 사람은 모두 다섯이다. 한가운데에 톱밥 난로가 놓여져 있고 그 주위로 세 사람이 달라붙어 있다. 난로는 양철통 두 개를 맞붙여서 세워 놓은 듯한 꼬락서니로, 그나마 녹이 잔뜩 슬어 있어서 그간 겨울을 몇 차례나 맞고 보냈는지 어림잡기조차 힘들다. 난로의 허리께에 톱날 모양으로 촘촘히 뚫린 구멍 새로는 톱밥이 타들어가면서 내는 빨간 불빛이 내비치고 있다. 하지만 형편없이 낡아빠진 그 난로 하나로 겨울밤의 찬 공기를 덥히기에는 어림도 없을 듯싶다.

난롯가에 모여 있는 셋 중 한사람만 유일하게 등받이 없이 의자에 앉아 있는데, 그러고 있는 것도 힘겨운지 등 뒤에 서 있는 사람의 팔에 반쯤 기댄 자세로 힘없이 안겨 있다. 그는 아까부터 줄곧 콜록거리고 있는 중늙은이로, 오래 앓아 오던 병이 요즘 들어 부쩍 심해져서 가까운 도회지의 병원을 찾아가려는 길이라는 것을 역장도 알고 있다. 등을 떠받치고 있는 건장한 팔뚝의 임자는 바로 노인의 아들이다. 대합실에 있는 다섯 사람 가운데에서 그들 두 부자만이 역장에겐 낯익은 인물들이다.

그 곁에서 난로를 등진 채 불을 쬐고 있는 중년의 사내는 처음 보는 얼굴이다. 마흔은 넘었을까 싶은 사내는 싸구려 털실 모자에 때묻은 구식 오바를 걸쳐 입었는데 첫눈에도 무척 음울해 뵈는 표정을 지니고 있다. 길게 자란 턱수염이며, 가무잡잡한 얼굴 그리고 유난히 번뜩이는 눈빛이 왠지 섬뜩하다. 오랜 세월을 햇볕 한오라기 들지 않는 토굴 속에 갇혀 보낸 사람처럼 사내의 눈은 기묘한 광채마저 띠고 있다.

그 셋 말고도 저만치 벽을 따라 길게 붙어 있는 나무의자엔 점퍼차림의 청년 하나가 웅크리고 앉아 있다. 그리고 청년으로부터 약간 떨어진 곳에는 미친 여자가 의자 위에 벌렁 누워 있다. 닥치는 대로 옷을 껴입은 여자는 속을 가득 채운 걸레 보퉁이 모양 모집이 뚱뚱하다. 청년은 추운지 호주머니에 두 손을 찔러 놓은 채 어깻죽지를 잔뜩 웅크리고 있으면서도 무슨 까닭인지 난로 곁으로 갈 생각은 하지 않는 눈치다. 뭔가 골똘히 생각하는 표정으로 청년은 들여다볼 만한 것이라곤 아무것도 없는 시멘트 바닥을 뚫어져라 내려다보고 있다.

—임철우, 「사평역」

3. 문학의 갈래와 창의적 글쓰기

3.1. 수필을 통해 배우는 글쓰기의 기초

글쓰기의 기초를 터득하는데 수필은 여러 가지 면에서 유용하게 활용될 수 있다. 무엇보다 형식에 구애받지 않고 자유롭게 쓴 글이라 쉽게 접근할 수가 있어 읽고 이해하는 데 편리하다. 글을 쓰기 위해서는 우선 글을 잘 읽어야 한다. 읽는다는 것은 그 글을 제대로 이해하는 것을 의미한다. 읽기란 다름 아닌 글을 이해하는 과정이다. 글의 소재를 통하여 주제를 유추하는 정신 활동인 동시에 그 글을 쓴 필자의 생각과 교감하는 행위라고 할 수 있다. 독해 과정에는 기억력이나 상상력을 비롯한 사람의 온갖 지적 능력이 동원된다. 먼저 글의 내용을 요약하고 재구성하는 단계를 거친 뒤 그것을 나름대로 평가하여 자신의 사고에 반영하는 변화의 과정을 겪게 되는 것이다. 수필은 이런 읽기 과정을 실제적으로 경험하는데 매우 용이하다. 수필에는 언어활동의 본모습이 비교적 자유롭게 투영되어 있기 때문이다. 따라서 좋은 수필을 많이 감상하면 독해력 향상은 물론 글쓰기 능력을 함양하는 데도 크게 도움이 될 수 있다.

수필은 문학의 네 가지 상위 갈래 가운데 교술敎述에 근접하므로 일기나 편지, 기행문, 감상문 등도 넓은 의미에서 수필의 범주에 포함된다. 수필은 경수필miscellany이든 중수필essay이든 그 특성상 주제를 직접적으로 제시하는 경향이 있다. 그러므로 수필을 읽고 써 보는 학습을 통해 기본적인 산문 구사 능력을 배양하는 것은 물론 글의 이치를 손쉽게 체득하는 효과를 거둘 수 있다.

작문 능력을 키우려면 우선 다른 사람이 쓴 글을 읽고 그것이 좋은지 어떤지를 평가해야 한다. 좋다면 어떤 점이 좋은지, 과연 흉내를 낼만한 가치가 있는지 등을 판단해야 한다. 여기서 흉내를 낸다는 것은 표절이나 모방을 한다는 의미가 아니다. 그 글의 작의作意

가 얼마나 명징하게 드러나는가를 구조적으로 파악해 본다는 의미다. 필자의 생각이 효과적으로 구축되어 있는지를 정확하게 이해하는 것은 곧 그 글의 주제를 확인하는 것이나 다름없다. 이런 논지의 글은 이렇게 써야 효과적이구나 하는 것을 깨닫는 가운데 작문 실력이 차츰 향상될 수 있다. 이것은 곧 주제 파악 능력과 직결되는 문제라고 할 수 있다. 어떤 글을 읽고 그 글의 주제를 신속하고 정확하게 찾아내는 과정을 겪으면서 작문의 방법이나 기교가 자연스럽게 터득되어질 수 있기 때문이다.

수필은 다른 문학 작품과는 달리 주제를 문면文面에 노출하는 경향이 있기 때문에 필자의 의도를 쉽게 짐작해 볼 수 있는 장점이 있다. 수필이 주제를 직접적으로 노출한다는 것은 수필이 주제 중심으로 짜여진 글이라는 것을 뜻한다. 묘사를 위주로 한 작품이 없는 것은 아니지만 대개의 수필은 서사적 내용을 담고 있거나 아니면 필자의 생각 자체를 직접적으로 기술한다. 물론 사서성이 있다고 하더라도 소설처럼 주제를 사건에 삼투시켜 암시하지 않고 이야기의 전면에 내세운다. 필자의 의견이 직접적으로 표현되기 때문에 독자는 그 생각의 궤적을 따라가기만 하면 된다. 그래서 수필을 지극히 개성적인 글, 고백적인 글이라고 말하는 것이다.

특별한 형식이 없이 붓 가는 대로 쓴 글이기 때문에 독자와의 소통도 그만큼 직접적이다. 시나 소설처럼 화자話者를 따로 내세워 독자와 대화를 시도하는 것이 아니기 때문이다. 따라서 수필을 읽으면 글쓴이가 지금 어떤 상황에 놓여 있으며 무엇을 말하려 하는지를 쉽게 짐작할 수 있다. 뿐만 아니라 그 사람의 신분이나 성격, 글버릇까지 엿볼 수 있다. 수필을 읽으면서 울고 웃다보면 그 글의 성격이나 주제를 어느 정도 감지할 수 있다. 그만큼 자연스럽고 친숙한 것이 수필이기 때문이다.

그러나 수필의 주제는 설명문의 그것과는 다르다. 수필의 주제는 작가가 강조하고자 하는 중심적인 생각이지만 설명문은 소재에 대한 풀이나 정의라고 할 수 있다. 따라서 수필을 감상하는 데는 소재보다는 그 소재를 통해 드러내고자 하는 작가의 의도, 즉 주제를 파악하는 데 주안점을 두어야 한다. 이런 점에서 제재의 서사성에 주목하는 소설이나 희곡과는 차이가 있다. 수필의 경우는 주제 면에서 소재의 구속을 비교적 덜 받게 되는 셈이다. 아래에 소개하는 「시골 한약국」도 한약국에 대한 추억이 글의 무게 중심이 아니라는 사실에 유의하여야 한다. 글의 주제가 되는 강조된 부분이 따로 있음을 눈치챌 수 있어야 한다.

> 나는 학생 시절에 병이 나서 충청도 어느 산골에 가서 몇 달 휴양을 하였다. 그때 내가 유하

던 집 할아버지의 권고로 용하다는 한약국에 가서 진찰을 받고 약을 한 재 지어 먹은 일이 있었다. 그 의원은 한참 내 맥을 짚어 보고서는 전신 쇠약이니까 녹용과 삼을 넣은 보약을 먹어야 한다고 하였다.

그런데 자기 약방에는 약재가 없고 약 살 돈도 당장 없다고 하였다. 사실 낡은 약장에는 서랍이 많지 않았고 서랍 하나에 걸려 있는 약 저울도 녹이 슬어 있었다.

약국 천장을 쳐다봐도 먼지 앉은 봉지가 십여 개 매달려 있을 뿐이었다. 어째서 내 마음이 그에게 끌렸던지 그 이튿날 나는 그 한의와 같이 4,5십리나 되는 청양이라는 곳에 가서 내 돈으로 나 먹을 약재를 사고, 약국을 해 먹으려면 꼭 있어야 된다는 약재를 사도록 돈을 주었다.

약의 효험인지, 여름 시냇가에 날마다 낚시질을 다니고 밤이면 곤히 잠을 잔 덕택인지 나는 몸이 건강해져서 서울로 돌아왔다. 내가 돌려 주었던 그 돈은 받았는지 받지 못하였는지 지금은 생각이 나지 않는다.

나는 그 후 셰익스피어의 극 ≪로미오와 줄리엣≫ 속에서 로미오가 독약을 사는 약방이 나올 때 비상조차도 없을 충청도 그 시골 약국을 회상하였다.

양복 한 벌 변변한 것을 못해 입고 사들인 책들을 사변통에 다 잃어버리고 그 후 5년간 애면글면 모은 나의 책은 지금 겨우 삼백 권에 지나지 아니한다. 나는 이 책들을 내가 기른 꽃들을 만져 보듯이 어루만져 보기도 하고, 자라는 아이를 바라보듯이 대견스럽게 보기도 한다.

물론 내가 구해 놓은 이 책들은 예전 그 한방의사가 나한테 돈을 취하여 사온 진피 후박 감초 반하 행인 같은 것들이다.

그런데 우황, 웅담, 사향, 영사, 야명사 같은 책자들이 필요할 때면, 나는 그 시골 약국을 생각하게 된다.

—피천득, 「시골 한약국」

이 글을 쓴 의도는 도입부가 아니라 '양복 한 벌 변변한' 이하의 문단에 나타나 있다. 시골 한약방 이야기부터 꺼낸 것은 필자가 말하고자 하는 의도를 효과적으로 부각시키기 위한 전략 때문이다. 만일 논설문이었다면 실질적인 논지를 먼저 편 뒤 그에 걸맞은 비유나 예화를 동원하였을 것이다. 그러면 글이 더 무겁고 건조해질 소지가 많다. 그래서 위의 수필은 독자의 흥미를 자연스럽게 유발할 수 있는 내용으로 글의 서두를 삼았다고 볼 수 있다. 따라서 위와 같은 수필은 무작정 따라 읽기보다 작가의 주된 관심사가 어디에 있는지를 파악하면서 읽어나가야 한다. 즉 글을 구조적으로 분석하면서 독서하는 습관을 가져야 한다는 것이다. 아울러 내가 만일 이런 내용의 글을 쓴다면 어떻게 시작하였을까 생각해 보면서 독해를 하면 작문 실력 향상에 큰 도움이 될 수 있다.

「시골 한약국」의 내용을 올바로 이해하고 그 주제를 파악하기 위해서는 먼저 글의 분위기부터 파악해 볼 필요가 있다. 학창시절 필자는 병이 나서 촌으로 휴양을 오게 되고 몸이 쇠약하여 한약국을 찾아 보약을 먹게 된다. 그런데 그 한약국은 가난하여 약재가 변변히 없을뿐더러 약봉지에는 먼지마저 잔뜩 쌓여 있다. 그러나 필자는 이것을 비난하기보다는 안타까운 시선으로 바라본다. 여기까지는 시골 한약국에 대한 이야기다. 그 뒤로 필자가 독자에게 자신의 의견을 전달하고 있다고 여겨지는 현재 시점의 이야기가 이어진다. 필자는 양복 한 벌 변변한 것을 못해 입는 처지며, 아끼는 책들을 사변통에 다 잃어버리고 지금은 겨우 삼백여 권만 보관하고 있는 신세다. 그래도 필자는 그것이 대견스러워 때때로 어루만져 보기도 한다. 얼핏 보면 앞부분의 한약국 이야기와 필자의 신변 이야기는 직접적인 관련이 없는 것 같다. 글의 분위기를 파악하기 위하여 두 이야기를 비교해 보고서야 필자가 겪는 현재의 궁벽한 상황이 시골 한약국의 처지와 별반 다를 것이 없다는 것을 눈치챌 수 있다.

이런 맥락으로 의미를 파악하면 두 이야기 사이에 놓여 있는『로미오와 줄리엣』에 대한 언급이 서로 다른 화제를 이어주는 문단이라는 것도 알아차리게 된다. 필자가 유명한 수필가이면서 영문학자라는 사실을 사전에 몰랐다고 하더라도 이 대목을 통해 글쓴이가 〈로미오〉를 알고 그 속에 나오는 비상 독약을 놓치지 않을 만큼 식견이 있는 작가임을 눈치챌 수 있다.『로미오와 줄리엣』이라는 책과 그 속에 나오는 독약을 관련지어 '책'과 '약'이라는 중심단어를 통해 앞뒤 이야기를 매개한 뒤 마지막 부분에 가서야 필자가 말하고자 하는 주제를 제시하고 있음을 알아야 한다.

약재/책, 약장/서재, 한약국 주인/글쓴이로 이어지는 대구對句를 통해 우리는 두 사람 모두 어려운 처지에 놓여 있음을 눈치챌 수 있다. 이렇게 관련지어 놓고 보아야 필자가 왜 지금 새삼스럽게 시골 한약국 이야기를 꺼내는지 알 수 있다. 약재는 육체를 치료하는 데 필요하고 책은 정신을 건강하게 만드는 데 긴요하지만 두 사람 모두 경제적인 어려움으로 인해 제 역할을 다하지 못하고 있다. 특히 필자는 신분상 다른 사람의 정신을 보양하는 교육자의 위치에 있는 데도 말이다. 따라서 우황, 웅담, 사향과 같은 비싸지만 꼭 필요한 책을 구해서 그 내용을 다른 사람들에게 전해 줄 의무가 필자에겐 있는 것이다. 그러나 경제적인 사정으로 인해 그 임무를 다하지 못하고 있다. 마치 시골 한약국 주인이 찾아온 환자에게 필요한 약재가 없어 적절한 치료를 못해주듯이 자신도 그런 처지가 아닌가 자책해 보는 것이다. 시골 한약국 주인에게는 안타까운 연민의 시선을 보냈지만 필자 자신은 학자로서 부끄러움을 느끼고 있다. 그나마 '양복 한 벌 변변한 것을 못 해 입고 사들인 책들을 사변통에 다 잃어버리고' 겨우 삼백 권만 소장하고 있는 처지라서 더욱 그렇다. 이 책들은 진피陳皮, 후박厚朴, 감초甘草, 반하半夏 향인香仁과 같은 기본 약재에 불과하다. 그리하여 필자 자신도 형편만 닿는다면 우황牛黃, 웅담熊膽, 사향麝香, 영사靈砂, 야명사夜明砂와 같은 고가이지만 꼭 갖고 싶은 책들을 구비해 놓았다가 양질의 교육을 해 줄 수 있기를 소망해 본다. 우리는 이 부분에 필자가 말하고자 하는 핵심이 드러나 있음을 간파할 수 있어야 한다. 그런 책들을 갖지 못한 학자로서의 안타까움이 고요하고 따뜻한 정서로 표출되어 있는 것이 이 수필의 장점인 셈이다.

물론 이와 같이 필자의 의도를 넌지시 드러낼 수도 있지만 더 직접적으로 자신의 의견을 개진하는 글도 있다. 이런 유형의 글도 교술적敎述的 관점을 취하고 있으므로 넓은 의미의 수필로 간주할 수 있다.

> 오늘의 페니실린을 있게 만든 세렌디피티는 플레밍 박사의 생애에 얽힌 믿을 수 없는 기연에서 시작되었습니다. 그 놀라운 운명의 이야기를 들어보세요.
>
> 스코틀랜드의 에어 록필드 지방에 플레밍이라는 가난한 농부가 살고 있었습니다. 어느 날 그가 밭에서 일을 하고 있는데 갑자기 늪 가까이에서 사람 비명소리가 들려왔지요. 달려가 보았더니 웬 소년 하나가 늪에 빠져 허우적대고 있었습니다.
>
> 그는 죽기 직전의 아이를 가까스로 살려냈는데, 다음 날 으리으리한 마차를 탄 귀족이 찾아왔습니다. 그는 농부가 구해준 아이가 자신의 아들이라고 소개하면서 목숨을 구해준 데 대한 사례를 하겠다고 나섰습니다. 농부가 끝까지 사양하자 그 귀족은 마침 헛간에서 그 광경을 바라보고 있던 농부의 아이를 발견하고 한 가지 제안을 하게 됩니다. 농부의 아들을 그가 구해준 자기 아이와 똑같은 수준으로 교육시켜 주겠다는 것이지요.
>
> 그 귀족이 제안한 대로 스코틀랜드의 가난한 농부 플레밍의 아들은 당대 최고였던 런던대학교의 세인트메리병원 의과대학에서 교육을 받게 됩니다. 그리고 나중에는 페니실린을 발견해 귀족 작위까지 얻게 되었지요. 그가 바로 알렉산더 플레밍 박사였습니다.
>
> 그런데 우연하게도 농부가 구해 준 귀족의 아들이 장성하여 폐렴에 걸립니다. 그렇지요. 그 시대에 페니실린이 없었더라면 그는 살아남지 못했을 것입니다. 그 귀족은 바로 랜돌프 처칠 경이었으며, 늪에 빠졌던 아이는 제2차 세계대전 때 영국을 구해낸 재상 윈스턴 처칠 경이었던 것입니다.
>
> 그날 소년 처칠이 늪에 빠지지 않았더라면, 농부 플레밍이 그를 살려내지 못했더라면, 소년

플레밍이 귀족의 도움으로 교육을 받지 못했더라면, 플레밍 박사가 페니실린을 발명하지 못했더라면, 도대체 제2차 세계대전 중의 수많은 영국 병사들은 어떻게 되었을까요. 그리고 처칠 수상이 없는 영국의 전쟁은 어떠했을까요. 이 무수한 세렌디피의 얽히고설킨 신비한 곡선 속에서 얼마나 많은 사람들이 웃고 울었을까요.

지금까지의 과학은 세렌디피티의 행운과 이러한 작은 이야기들을 무시해 왔습니다. 그러나 이제 이 작은 이야기들이 세계의 큰 이야기를 만들어내는 우연의 힘을 과학의 새로운 영역 안에 끌어들이기 시작한 것이지요. 이것이 바로 나비효과(Butterfly effect)를 탄생시킨 현상 가운데 하나였습니다.

—이어령, 「젊음의 탄생」 중에서

위의 글은 앞에서 인용한 피천득의 수필 「시골 한약국」과는 그 진술 방식이 좀 다르다. 피천득의 글은 아무런 예고 없이 필자가 겪은 경험담을 바로 소개하는 것으로부터 서두를 시작하였지만 이어령의 글은 도입부에 필자가 말하고자 하는 내용에 대한 언질이 나와 있다. '오늘의 페니실린을 있게 만든 세렌디피티Serendipity'가 중요한 화두라는 것을 강조하고 있는 것이다. 이것을 증명하기 위하여 페니실린의 발견과 관련이 있는 플레밍 박사의 일화를 소개하는 형식을 취하고 있다. 따라서 이 글을 읽는 독자는 도대체 '세렌디피티'가 뭘까 하고 궁금하지 않을 수 없다. 물론 인용에서는 생략한 이 글의 앞부분에 '세렌디피티'에 대한 소개가 있었다고 하더라도 독자는 계속해서 이에 대한 관심을 가지게 된다. 독자가 지속적인 관심을 가지도록 '세렌디피티'에 대한 정보를 산헐적으로 제공히고 있기 때문이다. 이것이 이 글의 글쓰기 전략이다. 그리하여 '우연하게' 발견되는 행운과 '이러한 작은 이야기들을 무시'하지 않는 것들과 세렌디피티가 관련이 있다는 것을 눈치채도록 한다. 독자는 필자가 기획한 페니실린 발견과 관련한 정보에 대한 재구성 과정을 통해 세렌디피디가 '실수나 우연을 통한 창조성'이라는 사실을 확연히 인지하게 되며, 또 왜 필자가 이것을 강조하고 있는지도 짐작하게 된다. 이 점을 확인시켜 주는 의미 있는 문장이 바로 고딕으로 강조된 부분이라는 사실도 쉽게 알 수 있다. 이것을 토대로 필자는 독자들에게 실패를 두려워하지 않는 용감한 도전정신을 가지라고 당부할 것임을 예측해 볼 수 있다. 젊은이들로 하여금 '모험심과 상상력 그리고 끝없이 방황하는 열정'을 가지도록 하는 것이 이 글을 쓴 의도, 즉 주제임을 눈치채게 되는 것이다.

이와 같이 수필은 필자의 의도를 직접적으로 드러내는 산문 양식이기 때문에 주제 찾기 학습을 하는 데 유용하다. 뿐만 아니라 이 과정을 통하여 초점이 분명한 창의적인 글을 쓰는 능력을 배양할 수 있다. 두말할 나위 없이 좋은 글이란 주제가 분명한 글이다. 좋은 글을 쓰는 요령은 무엇에 대해 말할 것인가를 분명히 한 뒤 이를 어법에 맞게 효과적으로 구체화하는 것이다. 수필은 작가의 체취를 직접적으로 느낄 수 있는 글이며 또한 비전문적인 글이기 때문에 누구라도 쉽게 접근할 수 있다. 다른 문학 갈래에 비해 내용을 종합적으로 이해하는 데도 한결 수월하다. 이런 여러 가지 장점을 고려하여 수필을 많이 감상하면 글을 읽는 힘을 쉽게 기를 수 있고, 이를 통해 글쓰기의 기초를 충실히 다질 수 있다. 이런 과정을 통해 작문 수준이 단계적으로 향상될 수 있음은 물론이다.

3.2. 시를 통해 배우는 서정과 함축

글을 잘 쓰려면 무엇보다 어휘력이 풍부해야 한다. 그러나 막연하게 낱말의 뜻을 아는 수준으로는 곤란하다. 적재적소에 낱말을 골라 쓸 수 있는 언어변용 능력이 있어야 한다. 그렇게 하기 위해서는 단어의 뜻과 느낌을 분명하게 아는 것이 중요하다. 그 단어의 말뜻과 말맛nuance을 알아야 한다는 것이다. 말뜻을 아는 데는 우리말 어휘의 절반 이상이 한자어인 관계로 한자 공부를 해 두면 여러 가지로 유리하다. 소구력訴求力이나 조어력造語力, 이해력 등에 많은 도움이 될 수 있기 때문이다.

말맛을 익히는 데는 문학 작품을 많이 읽거나 시를 여러 편 외는 것이 좋은 방법이 될 수 있다. '금성 같은 눈동자'와 '샛별 같은 눈동자'는 문장의 느낌이 확연히 다르다. 또 '벌레 같은 사람'과 '버러지 같은 놈'이란 표현도 어감상 큰 차이가 있다. 좋은 표현이란 말의 맛을 살려 그 말의 결에 따라 적확한 어휘를 골라 쓴다는 것을 의미한다. 작문을 잘 하려면 어감의 미묘한 차이를 느낄 수 있는 감수성 훈련이 뒷받침 되어야 한다. 말맛을 알고 그것을 느끼는 데는 시를 공부하는 것이 가장 효과적이다. 좋은 시를 자주 감상하거나 직접 써 보는 학습과정을 통하여 그 단어만이 가지고 있는 고유한 말맛을 자연스럽게 체득할 수 있기 때문이다. 그래서 공자도 아들에게 무엇보다 시를 읽으라고 권했는지 모른다.

그런데 시의 언어는 다른 일상적인 말과는 좀 다른 점이 있다. 고도의 상징성과 음악성을 가지고 있기 때문에 일상적인 말뜻으로는 이해가 잘 안 되는 경우가 많다. 시에서 구사하는 언어는 문학의 다른 갈래와 달리 훨씬 함축적이기 때문이다. 물론 문학은 언어를 미적으로 변용한 특별한 구조체라고 할 수 있다. 한마디로 문학은 언어를 매체로 한 예술이다. 그러므로 문학 작품에 활용되는 표현 방식은 일반적인 언어 관행과는 다를 수밖에 없다. 시는 오랜 동안 문학을 대표하는 위치에 있었던 만큼 특히 이런 속성이 강하다. 시야말로 문학의 다른 갈래보다 언어 자체를 더 중요하게 여기고, 그 언어에 독특한 기능을 부여하는 방식을 통해 발전해 왔다고 할 수 있다. 따라서 시적 언어의 특수성을 이해하여야 시를 잘 감상할 수 있고, 이런 공부가 쌓이면 글을 더 아름답고 함축적으로 표현하는 능력이 생겨 수준 높은 작문을 구사할 수 있다.

시적 언어가 일상생활에서 쓰는 말과 다르다는 것은 본질적인 면에서 차이가 있다는 뜻은 아니다. 언어 기능의 이질성에서 오는 표현상의 차이가 있다는 의미다. 예술적 표현의 경우 일상적 언어와는 달리 말의 내포적 의미를 적극적으로 활용하는 속성이 있다.

소쉬르는 우리가 사용하는 말에는 외연denotation과 내포conntation라는 두 가지 상이한 속성이 있다고 보았다. 쉽게 말하자면 외연이란 사전적 의미이고, 내포란 사전 외적인 특수한 의미라고 할 수 있다. 시를 비롯한 문학 작품의 경우에는 사회적으로 통용되는, 본래부터 사전에 정의되어 있는 뜻이 중요한 것이 아니라, 그 의미와는 다른 뜻밖의 특수한 의미를 찾아내어 사물의 이미지를 신선하고 오래 기억하도록 하는 데 주안점을 두고 있다. 가령 '숲도 보고 나무도 보라'는 말은 실제로 산에 가서 숲을 보고 마당에 서 있는 나무를 보라는 뜻이 아니다. '숲'과 '나무'라는 기호를 대상 그 자체로 인식하는 외연적 의미 파악만으로는 이 문장의 뜻을 제대로 헤아릴 수 없다. 위 문장에서는 숲이 '전체', 나무가 '부분'을 나타내는 내포적 의미로 쓰였다는 것을 알아차려야 비로소 해석이 가능해 진다. 문학 특히 시의 언어는 이런 개별적이면서도 특수한 의미를 지향한다. 시는 이런 언어의 함축성을 즐겨 활용하는 경향이 있다. 따라서 시를 통하여 말의 특수한 운용 방법을 익혀 두면 자신의 생각을 압축해서 표현하는 고급 작문을 구사할 수가 있게 된다.

> 사람과 사람 사이에 섬이 있다.
> 그 섬에 가고 싶다
>
> —정현종, 「섬」

사람의 일생을 새의 비상에 비교해 볼 수가 있다. 인생은 어떻게 보면 망망대해를 날아가는 한 마리 새와 같은 외로운 존재다. 쉼없이 날갯짓을 할 수밖에 없는 고독한 존재가 곧 인간인지 모른다. 일상이 운명이 되어 버린 현대인처럼, 나는 것이 숙명인 새에게 잠시 쉬어갈 수 있는 따뜻한 품이 있다는 것은 얼마나 다행인가. 새는 또 그런 섬을 얼마나 그리워하였던가. 이런 섬이 인간들 사이에도 있다면 얼마나 좋을까. 위의 시는 독자들에게 이런 생각을 상기시켜 준다. 따라서 이 시에 나오는 섬은 그냥 바다 위에 떠 있는 섬, 즉 지리적 환경으로서의 섬이 아니다. 국어사전에 나오는 섬의 정의, 즉 사방이 바다로 둘러 싸여 있는 땅이라는 풀이만으로는 이 시를 이해할 수가 없다. 여기에서 섬은 '인정' '희망' 등을 나타내는 내포적 의미로 쓰였다고 볼 수 있다.

묏버들 가려 꺾어 보내노라 님의 손에
자시는 창 밖에 심어 두고 보소서
봄비에 새 잎 나거든 날인가도 여기소서

—홍랑

위의 시조를 이해하기 위해서는 먼저 묏버들柳木에 대한 속성을 알아야 한다. 여러 가지 많은 꽃나무 가운데 왜 하필이면 버드나무를 선택하였는지, 이것을 시어詩語로 삼은 이유를 생각해 보아야 한다. 그리하여 시적자아詩的自我인 '나'와 어떤 관계로 연결되어 완전히 새롭고 독창적인 의미를 창출하고 있는지를 파악해 내어야 한다. 버드나무는 다른 수종에 비하여 꺾꽂이가 쉽고 또 토양에 상관없이 비교적 잘 자르는 속성이 있다. 그리고 가지를 휘었을 때 쉽게 부러지지 않고 금세 원상회복하는 탄력성을 가지고 있다. 따라서 헤어지더라도 곧 재회하여 예전과 같은 좋은 사이가 지속되기를 바란다는 뜻을 담고 있고, 작자는 이런 심경으로 특별히 묏버들을 시어로 골라 썼다고 볼 수 있다. 아무데서나 잘 자라나는 묏버들의 재생 이미지와, 불가피하게 이별을 하더라도 변함없는 사랑이 지속되기를 바라는 재회의 심정을 공통점으로 발견해 내는 시인의 안목을 우리는 눈여겨보아야 한다. 따라서 작자는 이 시조를 통하여 묏버들이라는 단어에 새로운 내포적 의미를 하나 더 추가한 셈이다. 이런 이유로 시인을 언어 창조자라고 부르기도 한다.

이와 같이 시를 통하여 언어의 함축적 사용법을 익히다 보면 상징이나 비유적 표현까지 저절로 알게 되어 작문할 때 매우 유용하게 활용할 수가 있다. 비유와 상징은 새로운 현상이나 독창적인 세계를 나타내고자 할 때 기존의 일상적 표현 방식으로는 그런 의미 전달이 불가능하여 상상력에 의한 유추analogy를 통하여 특수한 이미지를 구축해 내는 것을 말한다. 시적인 비유는 그 유추 과정이 다른 글에 비하여 훨씬 복잡하고 신선하므로 풍부한 상상력을 요구하게 마련이다. 이는 결국 시의 본질이라고 할 수 있는 언어의 함축성 문제와도 긴밀한 관련을 맺고 있다.

내 마음 속 우리 님의 고은 눈썹을
즈문 밤의 꿈으로 맑게 씻어서
하늘에다 옮기어 심어 놨더니
동지 섣달 나르는 매서운 새가
그걸 알고 시늉하며 비끼어 가네.

—서정주, 「동천」

현대시는 대개 비유와 상징의 연결고리를 풀어야 해석이 가능하다. 이 고리를 풀기 위해서는 많은 상상력이 뒷받침되어야 한다. 위의 시에서는 '눈썹'이 그 고리를 푸는 핵심어 역할을 한다. 이 시에서는 왜 '눈썹'이란 낱말을 시어로 채택하였으며 그것이 뜻하는 바가 무엇인지를 먼저 파악해야 한다. 자신이 가지고 있는 기초적인 상상력을 동원하여 그 관계를 유추해 보아야 이 시를 제대로 이해할 수가 있다.

우선 제목을 통하여 이것이 겨울 하늘과 관련이 있음을 눈치채야 한다. 눈썹이 겨울 하늘에 떠 있는 초승달과 형상 면에서 닮았다는 것에 착안한다면 이 시어가 함축한 내포적 의미를 추측해 내기가 쉽다. 눈썹이 초승달을 닮았다는 형태적 특징을 바탕으로 달이 갖는 상징적 의미를 상상해 볼 수 있기 때문이다.

달은 인류가 처음부터 우러러 보던 숭배의 대상이다. 태초의 염원이 묻어나는 숭고함 그 자체인 것이다. 순수한 마음의 첫 열정을 표상하는 대상이기 때문에 그 상징적 연결 체계에 주목하면 어느 정도 의미가 파악되어 진다.

여기서 'A는 B다'는 동일성identification의 원리를 활용하여 눈썹이 지고지순한 사랑의 화신 또는 그 언약의 징표라는 것을 상상해 볼 필요가 있다. 우리 민족은 예로부터 하늘의 달을 쳐다보며 사랑의 언약을 맺곤 하였다. 이런 식의 유추나 연상을 통하다 보면 '동지 섣달 나르는 매서운 새'가 지극한 정성을 시샘하는 사랑의 훼방꾼이라는 사실을 알 수 있으며, '옮겨 심다'와 '시늉하며 비껴가는' 것의 대조적인 행위 역시 모종의 유의성有意性을 암시하는 것임을 쉽게 눈치챌 수 있다.

물론 시가 비유나 상징성을 앞세워 긴장tension만을 강요하는 것은 아니다. 자유 분망한 상상력을 통하여 직설적인 어조로 쉽게 이야기하듯이 쓴 현대시들도 얼마든지 있다.

어머님
제 예닐 곱 살 적 겨울은

목조 적산가옥 이층 다다미방의
벌거숭이 유리창 깨질듯 울어대던 외풍 탓으로
한없이 추웠지요, 밤마다 나는 벌벌 떨면서
아버지 가랑이 사이로 시린 발을 밀어넣고
그 가슴팍에 벌레처럼 파고 들어 얼굴을 묻은 채
겨우 잠이 들곤 했지요.

요즈음도 추운 밤이면
곁에서 잠든 아이들 이불깃을 덮어주며
늘 그런 추억으로 마음이 아프고,
나를 품어주던 그 가슴팍이 이제는 한 줌 뼛가루로 삭아
붉은 흙에 자취없이 뒤섞여 있음을 생각하면
옛날처럼 나도 다시 아버지 곁에 눕고 싶습니다.

그런데 어머님,
오늘은 零下의 한강교를 지나가면서 문득
나를 품에 안고 추위를 막아주던
예닐 곱 살 적 그 겨울밤의 아버지가
이승의 물로 化身해 있는 것을 보았습니다.
품 안에 부드럽고 여린 물살은 무사히 흘러 바다에 가라고
꽝꽝 얼어붙은 잔등으로 혹한을 막으며
하얗게 얼음으로 엎드려 있는
아버지, 아버지, 아버지……

—이수익, 「결빙의 아버지」

돌아가신 아버지를 생각하며 홀로 남은 어머니에게 편지를 쓰는 형식으로 쓴 시이기 때문에 이 시 속에 나오는 '강물' '바다' '얼음' 등의 시어가 각각 무엇을 뜻하는지 어렵지 않게 유추해 볼 수 있다.

이렇듯 시를 통하여 언어의 함축성은 물론 비유나 상징의 묘미, 상상의 즐거움 등을 한꺼번에 맛볼 수 있기 때문에 좋은 시를 가까이하는 습관을 가지면 글쓰기 실력을 크게 향

상시킬 수가 있다. 특히 시는 소리가 있는 그림인 만큼 좋은 시를 많이 외워 두면 압축적인 표현 능력을 자연스럽게 터득하는 효과를 기대할 수 있다.

3.3. 소설을 통해 배우는 서사와 재현

소설은 과거에 겪은 인간의 구체적인 삶을 재현하고자 한다. 물론 희곡을 비롯한 다른 문학 장르도 인간의 삶에 관심을 갖지 않는 것은 아니다. 그러나 소설만큼 직접적이지는 않다. 소설은 특정한 사건을 통하여 우리 삶의 총체성을 구현하는데 목적이 있다.

소설을 이루는 요소는 주제를 비롯하여 플롯 인물 배경 사건 등 매우 다양하다. 소설을 이해하려면 이런 여러 요소들의 특성을 잘 알고 있어야 한다. 특히 사건의 구성 원리나 인물의 성격에 관심을 가질 필요가 있다. 그리고 각각의 사건이 어떤 인과관계를 유지하고 있는지도 눈여겨보아야 한다. 소설은 궁극적으로 우리 삶의 본모습을 형상화한 것이기 때문에 등장인물의 성격 파악은 대단히 중요한 의미를 지닌다. 그 인물의 말이나 행동거지를 통하여 나의 진면목을 반추해 볼 수 있기 때문이다. 따라서 소설을 읽으면 자신의 경험이 확충되고 나아가 역사나 사회를 바라보는 시각도 한층 넓어질 수가 있는 것이다.

소설은 실재하지는 않더라도 있을 법한 이야기를 실감나게 보여준다. 비록 허구이기는 하지만 사건을 개연성 있게 배치하여 독자가 그럴 듯함plausibility을 느끼도록 한다. 소설을 이루는 요소는 주제를 향하여 유기적으로 맞물려 있지만 그 가운데서도 서사와 등장인물은 불가분의 관계를 가지고 있다. 특별한 성격을 가진 인물의 흥미로운 행적을 의미 있게 얽어 짠 것이 곧 소설이기 때문이다. 소설을 읽는다는 것은 한 명의 독특한 주인공을 만나는 일과 다름없다. 명작은 그 작품의 주인공이 독자의 뇌리에 강렬하게 남아 있을 때 가능하다. 이런 점에서 본다면 등장인물은 사실상 소설 그 자체라고 해도 과언이 아니다. 소설 창작은 결국 한 인간을 창조하여 그로 하여금 의미 있는 행동을 하도록 조종하는 일이기도 하다. 따라서 소설을 제대로 이해하려면 무엇보다 등장인물의 성격과 그의 행동을 주의 깊게 살펴 볼 필요가 있다.

> 그 여자의 노래가 끝나자 나는 의식적으로 바보같은 웃음을 띠고 박수를 쳤고, 그리고 육감(六感)으로써랄까, 나는 후배인 박이 이 자리에서 떠나고 싶어 하는 것을 알았다. 나의 시선이 박에게로 갔을 때 나의 시선을 받은 박은 기다렸다는 듯이 자리에서 일어났다. 누군지가 그에게

앉아 있기를 권했으나 박은 해사한 웃음을 띠며 거절했다. "먼저 실례합니다. 형님은 내일 또 뵙지요." 조는 대문까지 따라 나왔고, 나는 한길까지 박을 바래다주러 나갔다. 밤이 깊지 않았는데도 거리는 적막했다.

어디선가 개 짖는 소리가 들려왔고 쥐 몇 마리가 한길 위에서 무엇을 먹고 있다가 우리의 그림자에 놀라 흩어져 버렸다. "형님, 보세요. 안개가 내리는군요." 과연 한길의 저 끝이, 불빛이 드문드문 박혀 있는 먼 주택지의 검은 풍경들이 점점 풀어져 가고 있었다. "자네, 하 선생을 좋아하고 있는 모양이군." 내가 물었다. 박은 다시 그 해사한 웃음을 띠었다. "그 여선생과 조군(趙君)과 무슨 관계가 있는 모양이지?" "모르겠습니다. 아마 조형이 결혼 대상자 중의 하나로 생각하고 있는 거 같아요." "자네가 그 여선생을 좋아한다면 좀 더 적극적으로 나가야 해. 잘 해 봐." "뭐 별로......" 박은 소년처럼 말을 더듬거렸다. "그 속물들 틈에 앉아서 유행가를 부르고 있는 게 좀 딱해 보였을 뿐이지요. 그래서 나와 버린 거죠." 박은 분노를 누르고 있는 듯이 나직나직 말했다. "클래식을 부를 장소가 있고 유행가를 부를 장소가 따로 있다는 것뿐이지. 뭐 딱할 거까지야 있나?" 나는 거짓말로써 그를 위로했다. 박은 가고 나는 다시 '속물'들 틈에 끼었다. 무진에서는 누구나 그렇게 생각하는 것이다. 타인은 모두 속물들이라고. 나 역시 그렇게 생각하는 것이다. 타인이 하는 모든 행위는 무위(無爲)와 똑같은 무게밖에 가지고 있지 않은 장난이라고.

―김승옥, 「무진기행」

이 작품에는 네 사람의 주요인물이 등장하는데, 제약회사 간부인 윤희중과 세무서장 조, 그리고 고향 후배인 박군과 그의 애인 하인숙이다. 주인공 윤희중은 현실에 좌절을 느낄 때마다 고향 무진을 찾곤 하는데 이번에는 그의 아내와 장인의 권유로 고향을 방문하게 된다. 그곳에서 그는 중학교 동창으로 세무서장이 되어 있는 조와 국어교사로 있는 후배 박, 그리고 음악 교사인 하인숙을 만난다. 그는 뜻밖에도 하인숙에게 알 수 없는 연민을 느껴 성관계까지 갖게 되지만 아내의 전보를 받고는 그녀와의 약속을 무시한 채 다시 서울로 돌아와 버린다.

이 작품에 등장하는 세무서장 조는 지극히 세속적인 사람으로 물질적인 가치만을 추구하는 인간형이다. 이런 모습은 결혼을 출세의 수단으로 삼은 현재의 윤희중을 상징한다. 반면에 물정 모른 채 하인숙을 짝사랑하고 있는 박선생은 순수했던 과거의 윤희중을 대변한다고 볼 수 있다. 또 생업의 현장인 무진에 정을 붙이지 못하고 막연히 서울을 동경하며 방황하고 있는 하인숙은 윤희중의 내면 심리를 반영하는 인물이라고 할 수 있다. 결국 주인공 윤희중에게는 이들 세 인물의 속성이 점철되어 있으며 이는 곧 우리의 자화상이기도 하다. 그러므로 무진으로 향하는 발걸음은 단순한 고향 방문이 아닌 우리 내면으로의 여행을 의미하게 된다. 윤희중이 만난 세 사람은 자신의 과거와 현재, 그리고 심리상태를 대변하는 분신들이라고 할 수 있다. 무진으로의 기행은 다름 아닌 이들 분신과의 대면 과정인 것이다. 순수한 열정으로 불타던 젊은 시절과 세속적인 욕망의 노예가 되어 있는 현재의 모습, 또 그 사이에서 끊임없이 번민하는 마음까지 무진이라는 거울에 한꺼번에 비치고 있는 셈이다. 독자는 이 작품을 읽으면서 한편으로는 조나 윤희중 같고, 한편으로는 박이나 하인숙을 닮은 자신의 본모습을 반추해 보게 된다. 이와 같이 소설은 현실에서 잊고 지내던 인간의 본모습을 구체적으로 되돌아보는 계기를 제공해 준다.

우리 주변에는 다양한 삶의 흔적이 널려 있지만 그 가운데서도 특별히 의미를 지니는 것이 있을 수 있다. 작가는 이것을 골라 소설을 쓰게 마련인데 작가가 주목한 이 문제의식이 곧 소설의 주제라고 할 수 있다. 작가는 그 주제를 살릴 수 있도록 전형적인 인물을 내세워 사건을 그럴듯하게 전개해 나간다. 이때 대개 사건을 구조적으로 얽어 짜게 되는데 이런 짜임새를 플롯plot이라고 한다. 플롯은 사건의 배열 기술인 동시에 주제를 구현하기 위한 예술적인 기법이기도 하다. 그러나 플롯이란 결국 소설의 주제를 선명하게 드러내기 위한 방법이기 때문에 표현을 할 때도 핍진감逼眞感이 수반되도록 해야 좋다.

소설은 서사 중심의 글이지만 사건이 진행되는 과정을 독자가 생생하게 기억하도록 만들기 위해서 묘사 원리를 적극적으로 활용하는 경향이 있다. 따라서 어떤 대상의 특징을 인상적으로 재현하는 문장력을 기르려면 소설의 묘사문을 유심히 읽어 볼 필요가 있다.

> 나는 될 수 있는 대로 그 이상한 과자 위에 시선이 머물지 않도록 신경을 많이 썼다. 그러나 나도 모르게 꿀꺽꿀꺽 넘어가는 침을 어쩔 수가 없었다.
>
> "뭐 조금도 부끄러워할 것 없다. 착한 아이는 상을 받는 것이 당연하단다. 어떠냐, 대답하겠니? 네 대답 한 마디면 아저씨는 친구를 만나서 좋고, 너는 이 맛있는 쪼꼴렛을 먹을 수 있어서 좋고……."
>
> 무엇 때문에 내가 망설이고 있었는지 알 수 없다. 받아서 좋을 것인가, 아니면 받아서는 안 될 것인가를 결정짓지 못해서였을까. 혹은 그런 도덕적인 문제가 아니라 단순히 그 나이의 시골애답게 모르는 사람에 대한 낯가림 때문에 그랬을까. 확실한 것은 별로 기억에 없다. 아무튼 나는 꽤 오랜 시간을 끌었던 것 같다.
>
> (…중략…)
>
> "난 네가 굉장히 똑똑한 앤 줄 알았는데…… 참 안됐구나."

그는 또 한 개를 구둣발로 짓밟아 놓았다. 벌써 세 개째였다. 사내의 손 안엔 이제 두 개의 과자가 남아 있었다. 그리고 여태까지의 사내의 태도로 보아 나머지 두 개마저도 충분히 짓밟고 남을 사람이었다. 사내가 별안간 껄껄 웃었다.

"너 이 녀석 우는구나. 못난 녀석 같으니라구. 얘, 꼬마야. 이제라도 늦진 않아. 잘 생각해봐. 삼촌이 집에 다녀갔었니? 그게 언제지?"

어른의 비상한 수완을 나로서는 도저히 당해낼 재간이 없다는 생각이 든 것은 바로 그 순간이었다. 그리고, 이 아저씨는 진짜로 삼촌의 친구일는지도 모른다, 그렇게 생각하니 마음이 한결 가벼워졌다.

—윤흥길의 「장마」

이 장면은 초콜릿을 빌미로 배고픈 어린 아이를 꼬시는 현장을 묘사한 글이다. 어린 아이는 "먹음직스런 향기가 풍기는" 이상스런 과자에 대한 유혹을 떨치지 못하고 빨치산 활동을 벌이는 삼촌의 행적을 발설해 버린다. 이 장면은 앞으로 벌어질 비극의 서막을 마치 그림을 그려 보여주는 듯하다. 이와 같이 묘사는 순간적으로 포착한 인상을 독자에게 실감나게 전해주는 특성이 있다. 소설은 행동 자체를 묘사의 대상으로 삼기 때문에 명장면을 많이 읽다보면 저절로 문장의 묘사 능력이 향상되는 효과를 기대할 수 있다. 특히 소설의 구성 원리를 익혀두면 자신이 쓴 글을 조직화하는 데 좋은 참고가 될 수 있다. 따라서 작품에 등장하는 인물의 성격을 비롯하여 묘사나 문체의 특징 등을 파악하면서 소설을 읽으면 삶에 대한 통찰력이 생겨 그 만큼 깊이 있는 글을 쓰는 힘을 길러 나갈 수 있게 되는 것이다.

연습문제

아래 예문을 읽고 물음에 답하시오

사실상 모든 예술, 학문은 인간을 위해서 봉사한다. 그것은 인간에게만 또한 봉사하고 있다. 인간을 그 대상으로 다루고 있는 인문 과학은 그러나 인간의 어느 한 면을 연구하고 관찰한다. 사회학은 인간의 사회와의 관계를, 심리학은 인간의 심리를 분석하고 종합한다. 그러나 문학을 비롯한 모든 예술은 인간을 총체적으로 다룬다. 문학은 어떤 개인이 인간의 한 측면만을 붙잡고 씨름함으로써 인간을 피상적으로, 그리고 단편적으로 파악할지도 모를 단점을 막고 인간을 총체적으로 보게 한다. 인간이 단편적으로 파악될 때 억지가 생겨나고 불건강한 관계가 형성된다. 그러나 문학은 그러한 불균형을, 인간을 총체적으로 제시함으로써 교정시킨다. 문학이 삶에 대한 태도를 교정한다는 진술은 문학이 인간을 총체적으로 제시하여 자신의 편협한 인간관을 수정케 하는 것임에 틀림이 없다. 문학이 인간을 고문하고 자극하는 것 역시 문학만이 좁고 편협한 인간관에서 벗어나게 하기 때문이다.

1. 위의 글은 문학이란 무엇인가에 대한 해석으로 문학은 인간을 총체적으로 제시하는 유일한 분야는 아니지만 가장 대표적인 분야라고 정의를 내리고 있다. 그 구체적인 논거를 찾아 제시해 보자.

2. 문학을 제대로 이해하려면 이론보다는 작품이 더 중요하며, 이론이란 어디까지나 현상을 이해하려는 하나의 수단일 뿐 현상 자체는 아니라고 이 글은 주장하고 있다. 그렇다면 저명한 문학 이론도 의미가 없다는 뜻이 되는데 이를 반박하는 비평문을 한편 써 보자.

3. 위의 글을 읽고 이 시대에 문학을 한다는 것이 과연 어떤 의미를 지니며, 또 문학을 하기 위해서는 어떤 마음의 자세가 필요한가에 대한 논리를 자신의 관점에서 정리해 보자

연습문제

아래 예문을 읽고 물음에 답하시오.

㉠ 이렇게 하면 전에는 한 가지도 모르고 지냈던 네가 이때부터는 그 내력까지 완전히 알게 될 것이고, 비록 홍유(鴻儒)라도 조제(祖祭)에 대해서는 너와 경쟁하지 못할 것이 아니겠느냐? ① 오늘 한 가지 물건에 대하여 이치를 캐고 내일 또 한 가지 물건에 대하여 이치를 캐는 사람들도 이렇게 착수를 했다. ② 격(格)이란 가장 밑까지 완전히 다 알아낸다는 것을 뜻하는 것이니, 가장 밑에까지 알아내지 못한다면 아무런 의미가 없다.

㉡ 페테르부르크에는 연봉(年俸) 4백 루블이나 고작해야 그 정도의 봉급을 받고 있는 모든 월급쟁이에게 무서운 적(敵)이 있었다. ③ 이 무서운 적이란 다름 아닌, 건강에는 매우 좋다고 일컬어지고 있지만, 저 살을 에이는 북쪽의 추위인 것이다.

(…중략…)

아카키 아카키에비치는 전속력을 내어서 늘 다니는 길을 횡단하느라고 무던히 애는 썼지만, 언제부터인지 모르게 등과 어깨가 떨어져 나가는 것처럼 아픈 것을 느꼈다. 마침내 그는 이 원인이 혹시 자기의 외투 때문이 아닌가 하고 생각하기 시작하였다. 그는 집에 돌아와서 외투를 자세히 뒤져 보았다. 그랬더니 아니나 다르랴! 두어 군데 바로 등과 어깨 있는 데가 가제 천만큼이나 얇아진 것을 발견하였다. 나사(羅紗)가 하늘이 비칠 정도로 낡아서 안감도 너덜너덜하게 떨어져 있었다.

㉢ 바닥까지 가본 사람들은 말한다.
결국 바닥은 보이지 않는다고
바닥은 보이지 않지만
그냥 바닥까지 걸어가는 것이라고
바닥까지 걸어가야만
다시 돌아올 수 있다고

바닥을 딛고
굳세게 일어선 사람들도 말한다.

더 이상 바닥에 발이 닿지 않는다고
발이 닿지 않아도
그냥 바닥을 딛고 일어서는 것이라고

바닥의 바닥까지 갔다가
돌아온 사람들도 말한다.
더 이상 바닥은 없다고
바닥은 없기 때문에 있는 것이라고
보이지 않기 때문에 보이는 것이라고
그냥 딛고 일어서는 것이라고

1. ㉠은 아버지가 아들에게 책 읽기를 권유하는 편지글이다. 전후 문맥으로 보아 "이렇게 하면"이 어떤 독서방법을 뜻하는 것인지 구체적으로 알아보자.

2. 인용한 글 ㉠㉡㉢ 가운데 어법상 틀린 곳이나 어색한 부분이 있으면 고쳐 써 보자.

3. 인용문 ㉠에서 제시하고 있는 독서 방식을 활용하여 위 글에 나오는 조제組祭와 홍유鴻儒의 의미를 정리해 보자.

4. 고딕으로 강조된 ①의 상황을 소설에서 흔히 사용하고 있는 인물 사이의 대화 방식으로 바꾸어 표현해 보자.

5. 위의 글에서 아버지는 '격물格物하듯이 독서를 하라'고 권하고 있다. 격물의 출처에 대하여 알아보고 그 뜻을 정확하게 파악해 보자.

6. 고딕으로 강조된 ②의 상황이 잘 드러나도록 객관적인 상관물을 활용하여 함축적인 언어로 ㉢과 같은 시를 한 편 써 보자.

7. 고딕으로 된 ③의 정황이 잘 드러날 수 있도록 화자가 자신의 심정을 고백하는 형식의 묘사문을 작성해 보자.

8. ㉡의 주인공은 밥까지 굶어가며 외투를 하나 마련하지만 강도에게 외투를 빼앗기게 되고 이를 되찾으려고 하다가 주위의 조롱만 받은 채 죽어간다. 이 작품은 사회의 냉대 속에서 외롭게 살아가는 한 인간의 비극적인 운명을 익살스럽게 그리고 있는데 이와 같은 유형의 한국소설은 어떤 것이 있는지 찾아 읽어보고, 또 이런 인물이 갖는 사회적 의미에 대하여 논의해 보자.

9. 글 ㉡㉢의 제재상 공통점을 알아보고, 이 글의 주제에 부합하는 격언이나 속담을 찾아보자.

10. 소설에는 인물이나 독자를 대하는 작가의 태도가 반영되어 있다. 작품 ㉡을 소통 주체 사이의 거리가 짧게 느껴지도록 1인칭 시점으로 바꾸어 써 보자.

11. 인용한 시 ㉢에서 화자가 현실을 비라보는 태도는 어떠한지 알아보고 그 근거가 되는 구절을 모두 찾아보자.

12. 위의 세 작품에 나타난 어조語調의 공통점과 차이점을 설명해 보자.

4. 창의적 글쓰기의 실제

4.1. 무엇을 어떻게 쓰나

글을 쓰는 데도 다른 일과 마찬가지로 기초가 중요하다. 기초가 충실하지 않으면 좋은 글을 쓰기가 사실상 불가능하다. 운동선수도 훈련을 통해 기본기를 충분히 쌓아야 좋은 기록을 세울 수 있는 것과 같이 글쓰기도 예외가 아니다. 어떤 형태의 글이든 자유자재로 쓰려면 우선 기초 실력을 튼튼히 닦아야 한다.

글쓰기의 기초를 다지기 위해서는 문학 작품을 많이 읽어 우리말의 관행을 체득하는 것이 무엇보다 중요하다. 아울러 다양한 성격의 글을 많이 습작해 본다면 그 효과는 훨씬 증대될 수 있다. 문학 작품을 통해 우리말의 변용 방식을 체득하고, 이를 모범삼아 비슷한 글을 써 보려고 노력하는 것이야말로 글쓰기의 기초를 다지는 가장 효과적인 방법이라고 할 수 있다. 올바른 국어의 관행을 익히고 어휘력을 배양하는 데는 문학 작품만큼 좋은 교재가 없기 때문이다. 문장력이 뛰어난 작가의 작품을 읽는 가운데 모국어의 특성은 물론 풍부한 어휘를 자연스럽게 익힐 수 있으니까 말이다. 정평이 있는 문학 작품은 국어의 보물 창고와 같다. 작가는 모국어가 가진 아름다움을 가장 잘 표현할 수 있는 사람이다. 이들은 동시대 민족 정서를 누구보다도 예리하게 표현해 내는 능력을 가지고 있다. 따라서 글을 쓰고자 하는 사람은 이런 작가의 창작품을 길잡이로 삼을 필요가 있다. 언어 고유의 아름다움을 발견하여 모국어에 대한 애정을 자연스럽게 키워가는 방편으로 문학 작품만한 것이 없기 때문이다.

작문 기술을 익히는 것뿐만 아니라 글을 쓰는 데 필요한 사고 능력을 키우는 데도 문학 작품은 크게 도움이 된다. 비록 작가가 자신의 관심사를 직설적으로 드러내지 않는다고 하더라도 독자는 독서 행위를 통하여 그 작품이 지향하는 바를 어느 정도 짐작할 수 있다.

작품 속에는 그것을 쓴 작가의 인생관이 나름대로 깃들어 있기 때문이다. 이런 식으로 작품을 통해 삶에 대한 통찰력을 키워간다면 깊이 있는 글을 쓰는 힘을 기를 수 있다.

또한 문학에는 사회 비판적 요소가 있어서 시의성時宜性 있는 창의적인 글을 쓰는 훈련을 하는 데도 도움이 된다. 문학은 암시적으로든 명시적으로든 현실의 모순을 제시하기 마련인데 이런 점에 주목하여 작품을 읽으면 자신의 비판의식을 고양시키는 효과를 기대할 수 있다. 주어진 상황에서 무엇이 문제인지 분명하게 직시할 수 있는 능력은 사회 비판적인 글을 쓰는 데 대단히 중요한 요소가 된다. 좋은 작품은 문제 제기 방식에 있어서 많은 것을 시사해 준다. 왜냐하면 문학 작품은 본질적으로 문제 해결이 아닌 문제 제기의 가능성을 지향하고 있기 때문이다. 뿐만 아니라 문학은 세계를 더 넓게 바라보도록 시야를 넓혀주는 역할도 한다. 직접 체험할 수 없는 여러 민족의 문화와 전통을 이해하는 참고 자료를 제공해 주기 때문에 문학 작품을 섭렵하면 글감을 그만큼 다양하게 확보하는 셈이 되는 것이다.

어쨌든 문학은 특별한 체험의 기록이다. 직접적인 경험이 아니라고 하더라도 의식적으로 느낀 가치 있는 체험의 기록이 곧 문학인 것이다. 문학에는 분명히 가치 있는 경험이 들어 있고 작가는 이것을 되도록 실감나게 표현하고자 한다. 비록 보잘것없는 체험이라고 하더라도 작가가 이것을 그럴 듯하게 표현하면 가치 있는 문학 작품이 될 수 있다. 작가는 하찮은 것을 가치 있는 기록으로 바꾸는 특별한 표현 능력을 가진 사람이다. 이것이 작가의 창의적 개성이다. 작가는 이미 있는 것을 흉내 내는 것이 아니라 항상 새로운 것을 창조하고자 한다. 문학 작품은 작가의 이런 창작 의지의 산물이다. 따라서 글을 쓰고자 하는 사람은 문학 작품을 통하여 작가의 창작 의지가 구체화된 표현의 독창성을 배울 필요가 있다. 필자의 감정이나 심리가 생생하게 드러나도록 표현할 수 있는 능력을 길러야 독자가 감동하는 좋은 글을 쓸 수 있기 때문이다.

특히 필자의 정서를 직접적으로 노출하는 수필은 표현 자체가 목적이 될 수 있으므로 이 점을 고려하면서 읽으면 유익한 점이 많다. 개성이 없는 일반적인 표현으로는 독자를 감동시킬 수 없다. 필자의 심리 상태나 생각이 오롯이 드러난 글이라야 감동을 줄 수 있다. 문학 작품을 통해 현장을 실감나게 재현하는 표현 기술을 배우면 글짓기 능력을 키우는 데 큰 도움이 될 수 있다. 누구나 할 수 있는 식상한 표현으로는 독자의 마음을 사로잡기가 어렵다. 개성적인 표현으로 독자에게 신선한 충격을 줄 수 있어야 비로소 호소력 있는 글이 될 수 있기 때문이다. 이런 점에 주목하면서 문학 작품을 많이 정독하면 작문을 할 때 느끼는 표현력의 한계를 상당히 극복할 수 있다.

그러나 어느 정도 표현 능력을 길렀다고 하더라도 막상 글을 쓰려면 마음대로 풀리지 않는 것을 경험하게 된다. 무엇을 어떻게 써야 할지 몰라 막막해지기 쉽다. 이것은 글의 주제를 분명히 정하지 못했기 때문이다. 글을 시작할 때는 먼저 무엇에 대해 쓸 것인가를 확실하게 결정하여야 한다. 주제를 정하지 않는 상태에서 막연하게 시작하면 글이 제대로 써지지 않는다. 마찬가지로 주제를 확정하지 않는 상태에서 어떻게 쓸 것인가만 골몰하는 경우에도 내용이 없는 산만한 글이 되기 쉽다. 그러므로 작문을 하려면 어떻게 쓸 것인가보다 무엇을 쓸 것인가 하는 문제에 더 많은 고민을 하여야 한다. 말하고자 하는 그 무엇, 즉 창의적인 생각이 없으면 결국 내용이 없는 공허한 글이 될 수밖에 없기 때문이다.

어쨌든 글을 쓰려고 할 때 제일 먼저 고려해야 하는 사항은 쓸거리를 분명하게 결정하는 일이라고 할 수 있다. 무엇에 대하여 이야기하겠다는 확신이 서 있지 않는 상태에서 시작하면 글이 제대로 풀리지 않는다. 무작정 쓰면 글의 흐름이 자연스럽지 못하게 되는 것은 당연하다. 따라서 무엇에 대하여 쓸 것인가를 깊이 고민한 후에 집필에 임하는 것이 작문의 올바른 수순이라고 할 수 있다.

무엇에 대하여 쓰겠다는 주제를 정하려면 먼저 그 글의 성격을 고려해 보아야 한다. 글의 성격을 감안하여 주제에 접근하여야 내용과 형식이 조화를 이루는 좋은 작문이 가능하다. 논술시험과 같이 글의 성격이나 제목이 제시된 경우라면 주제를 최대한 압축하여 객관화시키는 것이 바람직하다. 반면에 수필처럼 필자의 감정을 드러내는 글이라면 주제를 주관적으로 구체화시켜 볼 필요가 있다. 그러나 어떤 종류의 글이든 독자의 흥미를 끌 수 있는 참신한 주제를 먼저 상정하여야 한다.

주제를 정하였다고 하더라도 글의 무게 중심이 분명하지 않으면 산만한 글이 되기 쉽다. 이것은 무엇에 대하여 쓰겠다는 생각은 있되 그것을 구체적으로 진술할 전략이 부족하기 때문이다. 말하고자 하는 주제가 결정되었다면 이것에 부합하는 소재를 찾아야 하고, 소재 가운데서도 글감으로 직접 채택할 특정 분야, 즉 제재를 선택하여야 한다. 소재, 제재, 주제가 상호 밀접한 관계를 맺은 가운데 독창적인 표현이 덧붙여져야 좋은 글이 될 수 있다.

소재란 글을 쓰는 데 바탕이 되는 기본 재료 즉 글감을 의미한다. 아무런 조치를 취하지 않은 자연 상태 그대로의 재료를 뜻한다. 말하자면 옷을 만드는 데 필요한 옷감과 같은 것이 소재인 것이다. 반면에 제재는 이 소재를 필요에 따라 가공한 것을 가리킨다. 소재의 어떤 면을 취사선택하여 주제를 잘 구현할 수 있도록 특별한 의도를 덧붙여 놓은 상태가 제재인 것이다. 옷을 만들기 위하여 옷감을 잘라 마름질해 놓은 상태와 유사하다. 아래에 소개하는 두 편의 시조는 소재는 같지만 제재는 다르다고 할 수 있다. 모두 까마귀를 글감으로 삼았지만 그 까마귀를 바라보는 시각은 각기 다르기 때문이다. 앞의 시조는 까마귀가 가지고 있는 여러 가지 속성 가운데 울음소리가 흉하고 털빛이 검은 색인 것에 주목하여 까마귀에게 음해를 일삼는 소인배에 비유하고 있다. 반면 뒤의 시조는 생활습성을 중시하여 까마귀를 효자의 본보기로 상정으로 보고 있다. 제재는 이와 같이 필자의 의도에 따라 소재가 가지고 있는 여러 가지 속성 가운데 필요한 측면만을 취사 선택하게 되는 것이다.

가마귀 싸호는 골에 백로(白鷺)야 가지 마라
셩낸 가마귀 흰빗츨 새오나니
청강(淸江)에 좋이 시슨 몸을 더러일까 하노라

뉘랏셔 가마귀를 검고 흉(凶)타 하돗던고
반포보은(反哺報恩)이 긔 아니 아름다온가
사람이 저 새만 못함을 못내 슬허하노라

위의 시조를 통하여 알 수 있는 바와 같이 주제는 소재를 갈무리한 제재에다가 특별한 목적을 덧붙인 것이다. 글 전체를 지배하는 필자의 중심적인 생각이 다름 아닌 주제라고 할 수 있다. 인용한 시조의 경우 앞의 작품에는 자식의 장래를 염려하는 부모의 심정이 여실히 드러나 있고, 뒤의 작품에는 자식 된 도리를 다하기 위하여 마땅히 효도해야 한다는 윤리 의식이 강조되어 있다.

글을 쓸 때에는 이와 같이 소재 제재 주제가 서로 밀접한 관련을 맺도록 사전에 충분히 구상을 하는 것이 바람직하다. 수필처럼 개인적인 감정이 드러나는 비교적 자유로운 성격의 글은 소재 제재 주제의 순으로 구상을 구체화하는 것이 무방하지만, 논리적인 성격의 글은 주제를 먼저 결정한 뒤 이에 걸맞은 제재와 소재를 동원하는 것이 일반적이다.

아무튼 주제는 그 글의 생명줄과 같은 역할을 하므로 명징할수록 좋다고 할 수 있다. 한편 주제가 명확하게 드러나기 위해서는 글의 전체적인 짜임새가 고려되어야 한다. 글의 내용이 균형을 이루면서도 일관된 통일성을 유지하고 있어야 좋은 작품이 될 수 있기 때문이다. 주제를 명료하게 드러내기 위해서는 문장이나 문단의 긴밀한 연결은 물론 글의 제목도 신경을 써서 붙여야 한다. 뿐만 아니라 글의 서두나 결말도 유관성을 고려하여 안

배하여야 한다. 물론 퇴고도 이런 점을 유의하면서 여러 차례 거듭하여야 좋은 글이 될 수 있다.

4.2. 제목 붙이기의 중요성

독자가 제일 먼저 만나게 되는 것은 그 글의 제목이다. 독자는 제목을 보고 순간적으로 이 글을 읽을 것인지 말 것인지를 결정한다. 이런 면에서 제목은 글의 첫인상과 같다. 글을 쓰는 사람은 그만큼 제목이 중요하기 때문에 마지막 탈고의 순간까지 제목을 어떻게 붙일지를 두고 고심을 한다. 제목은 글의 성격을 드러내기도 하고 그 내용을 상징적으로 암시하기도 하기 때문이다. 필자는 어떤 글이든 나름대로 특별한 의미를 가지고 제목을 붙이게 마련이므로 제목은 그 글의 주제를 파악하는 열쇠가 될 수 있다. 따라서 독자는 제목을 통해서 필자의 의도를 어느 정도 유추해 볼 수 있는 것이다.

반면에 필자는 제목이 그 글의 정신을 요약하는 것이란 점을 충분히 인식할 필요가 있다. 그래서 좋은 제목이 떠오르지 않을 때는 가제목을 먼저 정한 뒤 집필에 임하는 것이 하나의 방편이 될 수 있다. 일단 가제목이라도 정해지면 거기에 부합하는 내용의 글을 작성하도록 노력해야 한다. 최종적으로 제목을 결정할 때는 글의 전체 내용을 잘 아우르면서도 필자의 의도를 효과적으로 전달할 수 있는지 등을 다시 한 번 검토해 보아야 한다. 제목은 독자의 관심을 촉발시키는 일차적 요소이자 상징이기 때문에 그만큼 중요하다. 이러한 점에서 단숨에 독자를 사로잡을 수 있는 제목이 좋은 제목이라고 할 수 있다. 아무리 좋은 글이라도 독자의 눈에 띄는 제목이 아니면 그 글은 사장될 소지가 많기 때문이다.

정보 전달을 목적으로 하는 글이라면 그 글의 중심 내용을 제목으로 삼는 게 무방하다. 그러나 수필이나 독후감처럼 감정 표현을 위주로 하는 글이라면 암시적이거나 상징적인 제목을 붙일수록 좋다. 글의 소재를 제목으로 삼는다고 하더라도 주제를 직접적으로 드러내는 것은 바람직하지 않다. 간혹 이런 전략 때문에 독자가 글의 내용을 눈치챌 수 없도록 일부러 엉뚱한 제목을 붙이는 경우도 있다. 『달을 가리키면 달을 쳐다봐야지 손가락 끝은 왜 보나』, 『향 싼 종이에서는 향기 나고 생선 싼 종이에서는 비린내 난다』와 같은 것이 이런 예에 속한다. 물론 가장 평범한 전통적인 방식이기는 하지만 주인공 이름을 제목으로 삼는 경우도 있다. 『장길산』, 『성웅 이순신』, 『원효대사』, 『초의선사』 등이 그것이다. 또 작가의 특별한 의도가 반영된 제목도 많이 있다. 『단종애사』, 『대수양』 등이 이런 종류에 해당한다고 볼 수 있다. 물론 『잊을 수 없는 나의 첫사랑』, 『그때 그 순간』, 『유학 시절』, 『다도해를 찾아서』, 『불안한 나로부터 벗어나는 법』 등 쓸거리를 직접 제목으로 내세우는 경우도 있다. 근래에는 역설적 수법을 활용하여 제목을 일부러 길게 늘이는 경향도 있다. 『공자가 죽어야 나라가 산다』, 『너는 눈부시지만 나는 눈물겹다』, 『시련은 있어도 실패는 없다』, 『세계는 넓고 할 일은 많다』 등이 그것이다. 그리고 『고기잡이는 갈대를 꺾지 않는다』, 『나는 바퀴를 보면 굴리고 싶었다』와 같은 중의적 효과를 기대하는 제목도 있다. 또 『내가 누구인지 말할 수 있는 자는 누구인가』, 『언제 어디서 무엇이 되어 다시 만나리』, 『날개도 없이 공중에 사는 거미는 행복한가』처럼 의문형 종결어미를 활용하여 독자의 주위를 환기시키는 제목도 더러 있다.

제목을 붙일 때는 부득불 독자를 염두에 두지 않을 수 없지만 가장 중요한 점은 글의 내용과 부합하도록 붙여야 한다는 것이다. 이것이 제목 붙이기의 제일 중요한 원칙이다. 독자의 호기심을 끌기 위하여 일부러 낯선 제목을 붙이고자 할 때도 이 점을 간과해서는 안 된다. 내용을 담보할 수 있는 가능한 짧고 함축성이 있는 것이면 일단 좋은 제목이라고 할 수 있다. 물론 널리 알려져 있는 식상한 표현은 제목으로서는 금물이다. 참신하면서도 매력이 있어야 좋은 제목이라고 할 수 있다. 어쨌든 제목은 핵심 내용을 담고 있으면서 동시에 독자의 흥미를 끌 수 있는 것이어야 한다. 그러면서도 기존에 발표된 글들과는 무엇인가 다르다는 암시를 줄 수 있어야 한다.

무엇보다 제목에는 독자를 유인하는 효과가 있어야 좋다. 그러나 지나치게 독자를 의식한 나머지 내용과 동떨어진 제목을 붙여서는 곤란하다. 어디까지나 글의 내용을 집약하면서도 독창성이 있다는 암시를 주는 범위 내에서 정해야 한다. 지나치게 평이하여 그저 그런 내용이라는 인상을 주면 제목으로서는 가치가 없다. 그러면 아무도 그 글을 읽어볼 사람이 없을 것이기 때문이다. 기존의 것과는 다른 특별한 내용이 들어 있다는 것을 자연스럽게 암시할 수 있어야 좋은 제목이라고 할 있다.

결국 자신의 언어 감각을 살려 의미 있는 단어의 조합을 만들어내는 것이 제목 붙이기의 관건이라고 할 수 있다. 독자의 신뢰를 떨어뜨리지 않으면서 호기심을 최대한 유발할 수 있는 제목을 붙일수록 좋기 때문이다. 그러나 어떤 경우라도 독자의 흥미를 자극하는데 급급하여 내용과 동떨어진 제목을 붙여서는 곤란하다. 그것은 궁극적으로 독자를 속이는 행위가 되기 때문이다. 결국 내용을 집약하는 촌철살인寸鐵殺人의 정신이 살아 있는 제목이 좋은 제목이라고 할 수 있다. 독자가 뇌리에 오래 그만큼 기억할 수 있기 때문이다. 그러나 촌철살인의 효과를 염두에 둔 나머지 제목을 너무 짧게 붙이는 것은 고려해 보아야 한다. 그렇다고 무조건 길게 풀어서 제목을 다는 것도 권장할 방식은 아니다. 제목이 너무 길어서 두 행 이상 차지하면 시각적 효과가 떨어져 독자 대중이 기억하기 어렵기 때문이다. 물론 길이를 줄이기 위하여 제목을 붙일 때 조사나 서술어를 의식적으로 생략한 채 명사만 나열하는 것도 좋은 방식은 아니다. '자연 보호 노력'과 같은 제목은 자칫 의미가 잘 전달되지 않을 수도 있다. '자연을 보호하기 위한 노력' 정도로 풀어서 붙여야 뜻이 제대로 전달된다. 서술성을 지나치게 무시해 버리면 읽기도 어렵고 이해도 잘 안 되는 딱딱한 제목이 되기 쉽다. 따라서 참신한 인상을 주면서 함의가 있는 적당한 길이의 제목이 가장 무난한 것이라고 할 수 있다.

좋은 제목을 붙이는 일은 결코 간단한 문제가 아니다. 따라서 평소에 문학 작품의 좋은 제목을 기억해 두거나 신문 및 잡지의 인상적인 표제어를 유심히 보는 습관을 갖는 것이 도움이 된다. 『누구를 위하여 종은 울리나』, 『바람과 함께 사라지다』, 『그리고 아무 말도 하지 않았다』, 『25시』 등은 비록 번역을 거친 것이지만 작품의 내용을 곧장 연상시키는 좋은 제목이라고 할 수 있다. 우리나라 작품의 경우에도 '나무들 비탈에 서다', '난장이가 쏘아올린 작은 공', '아홉 켤레의 구두로 남은 사내', '추락하는 것은 날개가 있다' 등 인구에 회자되는 좋은 제목들이 많이 있다. 또 제목을 길게 붙이는 대신 『토지土地』, 『소지燒紙』 등 한자어를 활용하여 내용을 함축적으로 드러낸 인상적인 제목도 흔히 볼 수 있다.

아무튼 제목은 그 글의 얼굴인 동시에 출생신고서라고 할 수 있다. 또한 그 글의 주제를 유추하는 암호 구실을 하기도 한다. 그렇기 때문에 더 신중하고 정확하게 붙일 필요가 있다. 사람을 만날 때도 얼굴을 먼저 보게 되고, 이것을 통하여 첫인상이 좌우되는 경우가 많은데 글의 제목도 마찬가지다. 독자는 제목을 통하여 작품과 첫 대면을 하게 된다. 따라서 즉흥적으로 정하지 말고 강렬하고 신선한 인상을 풍길 수 있도록 심사숙고해서 제목을 다는 습관을 가져야 한다. 시간이 흘러 내용은 잘 생각나지 않더라도 작품의 이름만은 생생하게 기억나는 그런 제목이 정말 좋은 제목이라고 할 수 있기 때문이다.

4.3. 시작하기와 끝맺기

모든 글에는 시작과 끝이 있다. 첫 문장이 있으면 이에 상응하는 마지막 문장이 있게 마련이다. 한편의 완성된 글은 이 두 문장을 잇는 독특한 구조물이기 때문에 시작과 끝에는 특수한 관계를 가지는 문장끼리 의도적으로 배치할 필요가 있다. 이런 상관성 때문에

프루스트 같은 이는 서두보다 결말을 먼저 썼다고 한다.

끝맺음을 고려하여 글을 시작하여야 하기 때문에 첫 문장은 특별히 조탁을 할 필요가 있다. 아무것도 없는 백지 상태에서 이야기하고자 하는 주제의 실마리를 설정해야 하기 때문에 그것을 효과적으로 노출시키는 전략을 처음부터 구사하는 것이 바람직하다. 그리하여 독자들이 그 글의 끝을 궁금해 하도록 만들어야 한다. 필자는 어떤 문제를 제기하는가? 그리고 제기한 문제에 대하여 어떤 해결책을 제시하고자 하는가? 이 글의 주인공은 어떻게 되었으며 그와 같은 선택을 하는 의미는 무엇인가? 이런 궁금증이 지속될 수 있도록 첫 문장부터 계획적으로 써야 한다.

첫 문장은 필자와 독자가 대면하는 광장인 동시에 문지방 역할을 한다. 침묵의 세계에서 언어의 세계로 옮아가는 길목인 셈이다. 그래서 김진섭은 첫 문장을 자신을 소개하는 명함과 같다고 하였다. 첫인상이 좋아야 호감을 느끼고 계속 만나고 싶은 마음이 생기는 것처럼 글도 마찬가지다. 첫 문장의 인상이 그 글의 생명을 좌우한다는 것이다. 첫 문장이 매력적이면 그 글을 끝까지 읽게 되지만 그렇지 않으면 독자는 외면하기 마련이다. 작가가 첫 문장을 쓰는데 고심을 하는 것도 이런 이유 때문이다.

첫 문장은 앞으로 전개할 글의 방향을 선보이기도 하고 동시에 주제를 요약하거나 암시하기도 한다. 또 문학작품의 경우는 결말의 복선으로 작용하기도 한다. 자신이 창조한 세계를 강조하기 위하여 여운을 남기는 함축적인 문장으로 끝맺음하기 위한 전략의 전초기지가 첫 문장인 셈이다. 그래서 문학적인 글은 대개 서두에서 앞으로 전개할 사건의 방향이나 주제를 암시한다. 이 경우에는 결말 부분이 서두에서 제기한 문제를 해결하는 열쇠를 제공하기도 한다. 물론 그 반대로 사건을 반전시키거나 해석의 실마리를 은폐하는 경우도 있다. 이런 수법도 알고 보면 독자에게 놀라움을 선사하여 사실상 주제를 색다르게 강조하고자 하는 의도에서 비롯된 것이다. "오랫동안 나는 일찍 잠자리에 들곤 하였다"로 시작하는 마르셀 프루스트의 『잃어버린 시간을 찾아서』라는 방대한 소설도, 사실은 '잃어버린 시간'에 대한 문제 제기로 출발하여 '되찾은 시간'에 대한 응답으로 끝맺음되어 있다. "박제가 되어 버린 천재를 아시오"로 시작하는 이상의 소설 『날개』도 마찬가지다. 자아의 분열을 강조하는 첫 문장을 통해 장차 특별한 사건이 일어날 조짐이 있다는 것을 독자에게 넌지시 알려주고 있는 것이다.

이와 같이 글의 서두는 독자가 무의 세계에서 벗어나 유의 세계로 여행하는 안내자 구실을 한다. 필자로서는 앞으로 자신이 펼쳐 보일 춤을 시작하는 최초의 몸짓인 셈이다. 첫 동작이 좋아야 마무리 동작이 의미를 더할 수 있는 것처럼 글의 시작과 끝은 상호 밀접한 관계를 맺고 있다. 일반적으로 첫 문장이 마음에 들면 다음의 글이 술술 잘 풀리는 경향이 있다. 첫 문장이 깔밋하면 절반은 성공한 것이나 다름없다. 그렇기 때문에 대개의 경우 필자들은 인상적인 첫 문장을 쓰고자 심혈을 기울인다. 마음에 드는 첫 문장을 얻기 위하여 수십 장의 파지를 내는 것을 당연하게 생각한다. 첫 문장이 성공하면 그만큼 좋은 글이 될 소지가 많기 때문이다. 멋진 첫 문장을 쓰기에 고심하면 할수록 필자의 상상력은 더욱 고양된다. 첫 문장을 여러 차례 고쳐 쓰는 동안 막연했던 생각이 구체화되고 그 글의 끝맺음도 어느 정도 윤곽을 잡을 수 있기 때문이다.

이런 점을 감안한다면 글의 서두에 상식적인 이야기를 늘어놓거나 설익은 주장을 제기하는 것은 지양해야 한다. 상투적인 비유나 식상한 표현으로 첫머리를 시작하는 것은 아무런 의미가 없다. 물론 주어진 과제에 대하여 불평을 하거나 지시문을 임의로 해석하여 논지를 펼치는 것도 금물이다. 그리고 사전적 풀이에만 의존하는 것도 좋은 서두쓰기라고 할 수 없다. 글의 첫머리는 자연스러우면서도 매력적인 문장으로 시작해야 좋다. 사실을 직접적으로 진술할 때는 물론 과제의 목적을 강조하고자 할 때에도 가능한 짧게 하는 것이 효과적이다. 처음부터 중언부언하면 논지가 흐려질 소지가 많기 때문이다. 따라서 독자에게 강한 인상을 심어주기 위해서는 가능하면 짧고 강렬한 첫 문장으로 시작하는 것이 바람직하다.

문학적인 글을 쓸 경우에는 자신의 심정을 곧장 솔직하게 고백하는 것도 좋은 방법이 될 수 있다. 의문형으로 시작하거나 핵심 사항을 특별하게 요약하여 선보이는 것도 괜찮은 방법이다. 그러나 무의미한 이야기를 서두부터 늘어놓는 것은 바람직하지 않다. 또한 아무리 부드러운 내용의 글이라고 하더라도 앞부분에 다른 사람의 글을 인용하는 것은 고려해 보아야 한다.

인생은 누구에게나 참으로 소중하다. 카네기도 "인생은 돈으로 바꿀 수 없는 가장 소중한 자산이다"라고 말하였다. 여러 차례 실패를 한 끝에 직장을 얻고 보니 이런 생각이 더욱 간절하다. 작년에 졸업을 한 뒤 취업이 되지 않아 고생을 많이 하였다. 여기저기 원서를 넣어 보았지만 지방대학이라는 이유로 번번이 서류심사에서 탈락을 해서 기가 죽어 있는 내게 아는 선배가 앞으로 전망이 좋다면서 인근에 있는 한 중소기업체를 소개해 주었다. 망설이다가 입사원서를 넣었는데 오늘 뜻밖에 합격통지서를 받은 것이다. 대한전자, 내가 사회에 첫발을 내딛게 될 회사의 이름이다.

위의 인용문은 첫 문장부터 너무 진부한 표현으로 시작하고 있다. 쓰고 싶은 말이 가득하더라도 무슨 말을 어떻게 꺼낼 것인지 머릿속으로 대략 정돈을 해 본 뒤 집필에 임해야 한다. 무분별하게 충동적으로 떠오르는 문장부터 나열하는 것은 좋은 글쓰기 태도가 아니다. 이 글의 첫 문장 "인생은 누구에게나 참으로 소중하다"는 말은 하나마나한 이야기다. 이런 상식적인 문장으로는 독자를 끌어들일 수가 없다. 차라리 자신이 겪은 취업의 어려움을 곧장 이야기하는 쪽이 훨씬 신선하다. 카네기의 말도 서두가 아니라 글의 뒷부분에서 자신의 주장이 옳다는 것을 강조할 때 활용하여야 좋다. 인용은 독자를 설득할 필요가 있을 때에 해야 그만큼 효과가 크기 때문이다.

어떤 글이든 시작이 있으면 끝이 있게 마련이다. 따라서 끝맺음도 서두 못지않게 대단히 중요하다. 첫 문장이 시발역이라면 끝 문장은 종착역이라고 할 수 있다. 아무리 시발이 좋았다고 하더라도 계획한 대로 도착하지 않으면 여행을 망칠 수밖에 없다. 따라서 마무리하는 문장은 첫 문장과 더불어 내용을 결정짓는 중요한 비중을 차지한다. 특히 문학적인 글은 결말에서 그 작품의 성공 여부가 좌우된다고 해도 과인이 아니다. 아무리 흥미로운 이야기를 전개한다고 하더라도 결말이 시원찮으면 작품성이 줄어들게 마련이다. 이런 점에서 보면 결말은 지금까지 진술한 내용을 총결산하는 작업이라고 할 수 있다. 그것을 집약적으로 보여주는 것이 바로 마지막 문장이다. 여기에는 앞에서 언급한 주요 내용이 총체적으로 표현되어 있어야 한다. 첫 문장과 마찬가지로 마지막 문장이 중요한 것은 이런 이유 때문이다.

대부분의 경우 모든 글은 시작과 끝이 맞물려 있다. 결론을 상정하지 않은 채 시작하는 글은 그만큼 실패할 소지가 많다. 글의 서두는 곧 끝의 시작이고 결말은 또 다른 시작의 끝인 셈이다. 물론 모든 필자가 처음부터 무엇을 어떻게 전달할 것인가를 명확하게 하고 글쓰기를 시작하는 것은 아니다. 실제로는 글을 써나가는 가운데 무엇을 어떻게 표현하겠다는 구도가 설정되는 경우가 많다. 그러나 좋은 글을 쓰려면 처음과 끝은 물론 그 내용에 대해서도 충분한 고려를 할 필요가 있다. 구도를 감안하지 않은 채 무턱대고 그린 그림은 명작이 될 수 없다. 마찬가지로 결과를 예측하지 않은 채 무모하게 시도하는 글쓰기는 그만큼 실패할 소지가 많다. 특히 창의적인 글을 쓸 때에는 끝맺음에 많은 신경을 기울여야 한다. 마무리가 잘 되지 않은 글은 실패작이거나 미완성품이 될 수밖에 없다.

그러나 글의 마무리를 어떻게 지어야 좋으냐 하는 문제는 한 마디로 말할 수 있는 성질이 아니다. 일반적으로는 진술한 내용을 요약하거나 앞으로의 전망을 덧붙이는 것으로 끝맺음을 한다. 이런 경우에도 글의 서두와 관련을 지어서 여운을 남길 수 있도록 마무리하는 것이 중요하다. 글의 내용이나 전개 과정을 감안하여 합리적인 결론을 도출한 다음 이것을 인상적으로 강조하는 것이 끝맺기의 바람직한 방식이라고 할 수 있다. 명화의 마지막 장면처럼 주제를 함축하는 명문장으로 끝맺음을 해야 여운이 오래 갈 수 있기 때문이다.

따라서 결말 부분에서 필자가 하고 싶은 말을 몽땅 털어놓는 것은 삼가야 한다. 필자의 주장을 중언부언하면 오히려 여운이 사라지게 되기 때문이다. 인상적인 결말이 되려면 먼저 자신의 이야기를 어디서 그쳐야 할 것인지를 분명히 결정해야 한다. 미련을 가지고 분량을 늘이다보면 구조에 결함이 생겨 균형을 잃은 글이 되기 쉽다. 또 반전 효과를 노릴 수도 있지만 오독의 소지가 없는 범위에서 시도하여야 한다. 그러나 무엇보다 중요한 점은 결말을 통하여 독자가 다시 이 글의 서두를 생각해 보게 만드는 것이다. 이것이야말로 가장 좋은 끝내기 문장이라고 할 수 있다.

4.4. 글다듬기와 오류 수정

자신이 쓴 글은 사후에도 자신이 책임을 져야 한다. 그렇기 때문에 글을 쓰는 사람은 오류를 수정하거나 퇴고를 하는데 조금도 소홀히 해서는 안 된다. 오류수정誤謬修訂은 자신이 쓴 글 가운데 틀린 부분을 정정하는 것이고, 퇴고推敲는 자신이 쓴 글을 더 완벽하게 다듬는 일이라고 할 수 있다.

글은 엄격한 것이라서 설령 발표를 하고 난 후에라도 잘못이 발견되면 과감하게 고쳐야 한다. 자신의 과오를 솔직하게 인정하고 바로잡는 것이 글을 쓰는 사람의 올바른 도리이기 때문이다. 글은 정신의 표현인 동시에 인격의 산물이다. 이런 문사정신文士精神이 있어야 글을 쓸 자격이 있다. 따라서 근거 없이 남을 비방하거나 가치 없는 글을 무분별하게 양산해서는 안 된다.

이런 점에서 퇴고도 소홀히 하여서는 안 된다. 오해의 소지가 있는 글을 함부로 발표하면 다른 사람에게 치명적인 상처를 줄 수 있다. 펜의 상처는 칼의 상처보다 오래 간다. 결과적으로 남에게 해악을 끼치는 글이 되지 않기 위해서라도 발표를 하기 전에 최선을 다해 글을 다듬어야 한다. 이런 자세로 글을 손질하는 모든 행위를 퇴고라고 할 수 있다. 퇴고는 간단히 말하면 필자가 독자의 입장이 되어 보는 것이다. 내용을 첨삭하는 것은 물론 윤문을 하는 것도 여기에 포함된다. 퇴고를 잘 해야 완성도가 높은 글이 되는 것은 두말할 나위가 없다. 구상이나 집필 단계에서 퇴고가 이루어질 수도 있지만 초고가 완성된 뒤 종합적으로 하는 퇴고가 훨씬 더 중요하다.

종합적인 퇴고는 일반적으로 부가·삭제·구성의 세 방향으로 진행된다. 부가의 원칙은 누락되거나 보충이 필요한 부분에 가필을 하는 것을 의미한다. 글의 내용은 물론 표현상 주요 문장이나 핵심 어휘를 빠뜨렸는지 등을 꼼꼼히 점검하는 것이 여기에 해당된다. 특히 주제가 명료하게 드러나지 않았다면 글의 전체적인 흐름을 고려하여 적절히 보완을 하여야 한다. 논리적으로 비약이 심해 설득력이 부족한 부분이 있으면 다른 사람의 말을 인용해서라도 보충을 해야 한다. 독자의 눈높이를 고려하여 너무 어려운 부분을 쉽게 풀어쓰는 것도 이 부가에 해당한다.

삭제의 원칙은 초고의 불요불급한 부분을 없애는 것을 말한다. 내용상 사족에 불과하거나 군말이 덧붙여 있을 경우 과감하게 삭제를 하는 것이 바람직하다. 원고 분량에 연연하거나 자신이 쓴 것에 집착하여 삭제하는 데 인색하면 그만큼 완성도가 떨어지는 글이 되기 쉽다. 군더더기 표현은 물론, 없어도 상관이 없는 부분은 미련을 갖지 말고 과감하게 삭제를 해야 좋은 글이 될 수 있다. 또한 과장이 심하거나 논지를 벗어난 부분도 삭제를 하는 것이 원칙이다. 일반적으로는 두세 배의 원고를 작성한 뒤 글을 다듬는 과정에서 분량에 맞게 삭제를 해나가는 방법을 많이 쓰고 있다.

마지막으로는 구성의 원칙을 고려하여 자신이 쓴 글을 고쳐 보아야 한다. 이것은 글의 전체 구조를 변경하거나 다듬는 것을 의미한다. 글의 주제가 잘 드러나도록 내용을 효율적으로 전개하였는지를 검토해 보는 것은 대단히 중요하다. 구조적으로 결함이 있는 것은 아무리 표현이 뛰어나다고 하더라도 좋은 글이라고 할 수 없기 때문이다. 구성의 원칙에서는 각 단락이나 문장이 유기적으로 결합되어 있는지를 확인해 보는 것이 가장 중요하다.

이 세 가지 원칙은 거시적 측면에서 퇴고의 중요성을 언급한 것이고 실제로는 미시적인 측면에서 여러 가지를 세심하게 손질해야 좋은 글이 될 수 있다. 퇴고의 이론이나 원칙을 아는 것도 중요하지만 실제 경험이 많아야 무엇을 어떻게 고치는지 그 요령을 터득할 수 있기 때문이다. 주제가 어긋나지는 않았는가, 또 작의作意가 주제문을 통하여 명료하게 드러나고 있는가, 표현상 어색한 곳은 없는가, 부적절한 문장이나 어휘를 사용하지는 않았는가, 수사법은 제대로 사용되었는가, 인용한 예문은 합당한가 등을 구체적으로 따져 보아야 퇴고 능력이 향상된다. 물론 맞춤법 및 띄어쓰기 등을 비롯하여 존칭이나 조사의 사용, 불필요한 수식어, 주어와 술어의 호응과 같은 세부적인 것도 세심하게 점검하는 습관을 길러 두어야 한다.

> 우리 동네에서 제일 유명하다고 소문이 나 있는 병원에 갔더니 의사선생님이 반백이 넘은 어떤 할아버지를 치료하고 계셨다. 한참을 기다려야 내 차례가 올 것 같았다. 건강하게 사는 것이 참으로 얼마나 행복한 일인지 새삼 깨달게 되었다. 잠시 이런 생각에 잠겨 있을 때 문이 열리더니 다른 환자가 모습을 나타내었다. 그 분은 배를 움켜쥔 채 아주 많이 아픈 표정을 짓고 있었다.

실제로 퇴고를 할 때는 미시적 관점에서 고딕으로 강조된 곳을 유의해서 볼 필요가 있다. 먼저 '유명하다고 소문이 나 있는' 부분은 '유명하다는'으로 한 낱말로 줄이는 것이 글의 경제 원리에 부합한다. '참으로 얼마나'나, 마지막 줄의 '아주 많이'는 불필요한 수식어가 중복 사용된 경우이므로 빼어버리든지 한 낱말로 줄여야 한다. '의사선생님이 치료를 하고 계셨다'도 문맥상 '치료'보다는 '진료'가 더 적절하므로 '의사가 진료를 하고 있었다'로 고치는 것이 바람직하다. 그리고 마지막 문장의 '그 분'이라는 말도 '그 환자' 또는 '그 사람'으로 표현해야 객관적인 문장이 된다. 주관적 정서가 강한 경우라도 문장에 존대어법을 남용하면 사적인 글이 되기 쉽다. 특히 논리적인 문장에서 개인의 감정이 개입된 표현을 남발하면 글의 신뢰성을 떨어뜨리게 된다. 필자가 비록 글속의 등장인물을 존경한다고 하더라도 독자가 모두 그를 존경하는 것은 아니기 때문이다. 따라서 "장관님께서 이렇게 말씀하셨다"는 "장관이 이렇게 말했다" 정도로 표현하는 것이 무방하다. 그리고 지칭과 호칭을 혼돈하여 사용하지 않아야 하므로 '할아버지'도 '노인'으로 바꾸어 써야 옳다.

이와 같은 방식으로 자신이 쓴 글을 차근차근 퇴고하는 습관을 들이면 글쓰기 능력을 신장시키는 데 큰 도움이 된다. 어느 정도 퇴고를 마쳤으면 원고를 소리 내어 읽어보면서 어색한 곳이 있는지, 오독될 부분은 없는지를 등을 최종적으로 점검해 볼 필요가 있다. 한번 발표한 글은 쉽게 수정하기가 어려운 만큼 일정 기간 묵혀 두었다가 다시 꺼내 퇴고한 뒤 발표하는 것도 권장할 만한 방법이다.

이런 점을 감안할 때 습작도 중요하지만 한 편의 글을 여러 번 퇴고해 보는 경험을 갖는 것이 작문 능력 향상에 큰 도움이 될 수 있다.

자신이 쓴 글의 문제점을 찾아내고 이를 정정하려면 무엇보다 모국어의 관행을 체득하여 정확한 문장을 구사할 수 있어야 한다. 문장력이 없으면 단순한 오류를 수정하는 선에서 그칠 뿐 글을 심층적으로 분석하여 바로잡는 것이 불가능하기 때문이다. 따라서 평소에 명문장을 많이 접해서 우리말의 바른 결을 읽혀두는 것이 여러 가지로 도움이 될 것이다. 단번에 글을 완성하는 사람은 거의 없기 때문이다. 아무리 그 방면의 전문가라고 하더라도 글을 쓴 다음에는 반드시 다듬는 과정을 거친다. 글은 고치고 다듬을수록 좋아지기 때문이다. 글도 보석과 같아서 절차탁마를 한 만큼 돋보인다. 훌륭한 문장가일수록 자신이 쓴 글에 많은 공을 들이는 법이다. 대문장가 구양수도 「취옹정기醉翁亭記」를 고치다가 마음에 드는 표현을 얻지 못해 "저주의 둘레는 모두 산뿐이로구環滁皆山也"라는 구절을 얻을 수밖에 없었다는 고사의 의미를 명심해 둘 필요가 있다.

연습문제

1. 봄의 생동하는 모습을 나무를 제재로 하여 역동적으로 묘사해 보자.

2. 자신의 성장과정을 공간 이동의 관점에서 보여주기 방식으로 기술해 보자.

3. 최근 유행하는 대중가요 가운데 인상적인 제목을 10개 선택하여 표현상 장단점을 비교해 보자.

4. 다음 낱말의 내포적 의미를 살려 참신한 정의를 내린 뒤 제재에 부합하는 주제문을 여러 개 만들어 보자.

① 조국　　② 종교　　③ 혁명　　④ 세계화　　⑤ 환경보호

5. 아래 시를 읽어 보고 이런 시를 쓴 의도가 무엇인지 생각해 보자. 그리고 자신이 좋아하는 시를 한편 골라 이와 같은 방식으로 패러디parody를 해 보자.

라디오같이 사랑을 끄고 켤 수 있다면

내가 단추를 눌러 주기 전에는
그는 다만
하나의 라디오에 지나지 않았다.

내가 그의 단추를 눌러 주었을 때
그는 나에게로 와서
전파가 되었다.

내가 그의 단추를 눌러 준 것처럼
누가 와서 나의
굳어버린 핏줄기와 황량한 가슴 속 버튼을 눌러 다오

그에게로 가서 나도
그의 전파가 되고 싶다

우리들은 모두
(　　)이 되고 싶다.
끄고 싶을 때 끄고 켜고 싶을 때 켤 수 있는
라디오가 되고 싶다.

6. ( )에 들어 갈 적당한 시어를 골라 보자.

① 꽃　　② 사랑　　③ 라디오　　④ 연인　　⑤ 운명

7. 고딕으로 강조된 부분이 함축하는 의미가 무엇인지 인용한 시의 시어를 이용하여 구체적으로 기술해 보자.

8. 아래 내용을 이야기 전개과정에 맞도록 재구성한 뒤, 시작과 결말 부분을 각각 10장 내외로 작성해 보자

(가) 한밤중 아버지와 어머니가 크게 다툼
(나) 아버지가 문밖에 버려져 있던 젖먹이를 집으로 데리고 옴
(다) 새벽에 낯선 여자한테서 전화가 걸려 옴
(라) 아이를 고아원에 맡기려 했으나 어머니의 반대로 무산됨

9. "개똥밭에 굴러도 이승이 낫다"는 속담을 이용하여 생존경쟁과 관련된 여러 가지 표현을 만들어 보자

10. 다음 문장은 지나치게 길고 복잡한 문장으로 구성되어 있다. 제목을 붙이고 단락을 나눈 뒤 주제가 분명한 쉬운 문장으로 고쳐 써 보자.

결혼엔 정답이 없다고 말하는 사람이 있다고 들었는데 잘은 모르겠다. 애당초 형식상의 문제

라 할 수 있는 결혼식에서 얼마나 바르면 바르겠는가. 서로간의 예의와 격식을 맞춰주면서 하고 싶은 대로 하면 그것이 가장 좋은 결혼식이 아닌가 한다. 주례사가 주례를 하고 나면 결혼은 끝이 난다고 생각하는 모양인데 그것은 아니다. 그만큼 문제가 큰 것도 없다, 이처럼 현 사회에서 어찌 보면 단순한 형식의 문제인 결혼에서조차도 이런 정답을 찾으려 하는 것이 잘못되어 가는 정답주의의 모습을 보여주는 것 같아 씁쓸하다. 사회에서는 규칙적이고 수단이 있지만 정답은 없는 것이고 또 각각의 개성을 가진 인간들이 모여 사회를 이루고 국가를 이룬다고 볼 수 있기 때문이다. 그 과정에서 여러 가지 수단 방법이 생기고 없어지며 이런 사회에서 정해진 규격과 답은 없다는 것이 현대사회의 특징이라고 볼 수 있다. 그러나 우리는 어느새 사회에서 답을 찾고 정한 다음 그것이 바른 것인 양 표현하기 시작했다. 많은 정답구하기는 어느새 사회를 규격화하고 공장의 상품처럼 획일화된 모습으로 변하게 했고 그렇지 않은 것은 배제해야 할 대상으로 삼은 것이다.

토론과 발표

1. 토론

2. 발표

1. 토론

1.1. 토론의 목적과 기능

대학에 갓 입학한 신입생들이 가장 당황하는 일 가운데 하나가 토론이다. 수업에서부터 동아리 활동에 이르기까지 곳곳에서 토론이 벌어진다. 고등학교 때까지 별로 경험해보지 못한 탓에 신입생들은 어찌할 바를 모르고 더듬대거나 눈치보며 뒤로 빠지기 일쑤다. 비단 신입생들만 그런 것은 아니다. 대부분의 학생들이 토론식 수업이 시작되면 고개 푹 수그린 채 망부석이 되어 버린다. 많은 학생들이 토론식 수업을 원하지만, 정작 토론의 마당이 펼쳐지면 꿀 먹은 벙어리가 되고 마는 것이다. 어째서 이러한 현상이 발생하는 것일까. 경험의 부족? 그러나 경험이 없더라도 열심히 토론에 참여하다 보면 문제는 해결된다. 따라서 경험 부족을 결정적인 이유로 보기는 힘들다고 할 수 있다. 애초부터 토론에 참여할 의향이 없는 학생들이 많기 때문이다. 어째서 토론에 참여하려는 생각 자체를 갖지 않는 것일까. 그것은 한마디로 토론의 왜 중요한지를 제대로 이해하지 못하고 있기 때문이다.

왜 토론을 하는가. 그것은 토론이 다른 학습 혹은 회의 방식에 비해 훨씬 높은 생산성을 갖고 있기 때문이다. 그 이유는 세 가지 정도를 꼽을 수 있다. 첫째, 토론을 통해 얻은 지식은 강의를 통해 얻은 지식보다 오래 간다. 남에게 들은 말은 한 달을 넘기기 어렵지만 자신이 한 말은 최소한 일 년은 기억된다. 그런 점에서 토론은 가장 효율적인 지식 습득 방법이다. 둘째, 토론은 전인 교육의 정수이다. 토론은 인간의 정신 능력을 종합적으로 함양시킨다. 사고력, 이해력, 표현력을 계발해 줄 뿐 아니라 수평적 상호소통을 통해 민주적 시민의식을 고양시키며 합의를 이루기 위한 공동의 노력을 통해 공동체 의식을 성숙시킨다. 셋째, 토론은 세계를 스스로 만들고 변화시킬 수 있다는 주체의식과 참여의식을 함양해가는 장이다. 토론은 토론에서 그치는 것이 아니라 토론에서의 합의와 결정에 따라 실행으로 나아간다. 그 실행은 작게는 주위 환경에서부터 크게는 공동체 전체를 새로이 바꿀 수 있으며, 그러한 경험은 자신이 세계의 주체라는 자각에 눈뜨게 해준다.

따라서 토론에서 기대할 수 있는 생산성은 투입과 산출이 눈에 보이는 유형의 생산성뿐 아니라 인간의 정신 깊숙한 곳에 영향을 주는 무형의 생산성까지 포함한다. 그런 만큼 토론의 생산성은 넓고도 깊다. 토론의 중요성은 바로 이 점, 곧 유형의 생산성과 무형의 생산성을 함께 논할 때 제대로 이해할 수 있다. 토론의 목적도 그 연장선상에 있다.

1.1.1. 토론의 목적

토론은 다양한 의견을 주고받는 과정에서 일정한 합의를 만들어가는 의사소통 행위이다. 토론에 대한 이러한 정의는 토론의 목적과 관련된 중요한 사항이 무엇인지를 분명하게 보여준다.

먼저 토론은 의사소통 행위의 일종이다. 사회 자체가 의사소통의 네트워크라 해도 과언이 아닐 정도로 우리는 끊임없는 의사소통 속에서 살아간다. 인간의 나날의 삶은 무수한 만남으로 짜여 있다. 무인도에서 홀로 살지 않는 한 인간은 좋든 싫든 아침에 일어나 밤에 잠들기까지 계속적으로 다른 사람과 만난다. 만남이란 곧 의사소통이다. 일상적 대화, 회의, 친교, 분쟁, 사랑 등 모든 만남은 의사소통 없이는 이루어질 수 없다. 토론은 그러한 의사소통 행위를 농축시킨 것이다. 그래서 토론 속에는 의사소통 과정에서 벌어질 수 있는 모든 상황들이 집약되어 있다. 그러므로 토론은 인간이 인간으로서 살아가기 위해 필수적으로 요구되는 능력 가운데 하나인 의사소통 능력을 극대화시켜 주는 훈련의 장이라 할 수 있다.

토론은 다양한 의견들을 주고받는 과정으로 구성된다. 따라서 토론은 하나의 문제에 대해 다양한 의견들이 존재할 수 있다는 생각을 전제로 한다. 이 전제가 인정되지 않을 경우 토론은 불가능해진다. 하나의 문제에 대해 하나의 의견만이 존재한다면 토론이라는 행위 자체가 필요 없기 때문이다. 그런 점에서 토론은 말의 참다운 의미에서의 다원주의를 바탕으로 한다. 여기서 다원주의란 너도 맞고 나도 맞다는 식의 상대주의가 아니라 토론 참여자들의 수평적이고 민주적인 관계를 뜻한다. 토론 참여자들이 수직적 혹은 위계적인 관계를 맺고 있을 경우 의견의 다양성은 존중되기 힘들다. 관계의 상층부에 속하는 자들에 의해 의견이 독점되기 때문이다. 따라서 토론 참여자들의 수평적이고 민주적인 관계는 다양한 의견들이 살아 숨 쉴 수 있는 필수 조건이 된다. 토론에서 말하기 이상으로 듣기가 중요한 것도 그런 연유에서이다. 상대방의 말을 제대로 들을 줄 모르고서는 다른 의견에 대한 존중심을 갖기 어려운 법이다.

합의는 토론의 생명이라 해도 과언이 아니다. 다양한 의견들에서 어떤 합의를 이끌어내기 위해 토론이 필요한 것이다. 합의 없는 토론만큼 비생산적인 것은 없다. 물론 합의가 토론의 의무사항은 아니다. 반드시 합의를 이루어야 한다는 강박은 토론을 일종의 '형식적 절차'로 전락시킬 수 있기 때문이다. 합의란 다양한 의견들 속에서 공통분모를 찾아내고 이견異見을 조정하며 옳고 그름을 가리는 과정이다. 합의를 만들기 위해서는 무엇보다 '내가 틀리고 네가 옳을 수 있다'는 마음가짐이 필요하다. '나만이 옳다'는 독단주의는 합의의 최대 적이다. 물론 이 말이 좋은 게 좋다는 식의 적당주의로 가자는 의미는 아니다. 합의의 과정은 치열한 논쟁과 비판, 그리고 물러섬 없는 논리의 공방을 요구한다. 중요한 것은 상대방의 옳은 점을 인정할 수 있는 합리주의이다. 자기 자신까지도 객관적으로 바라볼 수 있는 합리주의야말로 합의를 이루어낼 수 있는 정신적 기반인 것이다. 그런 점에서 토론은 최선의 합리성을 도출해가는 과정이라 할 수 있다.

이처럼 토론은 의사소통 능력을 함양하고 참다운 다원주의를 실현하며 최선의 합리성을 도모하는 장이다. 그래서 토론의 일상화는 사회를 인간화·민주화·합리화하는 초석이 된다. 토론의 궁극적 목적이 여기에 있다.

1.1.2. 토론의 기능

토론은 종합적이고 역동적인 의사소통의 과정이다. 토론은 말하기와 듣기 능력을 향상시킬 뿐 아니라 논리적·비판적·창의적 사고력을 증진시키는 동시에 글쓰기의 기초를 다져준다.

토론은 말하기와 듣기의 연속적인 과정으로 이루어진다. 토론을 잘 하려면 토론 참여자들이 무엇보다 상대방을 설득할 수 있는 말하기 능력과 상대방의 의사를 정확이 이해하는 듣기 능력을 갖춰야 한다. 따라서 토론 참여자들은 토론에서 생산적인 결과를 얻기 위해 제대로 말하고 제대로 듣는 노력을 하지 않을 수 없다. 그런 과정을 통해 말하기와 듣기 능력이 자연스럽게 함양된다.

토론은 누가 더 설득력 있게 자신의 의견을 표현하느냐에 따라 성패가 결정된다. 그런 점에서 토론은 고도의 논리 게임인 셈이다. 토론 참여자들은 토론 과정에서 끊임없이 자신의 논리를 가다듬고 상대방 논리의 허점을 찾아내려고 노력한다. 그래야 논리 게임에서 이길 수 있기 때문이다. 이러한 과정에서 논리적 사고력, 비판적 사고력, 창의적 사고력이 증진되고 자기표현 능력이 함양된다. 나아가 이는 글쓰기 능력의 향상에도 많은 도움을 준다.

이처럼 토론은 말하기, 듣기, 글쓰기와 관련된 종합적 능력을 키워주는 교육적 기능을 갖는다. 토론이 그와 같은 교육적 기능을 발휘할 수 있는 것은 말하기와 듣기가 사고력, 이해력, 표현력과 불가분의 관계를 맺고 있기 때문이다.

사고력에서 중요한 것은 논리적 사고력, 비판적 사고력, 창의적 사고력이다. 자신의 생각을 논리적으로 다듬고 상대방의 생각을 비판적으로 분석하며 새로운 아이디어를 창안하는 능력이 그것인데, 이 세 가지 사고력은 토론의 과정에서 필수적으로 요구되는 능력이다. 자신의 생각을 논리적으로 체계화하면 할수록 설득력은 높아진다. 아무리 좋은 의견을 가지고 있다고 해도 그것이 논리적으로 정리되지 않은 상태에서는 상대방의 동의를 얻을 수 없다. 논쟁에서는 상대방 논리의 허점을 찾아내는 것도 중요하다. 상대방의 논리에서 허점을 찾아내지 못하면 내 논리의 우월성을 입증하기 어렵기 때문이다. 비판적 사고력이 중요한 것은 그래서이다. 창의적 사고력은 토론의 꽃이라 할 수 있다. 열띤 논쟁은 어느 순간 대립하는 두 의견을 변증법적으로 지양止揚한 새로운 경지로 토론 참여자들을 이끌곤 한다. 누구도 생각하지 못했던 새로운 발상이 창출되는 것이다.

이해력은 듣기 능력과 밀접히 관련되어 있다. 토론에서 말하기 이상으로 중요한 것이 듣기이다. 잘 말한다고 반드시 잘 듣는 것은 아니지만, 잘 들을 줄 모르는 사람이 잘 말할 수 없는 것은 분명하다. 상대방의 생각을 정확히 알아내는 능력, 이것이 이해력이다. 이해력은 듣기 훈련을 통해 상당 부분 습득될 수 있다. 이것은 글을 많이 읽으면 이해력이 증진되는 것과 같은 이치이다. 말을 듣는 것과 글을 읽는 것은 구조적으로 동일한 행위이기 때문이다.

토론은 표현력의 향상에도 큰 기여를 한다. 자신의 생각을 정확하고도 효과적으로 상대방에게 전달하는 능력이 표현력이다. 아는 것과 표현하는 것은 같지 않다. 백만큼 알고 있다고 해서 백을 표현할 수 있는 것은 아니다. 백을 알고 있음에도 오십밖에 표현하지 못하는 사람이 허다하다. 그럴 경우 상대방은 그 사람의 앎을 오십으로 평가하게 된다. 표현력이 중요한 것은 그래서이다. 표현한 만큼 인정받기 때문이다. 토론은 끊임없는 말하기 과정을 통해 자신의 생각을 정확하고 효과적으로 전달하는 능력을 키워준다.

사고력, 이해력, 표현력을 길러주고 그를 통해 말하기, 듣기, 글쓰기 능력을 배양해주는 교육적 기능을 하는 것이 바로 토론이다. 그런 점에서 토론은 인문 교육이 지향하는 모든 목표들이 농축되어 있는 학교라 할 만하다. 현대교육에서 토론의 비중이 급속히 높아지고 있는 것도 이런 이유에서이다.

1.2. 토론의 유형과 방법

토론의 유형에 대한 정설화된 분류법은 없으며, 명확하게 정리된 설명도 드물다. 따라서 여기서는 효과적인 토론 훈련이라는 목표를 중심으로 토론의 유형을 크게 분임 토론, 약정 토론, 자유 토론, 난상 토론, 세미나의 다섯 가지로 나누어 각각의 유형이 갖는 특징과 방법을 살펴보도록 하겠다.

1.2.1. 분임 토론

분임 토론은 몇 개의 조로 나눠어 이루어지는 토론이다. 분임 토론은 학생 수가 많거나 토론 주제의 폭이 넓을 때 효과적인 토론이다.

학생 수가 많을 경우 전체 토론은 어려워진다. 집중도가 현저히 떨어지기 때문이다. 반면에 분임 토론은 몇 개의 조로 나누어지고 각 조마다 사회자가 있기 때문에 학생 수가 많더라도 토론을 집중력 있게 운용할 수 있다.

관련 영역의 폭이 넓은 주제를 토론할 경우에도 분임 토론이 효과적이다. 각 조마다 소주제 하나씩을 맡겨 토론한 후 그 결과들을 전체 토론에서 종합하면 토론 효과를 극대화할 수 있다.

학생들이 토론에 익숙하지 못한 경우에도 분임 토론은 효과적인 토론 방법이 된다. 토론의 규모가 작으면 토론 참여가 훨씬 용이하고 분위기에 적응하는 것도 쉽기 때문이다. 그런 점에서 분임 토론은 토론 훈련의 첫 단계에 적합한 토론 방식이라 할 수 있다.

반면에 분임 토론의 단점은 사회자나 토론자들의 역량에 따라 조별 토론의 수준이 천차만별일 수 있다는 점이다. 따라서 사회자와 토론자의 적절한 능력별 배분이 분임 토론의 관건이 된다. 토론 조가 여럿이어서 토론에 대한 관리가 어렵다는 것도 분임 토론의 난점이다. 그런 만큼 담당 교수가 조별 토론 하나하나를 세심하게 챙기는 열의가 필수적이다.

분임 토론으로 토론이 끝나면 안 되고 반드시 전체 토론을 통해 의견을 종합하는 과정을 거쳐야 한다는 점도 잊지 말아야 한다. 분임 토론은 다음 단계의 토론을 위한 징검다리이기 때문에 전체 토론을 통해 거기에 대비해야 한다. 그러므로 분임 토론과 전체 토론의 적절한 배치와 조화가 필요하다.

분임 토론의 주제는 모든 조에게 같은 주제를 제시할 수도 있고 동일한 대주제 아래 소주제들을 각 조에 할당할 수도 있다. '동성애를 어떻게 볼 것인가?'처럼 토론 영역을 좁힐 수 있는 주제는 모든 조에 같은 주제를 제시한 후 전체 토론에서 다양한 의견들의 공방을 통해 의견수렴을 시도해보는 것이 좋을 것이고, '청년 실업의 원인과 대책'처럼 토론 영역이 매우 넓은 주제는 소주제를 나누어 토론한 후 전체 토론에서 종합하는 것이 효과적일 것이다.

① 토론 조를 편성한다.
② 사회자와 서기를 정한다.
③ 주제에 대한 토론을 진행한다.
④ 서기는 토론의 핵심 내용을 기록한다.
⑤ 분임 토론이 끝나면 전체 토론을 통해 의견 수렴이나 종합을 시도한다.
⑥ 교수의 강평으로 토론을 마무리한다.

연습문제

'동성애 어떻게 볼 것인가?'라는 주제에 대해 조별로 찬반 토론을 해보시오.

연습문제

다음의 글을 읽고 '청년 실업의 원인과 대책'에 대해 조별로 토론해 보시오.

통계청은 15일 '3월 고용 동향'에서 취업자 수가 2311만명으로 지난해 같은 달(2330만5천명)보다 0.8%(19만5천명) 줄었다고 발표했다. 이는 외환위기 직후인 1999년 2월(39만명 감소) 이후 가장 큰 감소폭이다. 국내 연령별 인구 구성과 고용률 등을 고려하면, 해마다 새로 일자리를 찾는 인구는 27만명가량이다. 따라서 취업자 수 19만여 명 감소는, 취업 희망자가 일자리를 얻지 못하거나 실직한 사람이 지난해에 견줘 46만명쯤 늘었다는 뜻이다. 특히 자영업자가 22만2천명(−3.7%)이나 줄어 경기침체의 타격을 가장 크게 받은 것으로 나타났다. 일용근로자도 11만2천명(−5.4%) 줄었다. 생산 가능 인구 가운데 취업자 비중을 나타내는 고용률은 57.9%로 지난해 3월보다 1.2%포인트 떨어졌다.

취업자의 주당 평균 취업시간도 지난해 같은 달보다 1.6시간 감소하는 등 '고용의 질'도 계속 나빠지고 있다. 주당 36시간 미만 일하는 취업자는 31만3천명 늘어난 반면에, 36시간 이상 취업자는 52만4천명이나 줄었다. 일자리를 구했더라도 낮은 임금에다 언제 그만둘지 모르는 불안한 경우가 많다는 뜻이다. 3월 실업률은 4.0%로, 2006년 2월(4.1%) 이후 가장 높은 수준을 기록했다. 실업자 수 95만2천명은 1년 전보다 14만2천명 늘어난 수준이다. 학교를 졸업한 청년들이 고용시장에 뛰어든 3월이라 청년실업률이 특히 크게 높아졌다. 15~29살 실업자는 모두 37만5천명(실업률 8.8%)으로 지난해 같은 달보다 4만2천명 증가했다.

취업할 뜻과 능력은 있으나 고용시장이 좋지 않아 일자리 구하기를 포기하고 아예 '경제활동인구'에서 빠져나온 '구직 단념자'는 지난해보다 7만1천명 늘어난 17만1천명에 이르렀다. 이처럼 실업자나 취업자로 분류하지 않는 비경제활동인구가 1년 전보다 52만5천명(3.4%) 늘었다. 실업률이 그나마 4%대 수준에 머문 것은 이런 배경 때문이다. 3월 고용지표를 보면, 청년 구직자나 장기실업자, 영세 자영업자, 비정규직 같은 고용시장 취약계층에 경기 침체의 여파가 집중되고 있음을 알 수 있다. 앞으로는 정규직 등 비교적 사정이 좋았던 계층으로 한파가 몰아칠 것으로 예상된다. 유경준 한국개발연구원(KDI) 연구위원은 "아직까지는 고용 충격이 축적되고 있는 단계"라며 "구조조정도 자제하고 있는 고용시장에서 실업자들이 비경제활동인구로 전락하고 있는 상황으로, 이 조차도 한계에 다다르면 실업자가 급격히 늘어나는 상황이 올 수 있다"고 말했다.

정부가 추가경정예산으로 재정 지출을 본격 확대하면 경기 사정은 조금 나아지겠지만, 일반적으로 고용시장은 경기에 몇 개월 늦게 반응이 나타난다. 게다가 정부 예산으로 투입하는 일자리는 대부분 단기 임시직이다. 황수경 한국노동연구원 동향분석실장은 "짧은 단시간 근로에 머물고 있는 구직자들을 감안하면 넓은 의미의 실업자군은 100만이 넘은 상황"이라며 "경기 상황을 감안한다면 3월 고용지표는 비교적 덜 악화한 수치로, 앞으로 더 심해질 것"이라고 예상했다.

—김성환 기자, 한겨레신문, 2009.04.16.

1.2.2. 약정 토론

약정 토론은 주제 발표와 그에 대한 약정 토론을 중심으로 진행되는 토론이다. 토론 주제가 어렵거나 전문적인 것일 경우 효과적인 토론이다.

전문적인 주제를 다룰 경우 그에 대한 지식이 부족한 학생들은 깊이 있는 토론을 하기 어려울 수밖에 없다. 따라서 이때에는 그 주제에 대해 충분히 사전 준비를 한 학생들이 발표와 약정 토론을 한 후 그 내용을 바탕으로 전체 토론을 하는 것이 좋다.

약정 토론은 발표와 약정 토론을 중심으로 한 토론이므로 발표자와 약정 토론자의 철저한 사전 준비가 전제되었을 때 토론 효과가 극대화될 수 있다. 발표자 이상으로 약정 토론자들도 철저한 준비가 필요한 까닭은 약정 토론의 분위기가 전체 토론으로 이어지기 때문이다. 따라서 발표문을 최대한 빨리 약정 토론자들에게 전달해 준비 시간을 충분히 주는 것이 긴요하다.

반면에 발표자와 약정 토론자의 사전 준비가 부실할 경우 토론의 성과를 기대할 수 없다는 것이 약정 토론의 단점이다. 또한 발표자와 약정 토론자 중심의 토론이다 보니까 다른 학생들의 토론 참여가 저조해지기 쉽다는 것도 문제점이다. 그러므로 발표자와 약정 토론자 이외의 학생들을 어떻게 토론의 장에 끌어들이느냐가 토론의 목적을 달성하는 데 있어서 관건이 된다. 관련 문헌이나 자료를 미리 제공하는 것도 토론 참여도를 높일 수 있는 하나의 방안이다.

약정 토론을 보다 효율적으로 하려면 담당 교수가 발표자와 약정 토론자의 준비 과정에 함께 참여하는 것이 바람직하다. 이를테면 발표문과 약정 토론문을 토론회 전에 미리 검토하고 부족한 부분을 보완시키면 좀 더 완벽한 약정 토론이 이루어질 수 있을 것이다. 이것이 어렵다면 발표자와 약정 토론자들에게 주제와 관련한 요점이나 유의 사항을 사전에 주지시켜 두는 것도 한 방안이다.

① 발표자와 약정 토론자를 정한다.

② 발표문과 약정 토론문을 사전에 검토한 후 보완한다.

③ 발표와 약정 토론을 진행한다.

④ 전체 토론 전에 사회자가 약정 토론의 주요 쟁점을 정리해준다.

⑤ 전체 토론을 통해 쟁점에 대한 다양한 의견들을 듣는다.

⑥ 교수의 강평으로 토론을 마무리한다.

연습문제

대중문화에 대한 시각은 크게 두 가지로 갈려 있다. 하나는 대중문화를 저급문화로 보는 시각이다. 대중의 말초적 감각과 저열한 취향을 자극하는 상업주의 문화가 대중문화라는 것이다. 다른 하나는 대중문화를 문화의 민주화가 이루어낸 산물로 보는 시각이다. 말하자면 엘리트만이 누리던 문화를 평민들도 향유할 수 있도록 해준 것이 대중문화라는 것이다. 이 두 가지 시각은 각각 장점과 단점을 갖고 있다. 현대는 대중문화의 시대라 해도 과언이 아닐 정도로 현대인들은 대중문화의 강력한 영향 속에서 살아가고 있다. 그런 만큼 대중문화에 대한 올바른 시각을 갖는 것은 현대사회를 지혜롭게 살아가기 위해 현대인들이 갖추어야 할 필수 조건 가운데 하나라고 할 수 있다. 두 가지 관점의 장단점을 비교해 '대중문화, 어떻게 볼 것인가'를 주제로 약정 토론을 해보시오.

연습문제

전지구적으로 사회 양극화가 날로 심화되고 있다. 한국사회 역시 마찬가지다. 한국사회는 짧은 기간 동안에 눈부신 경제성장을 이루어냈지만, 상하층 간의 격차는 오히려 더욱 극심해졌다. 사회 양극화는 상층과 하층 사이의 반목을 격화시켜 사회적 분열을 조래하며, 때로는 사회의 총체적 붕괴로 이어지기도 한다. 따라서 사회 양극화를 해결하지 못하는 한 진정한 사회 통합을 기대하기란 불가능하다. 절대적 빈곤보다 상대적 빈곤이 더 위험한 사회 문제인 것도 그래서이다. 사회 양극화의 극복이 절실한 까닭이 여기에 있다. '사회 양극화, 어떻게 해결할 것인가'를 주제로 약정 토론을 해보시오.

1.2.3. 자유 토론

자유 토론은 약정 토론자 없이 주제 발표에 대해 학생 전체가 참여해 자유롭게 논의하는 토론 방식이다. 주제가 비교적 용이하거나 학생 모두가 주제에 대해 일정한 전문 지식을 가지고 있는 경우에 적합한 토론이다.

자유 토론은 약정 토론에 비해 전체의 토론 참여가 자유롭다는 점이 장점이다. 약정 토론은 형식상으로나 시간상으로나 토론 참여가 제한적이다. 그래서 약정 토론 후의 전체 토론이 활발하지 못한 경우가 많다. 반면에 자유 토론은 주제 발표 후 약정 토론 없이 곧바로 전체 토론으로 이어지기 때문에 잘 운용만 된다면 많은 학생들이 토론에 참여할 수 있다. 그런 점에서 토론의 본래 목적에 가장 부합하는 토론 방식이 자유 토론이다.

하지만 자유 토론은 학생들의 사전 준비가 부족하거나 주제에 대한 이해 수준이 낮을 경우 부실해지거나 방만해지기 쉬운 단점을 갖고 있다. 따라서 학생들의 관심을 불러일으킬 수 있는 주제를 선정하는 것이 중요하며, 그 주제에 대해 어떻게 준비해야 하는지에 대해 미리 자상하게 설명해주는 것 또한 못지않게 중요하다.

자유 토론에서는 사회자의 역할이 결정적인 의미를 갖는다. 누구든지 자유롭게 토론에 참여할 수 있으므로 자칫 논의가 주제에서 벗어나기 쉽기 때문이다. 그러므로 사회자는 쟁점을 명확히 정리해주면서 토론을 올바른 방향으로 유도해야 한다. 그러기 위해서는 사회자가 주제 발표자 이상으로 토론 주제에 대해 깊은 이해를 갖추고 있어야 하며, 소주제를 적절하게 구성해 토론의 갈피를 잡아주어야 한다.

자유 토론은 대주제만 미리 제시한 후 주제 발표 후 사회자가 쟁점별로 또는 세목별로 소주제를 잡아서 진행할 수도 있고, 처음부터 대주제와 소주제를 미리 정한 후 진행할 수도 있다. 주제의 성격에 따라 담당 교수가 판단해 결정하면 된다.

① 발표자와 사회자를 정한다.

② 주제 발표 후 쟁점별 또는 세목별로 소주제를 정한다.

③ 소주제에 대한 토론과 대주제에 대한 종합 토론의 순서로 전체 토론을 진행한다.

④ 토론이 끝나면 사회자는 토론의 핵심 내용과 쟁점을 정리해준다.

⑤ 교수의 강평으로 토론을 마무리한다.

연습문제

다음의 글들을 참조하여 '의료 민영화의 허와 실'을 주제로 자유 토론을 해보시오.

5월 8일, 정부는 의료를 포함한 9개 분야에서 유망 서비스 산업을 집중 육성한다는 '서비스업 선진화 방안'을 발표했다. 이명박 정부는 취임 초기부터 의료 민영화를 정부의 중점 추진 과제로 선정했었다. 이번에 발표된 의료 분야의 개혁 방안은 의료 민영화 논쟁에 다시 불을 붙이고 있다. 건강관리 서비스 시장을 육성하고, 의료법인에 재무와 마케팅을 제공하는 경영지원회사 설립을 허용하겠다고 했다. 가장 논쟁이 심한 영리병원 설립은 투자개방형 의료법인으로 명칭을 바꾸고 연말에 도입 여부를 결정하겠다고 발표했다. 추경 예산에서는 병원 영리법인화 관련 예산이 10억에서 52억으로 늘어났고, 의료산업 육성 명목 예산도 작년보다 대폭 증액됐다.

의료 민영화 찬성 의견: 병원에서만 담당하던 건강관리 서비스가 민간회사에 개방되면 경제 위기를 타파할 새로운 성장 동력이 생겨 일자리가 창출될 것이다. 누구나가 최소한의 건강을 지킬 수 있게 된 우리나라 국민은 비만이나 금연, 혹은 운동 처방 등에 대한 적극적인 관심과 더 나은 의료 서비스를 원한다. 3차 산업인 의료 서비스가 발전하면 제약 회사, 혹은 의료 기기 회사들인 2차 산업도 동반 성장한다. 수준 높은 의료 서비스가 가능하면 의료 관광 분야와 관련 건강 서비스 산업이 연계돼 매출을 올릴 수 있다. 병원 경영을 지원하는 회사가 생기고, 의료 채권 발행이 허용되면 병원은 더 많은 수익을 올릴 수 있다. 그 수익은 재투자돼 의료 서비스 수준을 높일 것이다. 고가의 의료 서비스를 중산층과 서민층이 받기 어렵게 된다는 비판이 있지만, 그동안 공공 분야로 간주하던 의료 분야에서 세계화와 함께 의료 경쟁이 치열한 상황이다. 전국의 모든 병원이 공공건강보험 적용을 의무화시킨 결과 환자들은 필요한 치료 이외의 과다 치료를 받으면서 국민건강보험 재정은 악화됐다. 의술은 인술이라는 도덕적 잣대만을 대다가는 곳간이 비어서 절대적 의료 빈곤 상황이 초래될 수도 있다. 오히려 상술의 도움을 받은 의술이 경제도 살리고 국민의 건강권도 보장해 줄 수 있다.

의료 민영화 반대 의견: 공공 서비스 영역인 의료 분야를 민간에게 대폭으로 넘기면 국민의 건강권은 크게 훼손된다. 금연이나 다이어트 등 건강관리 서비스는 의료 기관이 국민에게 당연히 제공해야 할 서비스다. 경제 위기 상황에서는 생존권의 위협을 받는 빈곤층이 자신의 건강을 챙길 여유가 없다. 이럴 때일수록 정부는 취약 계층에 대한 의료 지원을 확대해야 함에도 의료 양극화를 초래하는 의료 민영화를 추진하는 것은 불난 집에 부채질하는 꼴이다. 의료 민영화의 출발점인 영리 의료 법인이 허용되면 의료 서비스 시장은 상업화가 전면적으로 진행될 것이다. 경제 논리로 무장한 의료 산업은 국민 개개인의 필수적인 건강을 챙기는 것이 아니라 돈이 되는 소비자들을 위한 맞춤식 의료 전략만을 세울 것이다. 미국의 경험을 토대로 보면 의료비는 천정부지로 오르고, 의료 관련 기업의 지나친 이익 추구로 의료의 질이 떨어지게 된다. 민간의료보험에 가입한 사람들은 수준 높은 의료 서비스를 받을 가능성이 있지만, 가난한 사람들은 최소한의 공공 의료도 받기 어려워진다. 우리나라 의료 산업이 낙후된 것은 절대적으로 필요한 의사와 간호사의 수가 선진국에 비해 적고, 대도시로 의료 기관이 집중되면서 농어촌에 사는 사람들이 받는 의료 혜택이 형편없기 때문이지, 의료 분야의 민영화가 덜 돼서가 아니다. 오히려 미국의 오바마 대통령이 한국의 국민건강보험제도를 모델로 삼고 싶어 하는 실정이다.

의료 민영화 논쟁에서 가장 기본적인 질문에 대한 대답을 어떻게 하느냐에 따라 생각의 차이가 확연히 구분된다. '의료의 목적은 돈벌이가 될 수 있느냐, 아니면 건강 수호냐'에 대한 개념 정의가 우선돼야 한다. 이 질문은 '의료는 다른 일반 상품과 같이 취급할 수 있느냐?'로 대체될 수 있다. 시장 원리에 충실할 것이냐, 공공 서비스 원리로 접근할 것이냐의 논쟁으로 정리된다. 의료 공공화의 핵심 고리는 '건강보험 당연 지정제'로 1999년에 의료계로부터 헌법소원이 있었다. 우리나라의 모든 병의원은 의사와 상관없이 건강보험 요양기관으로 지정돼 진료비용에 대해 건강보험공단과 계약관계에 놓이게 된다는 이 제도가 의사의 직업 선택의 자유와 행복추구권을 침해하는가에 대한 고민이 필요하다.

의료 민영화 논쟁에서 자주 나오는 두 가지 사례를 참고할 만하다. 첫 번째 사례는 마이클 무어 감독이 미국의 의료 상황을 찍은 다큐멘터리 영화인 '식코·SICKO'이고, 두 번째 사례는 영국의 데이비드 캐머런 보수당수가 희귀병으로 고생하다 6살에 죽은 맏아들 때문에 무상 운영되는 국민의료서비스(NHS)를 옹호하게 된 경우이다.

— 조선일보, 2009년 5월 28일자

Exercise 연습문제

공교육이 붕괴되었다는 한탄이 곳곳에서 들려온다. 학생들이 학교 교사보다 학원 강사의 말에 더 귀 기울인다는 얘기는 어제오늘의 일이 아니다. 그만큼 사교육의 번창과 공고육의 몰락은 이제 지배적 추세처럼 보일 정도이다. 사교육에 대한 이런저런 규제책들을 내놓지만, 어떤 대책도 약발이 먹히지 않는다. 오히려 사교육 시장은 규제책을 발판 삼아 공룡처럼 커져가고 있다. 따라서 문제의 해법은 사교육 규제가 아니라 공교육 정상화에서 찾아야 한다. 공교육이 정상화되면 사교육 시장은 자연스럽게 축소될 것이기 때문이다. 공교육 정상화에 우리 모두의 지혜를 모아야 할 때이다. '공교육, 어떻게 정상화시킬 것인가'를 주제로 자유 토론을 해보시오.

1.2.4. 난상 토론

난상 토론은 일정한 주제를 놓고 아무런 격식이나 제한 없이 자유롭게 이루어지는 토론 방식이다. 주제 발표가 없어도 되고 사회자의 역할 또한 최소화된다는 점에서 자유 토론과 구별된다.

난상 토론은 모두가 관심을 갖고 있는 시사적인 문제를 다룰 때 효과적이다. 전문가 모임에서도 난상 토론이 자주 활용되지만, 학생을 대상으로 할 경우에는 아무래도 시사 문제가 의제가 되는 것이 좋다. 대다수의 학생들이 관심을 갖고 있어 사전 준비가 용이하기 때문이다.

난상 토론은 가장 자유로운 토론이므로 신선하고 창의적인 의견들이 나올 가능성이 가장 높다는 장점을 갖는다. 상식과 통념을 뛰어넘는 발상들을 들어볼 수 있는 장이 바로 난상 토론이다. 따라서 사회자는 토론을 이끌 생각을 버려야 하며, 단지 토론이 주제에서 지나치게 벗어나는 것을 제어하는 역할에 그쳐야 한다. 최상의 난상 토론은 사회자를 두지 않는 토론이다. 토론자들이 토론을 이끈다면 사회자가 굳이 필요하지 않기 때문이다.

난상 토론의 단점은 토론이 주제에서 벗어날 위험성이 크다는 점이다. 그런 점에서 난상 토론은 창의적인 생각을 이끌어낼 수 있는 매력적인 토론인 동시에 그야말로 난장판으로 전락할 위험성이 가장 높은 토론이기도 하다. 사회자의 역할이 필요한 지점이 이 부분이다. 따라서 사회자는 토론 주제에 대해 누구보다 깊이 공부해두어야 한다. 그래야 토론에의 개입은 최소화하면서 토론의 갈피를 제대로 잡아나갈 수 있기 때문이다.

주제에 대한 숙지熟知가 충분할 경우에는 사회자가 없더라도 토론이 주제에서 벗어나는 사태를 막을 수 있다. 그러므로 난상 토론의 효과를 극대화하기 위해서는 담당 교수가 학생들에게 사전에 주제의 의미라든가 관련 정보 혹은 주요 쟁점 등에 대해 철저히 주지시켜 주어야 한다.

난상 토론은 제대로만 되면 최선의 합리성과 최고의 생산성을 이끌어낼 수 있는 토론 방식이다. 그런 점에서 난상 토론은 토론의 이상형이라 할 수 있다. 그러나 이는 난상 토론이 가장 어려운 토론 방식이라는 의미이기도 하다. 따라서 담당 교수는 학생들의 토론 수준을 엄정히 평가해 난상 토론으로 들어갈지 여부를 결정해야 하며, 일단 난상 토론을 하기로 결정하면 사전 준비를 철저히 시켜야 한다.

① 토론 참여자들과 협의해 주제를 정한다.

② 사회자는 담당 교수의 판단에 따라 둘 수도 있고 두지 않을 수도 있다.

③ 난상 토론을 진행한다.

④ 사회자의 개입은 최소화하되 사회자가 없을 경우 담당 교수가 그 역할을 대신한다.

⑤ 교수의 강평으로 토론을 마무리한다.

연습문제

다음 글을 읽고 '보신탕, 문화인가 야만인가'를 주제로 난상 토론을 해보시오.

개고기는 전세계 일부 나라에서 먹는 개의 고기로서 한자로는 구육(狗肉)이라고 한다. 한국에서는 보신탕, 수육, 개소주 등의 음식이 있다.

한민족은 신석기 시대부터 개고기를 먹어왔다. 조선 후기에는 삼복 더위에 먹음으로써 여름을 견디게 해주는 음식으로 사용되었다. 18세기의 책『동국세시기』의 삼복조에는 개를 삶아 파를 넣고 푹 끓인 것을 개장이라고 부르고 고추가루를 타서 밥을 말아 먹는다고 기록되어 있다. 개고기는 고대 중국에서도 식용하였다는 기록이 있다. 중국의 상나라와 주나라 때 개고기는 일반 연회와 제사에서 빠지지 않는 제물이었다.

현재 베트남과 대만에서도 식용하고 있으며, 중국의 남동부 광둥에서 여름에 개고기를 먹는다. 동아시아에서도 목축을 하던 민족인 몽골인, 위구르인, 롤로인, 티베트인은 개고기 먹는 것을 매우 나쁜 습관으로 여긴다.

대한민국의 식품위생법에서는 식품에 쓸 수 있는 동물성 원료로서 개고기를 허가하지도 금지하지도 않는다. 축산법에는 개를 가축에 포함시키고 있지만, 축산물가공처리법에는 개를 포함시키고 있지 않다. 서울에서는 1984년부터 보신탕을 혐오식품이라 하여 판매를 금지시킨 상태이다.

많은 동물 보호단체에서 많은 식육용 개들이 사육 시설에서 학대를 받고 있으며, 길 잃은 애완용 개들마저 잡혀서 식육용으로 도축되고 있다며 대한민국 내의 개고기 유통을 금지하라고 주장한다. 반면 제대로 된 사육 시설을 마련하도록 법제화하기 위해 개고기를 허가하자는 의견도 있다.

20세 이상의 남성 중 약 70%는 개고기를 한 번 이상 먹어 본 경험이 있다고 조사되었다. 그러나 1년에 한두 번 이상 개고기를 먹는다고 응답한 사람은 28%였다.

—『위키백과』

연습문제

다음 글을 읽고 '사형제, 폐지해야 하나 유지해야 하나'를 주제로 난상 토론을 해보시오.

안양 초등생 혜진·예슬양 살해범 정성현에 대한 사형이 26일 확정되면서 사형제 존폐 논란이 재점화될 것으로 보인다. 26일 법무부 등에 따르면 사형제 존폐를 둘러싼 논의는 1989년 사형제 위헌심판청구가 헌법재판소에 제기된 이후 계속되고 있다. 그간 90여 명의 국회의원들이 사형제 폐지 법안을 냈고, 지난해 9월에도 자유선진당 박선영 의원이 또 다시 폐지 법안을 대표 발의했다.

그러나 최근 부녀자 연쇄살인범 강호순 사건 등 충격적인 범죄가 잇따르면서 사형제를 옹호하는 목소리가 점점 높아지고 있다. 최근 법무부가 한국리서치에 의뢰, 전국 19세 이상 성인 남녀 3000여 명을 대상으로 실시한 설문조사에서는 응답자 중 64.1%가 사형 집행에 찬성했다.

그러나 우리나라는 김영삼 정부 시절인 1997명 23명의 사형수에 대해 무더기로 사형을 집행한 이후 12년째 사형집행을 하지 않고 있다. 국제앰네스티는 이와 관련 우리나라를 '실질적 사형폐지국'으로 분류했다. 그러나 최근 강호순 사건으로 사형제 존폐논란이 다시 불거졌다.

헌법재판소는 1996년 사형제에 대해 합헌 결정을 내리며, 시대상황과 국민의 법 감정이 바뀌면 다시 논의돼야 할 것이라며 여지를 남기기도 했다. 또 올 6월에는 현직 판사가 제청한 위헌심판 사건의 공개변론이 예정돼 있어 사형제 부활 움직임에 어떤 영향을 미치게 될지 주목된다.

―「더 데일리안」, 김종섭 기자, 2009.02.27.

1.2.5. 세미나

세미나는 학술 토론을 뜻한다. 세미나의 장점은 토론 참여자들이 발표자인 동시에 토론자가 되는 토론 방식이라는 점이다. 발표자와 토론자의 구별이 없는 셈이다. 그런 만큼 가장 참여도를 높일 수 있는 토론이 세미나이다.

세미나는 학술 토론이므로 일반 학생들로서는 부담이 큰 토론이라 할 수 있다. 학문적 식견이 아무래도 부족하기 때문이다. 그러므로 세미나를 실습할 때에는 참여 학생들의 전공과 직결된 주제를 찾는 것이 관건이 된다. 가령 인문계열은 '대중문화, 어떻게 볼 것인가', 자연계열은 '지구 온난화의 원인과 대책', 사회계열은 '사회 양극화, 어떻게 해결할 것인가', 의학계열은 '의료보험 민영화의 허와 실', 사범계열은 '공교육 정상화의 해법은 무엇인가' 같은 주제들이 적당할 것이다. 세부 전공에 맞춰 주제를 좀 더 특화하는 것도 좋은 방안이다.

세미나는 전문가 토론인 만큼 가장 깊이 있는 토론이 가능한 반면에 주제에 대한 공부가 미흡할 경우 토론 자체가 불가능해진다. 따라서 담당 교수는 주제를 일찌감치 알려줘 충분한 준비가 가능하도록 해주어야 한다.

세미나는 인원이 많으면 원활한 토론이 어렵다. 최대 20명이 넘으면 사실상 세미나는 불가능하며, 10여 명 내외가 가장 적절하다고 할 수 있다. 그런 만큼 세미나의 효율적인 진행을 위해서는 인원 조정이 불가피하다. 세미나 참여자는 20명 이내로 제한하고 나머지는 참관인으로 배치하는 것이 좋다. 대신 참관인들에게는 세미나 종료 후 질의/답변 시간을 주도록 한다.

① 토론 참여자들과 협의해 전공과 직결된 주제를 정한다.

② 세미나 참여자와 참관인을 정한다.

③ 세미나를 진행한다. 참여자들은 발표와 토론을 병행한다.

④ 세미나 종료 후 참관인들에게 질의/답변 시간을 준다.

⑤ 교수의 강평으로 토론을 마무리한다.

연습문제

'지구 온난화의 원인과 대책'에 대해 세미나를 해보시오.

연습문제

2008년도에는 미국산 쇠고기 수입 문제로 한국사회가 극심한 내홍을 겪은 바 있다. 지금도 이 문제는 현재진행형이라 할 수 있다. 미국산 쇠고기는 수입되고 있지만, 그때 제기되었던 쟁점들에 대한 사회적 합의가 여전히 이루어지지 않은 상태이기 때문이다. 당시 한국사회는 미국산 쇠고기를 수입할 것인지 말 것인지부터 어느 수준에서 어떤 조건으로 수입할 것인지에 이르기까지 찬반으로 갈려 뜨거운 논쟁을 벌였다. 따라서 뜨거웠던 열기가 가라앉은 지금이야말로 미국산 쇠고기 수입을 둘러싼 주요 쟁점들에 대한 차분하면서도 냉철한 논의가 가능해졌다고 할 수 있다.

주요 쟁점은 크게 세 가지 정도로 정리할 수 있다. 첫 번째는 30개월 이상 된 쇠고기의 안정성 문제이고, 두 번째는 이른바 SRM(특정 위험물질)의 범위 문제이며, 세 번째는 검역 주권의 문제이다.

이들 세 쟁점 가운데 미국산 쇠고기 수입과 관련해 어떤 문제가 가장 본질적인 사안인지를 선택해 그 까닭을 밝히고 찬반 양론의 요지를 정리한 후 그에 대한 자신의 견해를 밝히는 세미나를 진행해 보시오.

1.3. 토론의 과정과 전략

1.3.1. 토론의 과정

토론은 문제의 제기-문제의 이해-문제의 해결이라는 세 단계의 과정을 거쳐 진행된다. 이 세 단계는 서로 유기적으로 연결되어 있기 때문에 어느 단계도 생략되어서는 곤란하다. 한 단계라도 생략될 경우 토론의 내적 완결성은 심각한 훼손을 입기 마련이다. 왜냐하면 세 단계는 논리적 사고가 완성되는 과정과 조응하기 때문이다.

토론은 문제의 제기로 시작된다. 문제의 제기란 왜 그것이 문제인지를 밝히고 그에 대한 공감대를 확보하는 과정이다. 가령 남북통일이라는 주제로 토론한다고 할 때 남북통일을 토론해야 하는 당위성에 대한 공감대가 없다면 토론에 대한 적극적 참여를 기대하기 힘들다. 따라서 남북통일을 바라보는 다양한 입장들을 소개하고 남북통일이 우리의 구체적 삶과 맺고 있는 관련성을 설명함으로써 토론 참여자들이 남북통일이라는 주제의 중요성에 공감하도록 유도하는 과정이 필요하다. 또한 남북통일에 대해 토론하는 데 필요한 소주제들을 설정하는 것도 이 단계에서 꼭 해야 할 작업이다. 소주제를 제대로 잡아야 본격 토론이 체계적으로 이루어질 수 있다. 이 작업은 글쓰기에 비유하면 개요 작성에 해당한다. 개요란 글쓰기의 밑그림을 그리는 일이다. 소주제를 설정하는 일 역시 마찬가지다. 토론의 밑그림을 잘 그려야 생산성 높은 토론을 기대할 수 있는 법이다. 문제의 제기 단계에서는 특히 사회자의 역할이 중요하다. 공감대를 확보하고 소주제를 잡는 일은 사회자가 주도해야 하기 때문이다. 그런 점에서 문제의 제기는 토론의 당위성을 설득하고 주제에 접근하는 효과적인 방향을 제시함으로써 토론의 활성화를 위한 분위기를 조성하는 역할을 한다고 할 수 있다.

다음 단계는 문제의 이해이다. 이 단계부터 본격적인 토론의 과정으로 들어가게 된다. 문제의 이해란 토론 주제를 구성하는 주요 요소들을 분석하고 그 요소들 각각의 의미를 해석한 다음 주제의 전체상을 종합해 평가하는 과정이다. 요약하자면, 분석-종합-평가의 과정을 통해 문제의 본질을 이해해가는 과정인 것이다. 남북통일이라는 주제와 관련해 설명하면, 남북 분단의 원인, 분단이 초래한 결과, 남북통일의 의의와 효과, 남북통일에 필요한 비용, 통일 과정의 고통이나 어려움, 남북통일의 다양한 방안들 등 남북통일과 관련된 주요 요소들을 분석하고 그 각각의 요소들이 서로 어떻게 연관되어 있는지를 종합적으로 규명한 후 남북통일의 긍·부정성을 평가하는 과정이 문제의 이해라 할 수 있다.

실제 토론에서는 일반적으로 이 과정이 문제를 구성하는 주요 요소들을 소주제로 세분화해 토론한 후 종합적으로 평가하는 방식으로 진행된다. 이를테면 남북통일이라는 대주제 아래 ① 남북 분단의 원인과 결과, ② 남북통일의 의의와 효과, ③ 남북통일의 비용과 고통, ④ 남북통일의 여러 방안, 이런 식으로 소주제를 세분화해 토론하는 것이 가능할 것이다. 이 때 중요한 것이 분석-종합-평가의 과정이 논리적 사고의 진행 순서와 일치한다는 사실이다. 토론이 사고력의 증진에 중요한 기여를 하는 것은 그래서인데, 그런 점에서 분석－종합－평가로 이루어지는 문제의 이해 단계는 토론의 핵심이라 할 수 있다.

문제의 해결은 대안의 모색과 깊이 연관되어 있다. 세상에 완전한 것은 없는 법이다. 따라서 모든 문제는 항상 한계와 모순을 갖는다. 역사의 진보가 진퇴와 부침 속에서도 지금까지 끊임없이 계속되어 왔던 것도 그런 연유에서이다. 따라서 한계와 모순을 어떻게 극복할 것인가에 대한 대안적 사고는 토론 참여자들의 의식을 미래를 향해 열려 있도록 해주는 원동역이 된다. 미래에 대해 닫힌 의식은 세계의 변화를 불가능하게 만든다. 반면에 미래를 향해 열려 있는 의식은 인류 공동체의 발전을 가능하게 해주는 정신적 초석이다. 그런 점에서 대안의 모색은 토론을 보다 역동적이게 해주는 역할을 한다.

남북통일이라는 구체적 주제를 놓고 생각하면 이 점이 보다 분명해진다. 남북통일은 갈라져 있던 민족을 하나의 민족으로 통합하는 긍정적 의미를 갖고 있다. 하지만 남북통일의 부정적 측면 또한 만만치 않은 것이 사실이다. 무엇보다 극단적으로 이질화되어 있는 두 '국민'이 하나의 '민족'으로 묶일 때 엄청난 갈등이 초래될 가능성이 크다. 남과 북 간의 경제적 격차 역시 심각한 고통과 비용을 요구할 것이다. 통일 국가의 헤게모니를 둘러싼 경쟁과 대립도 필연적일 것이다. 독일이나 예멘의 통일에서 우리는 그러한 현상을 확인한 바 있다. 따라서 그러한 위험성과 갈등 가능성을 최소화할 수 있는 대안이 무엇인지에 대한 모색이 없다면, 남북통일에 대한 어떤 논의도 공감을 얻기 어려워질 것이다. 문제의 해결이 토론에서 빠져서는 안 되는 소이所以가 여기에 있다.

뿐만 아니라 문제의 해결은 앞의 단계에도 심대한 영향을 미친다. 다시 말해 문제의 이해 자체를 새롭게 볼 수 있는 관점을 제공해준다는 것이다. 문제의 해결이 빠진 토론은 문제 자체를 평면적으로 논의하는 수준에서 끝날 공산이 크다. 요컨대 남북통일의 '바람직한' 방안보다는 남북통일의 '효과적인' 방안이 토론의 초점이 될 개연성이 높아진다. 문제의 해결이라는 대안적 관점이 생략될 경우에는 문제에 대한 기능주의적 접근에 빠질 가능성이 크기 때문이다. 반면에 문제의 해결이라는 관점이 작동하면 상황은 달라진다. 남북통일에 대한 기존의 기능주의적 접근과는 다른, 참신한 대안들에 대한 논의의 장이 열리게 되는 것이다. 그에 따라 문제의 이해 단계의 논의 내용도 달라지면서 남북통일 자체를 새롭게 바라보는 작업이 이루어질 수 있게 된다. 그런 점에서 문제의 해결은 문제의 이해 과정을 제대로 수행하기 위해서도 빠져서는 안 될 토론의 본질적 과정이라 할 수 있다.

1.3.2. 토론의 전략: 토론은 한 편의 드라마이다.

똑같은 주제를 똑같은 사람들이 토론했음에도 불구하고 토론의 결과는 천양지차인 경우가 적지 않다. 이러한 차이는 대개 토론 참여자들이 자신의 역할을 어떻게 수행했는가 하는 문제와 밀접한 관계가 있다. 다시 말해 '어떻게'의 문제가 토론의 성패를 좌우하곤 한다는 것이다. 그러므로 토론의 전략을 치밀하게 짜야만 토론의 내실을 기할 수 있을뿐더러 토론을 통해 사고력, 이해력, 표현력을 향상시키는 것이 가능해진다.

토론의 전략과 관련해 무엇보다 중요한 것이 적절한 역할 분담과 정확한 강평이다.

토론을 구성하는 주요 역할들은 사회자, 발표자, 토론자이다. 이 세 역할이 각기 제대로 굴러가면서 상호작용할 때 토론은 소기의 성과를 거둘 수 있다. 토론은 한 편의 드라마라 할 수 있다. 한 편의 드라마가 성공하려면 연출자, 작가, 배우가 삼위일체가 되어 움직여야 한다. 이들이 각기 제 역할을 제대로 수행하면서 동시에 서로 완벽하게 조화를 이룰 때 그 드라마는 성공을 기대할 수 있다. 토론도 마찬가지다.

사회자의 역할은 토론을 이끄는 것이다. 토론을 이끈다는 것은 주제에 대한 공감대를 이끌어내고 활발한 토론 분위기를 창출하며 토론의 흐름을 적절하게 조율하는 일을 뜻한다. 이를 위해서는 무엇보다 주제에 대한 장악력이 선결 요건이다. 사회자는 발표자 이상으로 토론 주제에 대해 꿰뚫고 있어야 한다. 그래야만 토론을 올바른 방향으로 유도하는 것이 가능해진다. 또한 사회자는 토론 참여자들이 자발적으로 자신의 생각을 피력할 수 있도록 분위기를 조성해야 한다. 이를 위해서는 토론자들에게 주제에 대한 관심을 불러일으키고 자신감을 갖도록 만들며 합의와 차이의 지점들을 정확하게 짚어주어야 한다. 그런 점에서 사회자는 토론이라는 드라마의 연출자라 할 수 있다. 따라서 사회자는 토론의 전체상을 조망하는 넓은 시야를 필수적으로 갖추어야 한다. 그럴 때 토론이 합의와 대안의 방향으로 자연스럽게 흘러가도록 조율할 수 있기 때문이다.

발표자의 역할은 주어진 주제에 대해 설득력 있는 발표를 하고 토론자들의 질문과 비판에 적절한 대응을 하는 일이다. 발표자는 드라마의 대본을 만드는 작가와 비슷하다. 그런 만큼 발표자는 항상 발표의 내용과 수준에 의해 토론의 내용과 수준이 결정된다는 사실을 명심하고, 주제에 대한 완벽한 이해를 기본적으로 갖추고 있어야 한다. 더불어 유념할 것은 표현이다. 정확한 언어 구사와 설득력 있는 논지 전개, 그리고 핵심을 효과적으로 전달하는 수사력이 구비되지 않으면 토론 참여자들의 동의나 적극적 반응을 이끌어내기 어렵다. 또한 질문이나 비판의 내용을 정확하게 파악해 그에 맞는 응답이나 반박을 하는 것도 발표자가 갖춰야 할 덕목이다. 이를 위해서는 일종의 리허설 과정을 사전에 한 번 거치는 것도 좋은 방안이다. 담당 교수가 리허설 책임자를 맡아 부족한 부분을 보완시키고 틀린 점을 수정해주는 것이 가장 바람직하다.

토론자의 역할은 발표에 대한 자신의 의견을 피력하고 부단한 논쟁을 통해 합의점을 찾아가는 일이다. 토론의 중심은 사회자도 아니고 발표자도 아니라 바로 토론자이다. 드라마에 비유하면, 사회자가 연출자이고 발표자가 작가라면 토론자는 주인공이라 할 수 있다. 그래서 사회자나 발표자 없는 토론은 있지만, 토론자 없는 토론은 존재할 수 없다. 실패한 토론을 보면 하나같이 토론자들이 자신을 주인공이 아니라 엑스트라로 생각하는 공통점을 보여준다. 심지어는 토론자들이 스스로를 관객으로 여기는 토론도 있는데, 그런 토론은 백이면 백 안하느니만 못한 결과를 낳는다. 이는 토론자의 자기규정이 토론의 성패에 관건이 된다는 것을 말해준다. 요컨대 토론자들이 스스로를 드라마의 주인공과 같은 존재로 여길 때 토론이 활발해진다는 것이다. 따라서 토론자들은 자신이 토론의 주인공이라는 주인의식을 갖고 주제에 대한 충분한 사전 공부와 토론에의 적극적 참여를 수행해야 한다.

이처럼 토론은 연출자인 사회자와 작가인 발표자 그리고 주인공인 토론자가 삼위일체되어 공연하는 한 편의 열정적인 드라마이다. 적절한 역할 분담이 토론의 전략을 짜는 데 있어서 결정적 의미를 갖는 것은 그 때문이다.

1.3.3. 강평과 상호비평

정확한 강평 역시 토론의 전략에서 빠질 수 없는 요소이다. 강평은 담당 교수의 몫이다. 다시 한 번 드라마에 비유하자면, 담당 교수는 드라마 평론가라 할 수 있다. 드라마를 가장 객관적으로 볼 수 있는 존재가 평론가라는 점에서 강평은 토론이라는 드라마의 성공한 부분과 실패한 부분을 정확히 분별해 칭찬할 것은 칭찬하고 비판할 것은 비판하는 역할을 해야 한다. 정확한 강평이 없으면 다음번의 토론도 이전의 토론을 반복하는 데서 그치기 십상이다. 토론의 발전을 기대하기 어렵다는 말이다. 토론의 발전이 없으면, 사고력과 이해력과 표현력의 향상도 불가능하다. 강평이 제대로 될 때 좋은 점은 계승하고 나쁜 점은 교정해 한 단계 나아진 토론을 기대할 수 있다.

담당 교수는 되도록 토론과정에 개입하지 말아야 한다. 사회자, 발표자, 토론자가 총체적 혼란 상태에 빠진 극단적인 상황을 제외하고는 담당 교수는 토론에서 멀찌감치 떨어져 있는 것이 좋다. 담당 교수가 개입한 백 점짜리 토론보다는 담당 교수가 빠진 오십 점짜리 토론이 학생들의 능력 향상에 훨씬 도움이 된다. 그 대신 담당 교수는 정확한 강평을 통해 토론에 개입해야 한다. 그럼으로써 다음번 토론이 보다 발전된 방향으로 나아갈 수 있도록 돕는 것이 강평자의 역할이다.

토론 참여자들 간의 상호비평도 토론을 발전시킬 수 있는 좋은 방법이다. 가령 사회자가 토론자들을, 토론자가 발표자를, 발표자가 사회자를 강평하는 식으로 상호비평하는 것이 가능할 것이다. 또는 사회자, 발표자, 토론자 가운데 한 사람이 토론과정 전체를 강평하는 방식도 생각해볼 수 있다. 상호비평의 구체적 방식은 다양하다는 말이다.

중요한 것은 상호비평이 엄정하게 이루어져야 한다는 점이다. 사적인 감정이나 개인적 선입견은 배제하고 최대한 객관적으로 비평 대상의 장점과 단점을 평가해야만 상호비평이 토론의 발전에 기여할 수 있다. 특히 토론 때 자신과 같은 의견이었냐 아니냐가 비평의 기준이 되어서는 절대 안 된다. 이런 식의 비평은 안하느니만 못한 결과를 낳기 때문이다. 따라서 토론 과정의 일관성과 집중성, 논리 전개의 타당성과 깊이, 표현 방식의 설득력이나 매너, 대안의 적절성 같은 것들을 중심으로 상호비평이 진행되어야 한다는 것을 명심해야 한다.

연습문제

문제의 제기－문제의 이해－문제의 해결의 순서로 진행되는 토론의 과정을 정확히 밟으면서 '남북통일의 의의와 방안'에 대해 자유 토론을 해보시오.

연습문제

위의 토론에 대해 토론 참가자들이 상호비평을 해보시오.

1.4. 토론과 글쓰기

토론과 글쓰기를 결합시키는 것은 표현력과 사고력을 키우는 효과적인 방안이다. 토론과 글쓰기의 연계는 토론의 장점과 글쓰기의 장점을 고루 취할 수 있도록 해준다. 토론은 다양한 의견들을 접함으로써 자신의 생각을 보다 합리적으로 조정할 수 있도록 해주며, 글쓰기는 자신의 생각을 심화시켜 논리적 완결성을 높여준다. 따라서 토론을 하고 그 결과를 글쓰기로 정리하면 합리적이면서도 완결된 논리를 만들어낼 수 있다.

토론은 의견의 공방으로 진행되기 때문에 자신의 생각이 다른 사람의 시각에서 비판적으로 검증받게 된다. 그러므로 토론의 과정을 거치면서 자신의 논리에 담겨 있는 문제점이라든가 결함 같은 것들을 자연스럽게 교정할 수 있다. 이것이 토론의 장점이다. 반면에 토론은 자신의 생각을 일관되게 밀고나가면서 심화시키기 어려운 경우가 많다. 상대방의 개입으로 사고의 맥이 끊기거나 하나의 생각이 완결되기 전에 다른 논제로 넘어가곤 하기 때문이다.

이에 비해 글쓰기는 자신의 생각을 일관되게 밀고나갈 수 있으므로 토론에 비해 아무래도 논리의 완결성이 높다. 그러나 글쓰기에서는 자신의 생각을 타자의 시각에서 객관적으로 바라보기가 대단히 힘들다. 글쓰기의 특성 상 논리의 일관성이나 완결성에 집중하다 보면 자기의 생각에만 폐쇄되기 쉽기 때문이다.

따라서 토론과 글쓰기의 연계는 서로의 장점은 극대화하고 서로의 단점은 최소화시킬 수 있는 좋은 방안이 된다. 토론은 글쓰기를 통해 논리적 완결성을, 글쓰기는 토론을 통해 객관적 검증을 보완할 수 있는 것이다.

글쓰기의 측면에서 보자면, 토론은 구상과 개요의 단계에 해당한다. 논제에 대한 기본 입장과 주요 명제들을 토론 과정에서 정립하게 된다는 점에서 그러하다. 구상과 개요는 글쓰기의 절반이라 해도 과언이 아니다. 토론은 그 구상과 개요를 완벽하게 처리해줄 수 있는 해결책이다. 그런 점에서 토론 과정을 한 번 거치면 객관적 설득력을 갖춘 글이 나올 가능성이 훨씬 커진다고 할 수 있다.

토론의 측면에서 보자면, 글쓰기는 자신의 생각을 일관되고도 완결된 논리로 완성시켜 주는 마무리에 해당한다. 토론 과정에서는 다양한 의견과 주장들이 제기되기 때문에 그것들을 체계화하기 힘들다. 따라서 토론이 토론에서 그칠 경우 이런저런 생각들이 산재散在된 상태에 머무르기 십상이다. 사유의 심화와 종합을 기대하기 어렵다는 말이다. 글쓰기는 토론 과정에서 나온 생각들을 종합하고 체계화시켜 준다. 토론을 글쓰기로 마무리해야 하는 것은 그래서이다.

토론을 글쓰기로 연결시킬 때 제일 먼저 해야 할 일은 토론 과정에서 제기된 주장들을 정리하고 그에 대한 자신의 입장을 분명히 하는 것이다. 이는 글쓰기의 구상 단계에 해당한다. 다음으로는 그것들을 논제와 쟁점별로 세목화하고 요지를 간략하게 작성해야 한다. 이는 글쓰기의 개요 단계에 해당한다. 그러고 나서 글쓰기로 들어가면 되는데, 이때의 글쓰기는 토론의 마무리라 할 수 있다. 요컨대 이 과정에서 토론의 심화와 완성이 이루어지는 것이다. 뿐만 아니라 그것은 토론을 통해 비판적 검증을 거친 연후의 글쓰기이기 때문에 아무래도 통상적인 글쓰기에 비해 객관적 설득력이 높을 가능성이 크다. 글쓰기를 할 때에도 지속적으로 토론 과정에서의 논의 내용에 유념하면서 논지를 다듬어야 함은 물론이다.

Exercise 연습문제

표현의 자유와 관련한 쟁점 가운데 하나가 외설 문제이다. 문학예술의 역사에서 예술과 외설의 경계를 어떻게 설정할 것인가 하는 문제는 언제나 초미의 쟁점이었다. 하지만 아직도 이에 대한 사회적 합의는 이루어지지 않은 상태이다. 이 문제에 대한 시각이나 취향이 민족별, 세대별, 성별, 개인별로 너무도 천차만별이기 때문이다. 나아가 외설은 표현의 자유의 보호를 받지 않아도 되는 것인가 하는 문제도 해결되지 않은 쟁점이다. 어째서 외설은 표현의 자유의 보호를 받지 못해도 되는지에 대한 만족스러운 설명은 여전히 제시되지 않은 상태이기 때문이다. 뿐만 아니라 외설은 외설이되 표현의 자유의 보호를 받아야 할 외설과 그렇지 않은 외설이 있지는 않은지에 대해서도 좀 더 깊은 논의가 필요하다. 이처럼 외설과 표현의 자유의 관계는 대단히 복잡하다. 이 문제에 대해 토론하고 그에 바탕해 자신의 생각을 정리한 글을 써보시오. (1000자 내외)

2. 발표

학생들이 대학에 들어와 가장 힘들어 하는 것 가운데 하나가 발표이다. 수업 시간이나 자치 활동 시간에 자기의 의견을 발표해야 하는 상황을 자주 만나게 되는데, 그럴 때마다 대다수의 학생들이 어찌할 바를 모르고 당황한다. 사회에 나가도 마찬가지다. 직장에서는 기획안을 발표하거나 각종 회의에서 자신의 생각을 발표해야 한다. 이런저런 모임이나 행사에서도 발표할 일이 적지 않다. 토론 또한 따지고 보면 발표의 연쇄에 다름 아니다.

발표해야 할 때 발표하지 않으면 무능력자가 되고 마는 것이 현실이다. 좋든 싫든 현대인들은 발표를 통해 자신의 능력을 검증받고 평가받는다. 발표만큼 특정 사안에 대한 생각의 수준을 즉각적으로 알 수 있도록 해주는 장치도 없기 때문에 이러한 현상은 당연한 일이라 할 수 있다. 자기표현의 능력을 무엇보다 중시하는 지식 기반 사회에서는 더더군다나 그러하다.

그러므로 발표의 능력을 키우는 일은 지식 기반 사회를 살아가는 데 있어 반드시 거쳐야 할 필수 관문이라 할 수 있다. 발표를 잘 하려면 무엇보다 인문적 교양을 쌓는 일이 가장 중요하다. 자기표현이란 본질적으로 자신의 내면을 드러내는 일이기 때문이다. 하지만 이것은 개개인이 적지 않은 시간을 들여 서서히 해나가야 할 작업이기 때문에, 여기서는 발표를 잘 하는 데 필요한 기본 매너와 전략을 중점적으로 소개하고자 한다.

2.1. 발표의 매너

2.1.1. 당당하되 겸손하게

발표자는 항상 당당해야 한다. 당당함은 자신감의 표현이기 때문이다. 우물쭈물 하거나 주변 눈치를 자꾸 보는 모습은 다른 사람들에게 자신이 없는 것으로 비친다. 자신이 없다는 것은 준비가 부족하거나 생각이 짧다는 의미이기 때문에 당당하지 못한 태도는 치명적이다. 물론 준비가 되어 있지 않거나 별다른 생각도 없으면서 당당한 태도를 보이는 것은 일종의 사기이다. 따라서 발표를 하기 전에 그 사안에 대해 미리 준비하고 깊이 생각하는 작업을 먼저 해두어야 한다. 문제는 그렇게 준비하고 생각했으면서도 당당하지 못한 경우이다. 이러한 잘못된 습관은 즉시 고쳐야 한다. 철저히 준비하고 깊이 생각한 사람이 당당하지 못할 이유가 없다.

하지만 당당함이 지나치면 오만하게 보인다. 자신 없음 이상으로 치명적인 것이 오만함이다. 오만함은 상대방을 불쾌하게 만든다. 불쾌한 사람에게 호의를 기대하는 것은 불가능한 일이다. 따라서 당당하되 겸손해야 하는 법이다. 겸손이란 상대방을 존중하는 것이다. 상대방의 의견이 아무리 나와 다를지라도 그 다름을 존중해주는 것이 겸손이다. 심지어는 상대방의 견해가 명백히 틀린 것일 때조차도 그 견해의 존재 가치를 존중해야 한다. 틀린 것을 비판하되 그러한 견해가 존재할 수 있음을 인정하는 것이 진정한 의미에서의 겸손이라는 말이다. 내가 상대방을 존중할 때 상대방도 나를 존중해준다. 참다운 소통은 상호존중에서부터 시작된다. 그런 만큼 겸손은 모든 의사소통의 기초라 할 수 있다.

2.1.2. 핵심을 선명하게 전달할 것

자신의 의견을 발표할 때 논제와 직결되지 않는 내용을 장황하게 늘어놓는 사람들이 있다. 이러한 발표는 전달하고자 하는 메시지가 무엇인지를 애매하게 만들 뿐 아니라 발언 시간만 쓸데없이 늘려 듣는 사람들을 피곤하고 짜증나게 한다. 당연히 반응 역시 좋을 리가 없다. 한마디로 헛수고한 셈이다.

발표란 누군가에게 동의를 구하는 일이다. 그러므로 동의를 구하고자 하는 그 '누군가'의 입장을 무엇보다 먼저 배려해야 한다. 그럴 때 발표의 목적인 동의를 얻어낼 수 있기 때문이다. 그 '누군가'의 입장에서 보면, 핵심이 선명하게 담긴 군더더기 없는 발표가 가장 바람직하다. 말하고자 하는 메시지를 명료하게 이해할 수 있을뿐더러 발언 시간도 짧아 피곤함을 느끼지 않기 때문이다.

발표의 매너가 중요한 것은 매너 좋은 발표가 상대방의 동의를 얻는 데 훨씬 효과적이어서이다. 매너란 결국 상대방의 입장에 서는 것이다. 상대방의 입장에서 생각하면 좋은 발표가 어떤 것인지 쉽게 알 수 있다. 이해하기 쉬운 발표, 핵심이 뚜렷한 발표, 말하고자 하는 바가 선명한 발표, 피곤함을 느끼지 않는 발표, 처음과 끝이 일관된 발표, 논거가 확실한 발표, 이런 발표가 좋은 발표이다. 상대방을 배려한 발표라는 점에서 그러하다. 핵심을 선명하게 전달해야 하는 것도 그런 까닭에서이다.

2.1.3. 평소보다 1.5배 크게, 1.5배 천천히 말할 것

목소리의 크기와 속도 역시 상대방의 입장에서 생각해야 한다. 평소 크기와 속도의 목소리는 바로 옆에 앉아 있는 사람과 대화할 때 적당한 수준의 것이라 할 수 있다. 따라서 상대방과의 거리가 멀수록 크기는 더욱 커지고 속도는 더욱 느려져야 한다. 그래야 상대방이 알아들기 쉽기 때문이다. 평소처럼 말하면 멀리 떨어져 있는 사람들은 발표자가 무엇을 말하는지 알아듣기 어려워진다. 그러면 무슨 말인지 알아보려고 귀를 쫑긋거리면서 집중해야 하고, 결국에는 제풀에 지쳐버리게 된다. 호감도가 떨어질 수밖에 없다.

상황에 따라 다르겠지만, 일반적으로는 목소리의 크기와 속도가 평소보다 1.5배 정도 크고 1.5배 정도 천천히 말하는 것이 가장 무난하다. 이 정도의 크기와 속도가 듣는 사람에게 바로 옆에서 대화할 때와 비슷한 효과를 내기 때문이다. 대화가 친밀도와 호감도를 높이는 의사소통 방식이라는 점에서 대화와 비슷한 효과를 내는 발표가 좋은 발표라 할 수 있다.

2.1.4. 또박또박 분명하게 발음할 것

발표할 때의 가장 중요한 매너는 결국 상대방이 자신의 말을 정확하게 알아들을 수 있도록 해주는 것이다. 발음 또한 거기에 준해야 한다. 우물우물하거나 불분명한 발음으로는 정확인 인지認知를 기대하기 어렵다. 따라서 되도록 또박또박 끊어서 분명하게 발음하는 것이 바람직하다.

일단 단어 하나하나를 분명하게 발음하는 것이 중요하다. 단어에 대한 분명한 인지 없이는 문장에 대한 인지가 원천적으로 불가능하다. 이와 함께 문장을 말할 때 어디서 끊거나 쉴 것인지도 항상 유념해야 한다. 적절하지 않은 곳에서 끊거나 쉴 경우 의미론적 맥락을 파악하기가 힘들어지기 때문이다. 문장이 긴 경우에는 문제가 한층 어려워진다. 한 호흡에 말해야 하는 어절이 너무 길어 중도에서 끊어지는 상황이 발생할 수 있기 때문이다. 따라서 발표 시에는 지나치게 긴 문장은 가급적 피하는 것이 좋다. 평상시에 발성 훈련을 통해 호흡을 유지하는 능력을 키워두는 것도 좋은 방안이다.

Exercise 연습문제

자기소개서를 작성해 발표의 매너에 맞춰 그것을 읽어 보시오.

2.2. 발표의 전략

2.2.1. 주장

주장이란 특정 사안에 대해 자신의 소신이나 의견을 밝히는 일이다. 그런 점에서 발표란 자신의 주장을 관철시키는 행위라 할 수 있다. 주장은 상대방의 동의를 목표로 하므로 그 목표를 달성하기에 적합한 주장을 펼치는 것이 무엇보다 필수적이다. 따라서 어떤 주장을 할 때에는 그것이 보편타당성과 가치 합리성을 갖추고 있는지를 심사숙고해야 한다. 아무리 그럴 듯하게 말하는 수사력과 표현력을 지니고 있어도 보편타당성과 가치 합리성을 결여한 주장은 패배할 수밖에 없다. 논쟁이란 결국 보편타당성과 가치 합리성을 둘러싼 경쟁이기 때문이다.

보편타당성과 가치 합리성을 갖추기 위해서는 인문적 교양을 쌓는 일을 게을리 하지 말아야 한다. 인문적 교양 없이는 보편타당성과 가치 합리성을 판단하는 능력, 곧 지성을 자기 내면에 구축할 수 없기 때문이다. 그래서 처음에는 목소리 크고 말솜씨 좋은 사람이 이길 것 같지만, 논쟁이 진행되면 될수록 높은 지성을 지닌 사람이 결국에는 우위를 차지하게 되는 것이다. 보편타당성과 가치 합리성이 논쟁의 승패를 궁극적으로 결정하는 최종 심급이라는 점에서 그러하다. 그렇게 보면 주장이란, 규제적으로 말하면, 자기가 생각하는 보편타당성과 가치 합리성을 제시하는 행위라고 정의할 수 있다.

2.2.2. 설득

주장이 보편타당성과 가치 합리성을 갖추고 있더라도 그것을 '어떻게' 표현하느냐에 따라 호응도는 천차만별일 수 있다. 아무리 옳은 말이라도 '싸가지' 없게 표현하면 적대감만 높여줄 뿐이다. 말하자면 같은 말도 어떻게 표현하느냐에 따라 상대방에게는 다르게 들릴 수 있는 것이다. 설득의 과정이 중요한 것은 그래서이다. 발표가 동의를 구하는 일이라면, 호감도와 신뢰도를 높일 수 있는 표현을 구사하는 것이 당연하다. 그런 점에서 설득이란 호감도와 신뢰도를 높임으로써 자신의 주장에 대한 동의를 이끌어내는 작업이라 할 수 있다.

호감도를 높이기 위해서는 표현력을 갖추고 있는 것이 유리하다. 아 다르고 어 다르듯, 같은 말이라도 적절한 표현과 효과적인 수사修辭를 구사할 때 호감도는 높아지는 법이다. 따라서 평소에 문학 독서를 통해 비유나 수사에 대한 감각을 길러두는 것이 좋다. 그러한 감각이 미리 갖춰져 있어야만 발표 시 적재적소에 그것들을 활용하는 것이 가능하다. 하지만 비유나 수사의 남발은 오히려 신뢰도를 떨어뜨릴 수도 있음을 명심해야 한다. 절제 없는 표현은 발표의 품격을 훼손하기 때문이다.

신뢰도를 높이는 데 있어 가장 중요한 일은 확실한 논거를 제시하는 것이다. 주장을 했으면, 그 주장이 보편타당하고 가치 합리적임을 증명해야 한다. 증명되지 않은 주장은 주관적 독단에 불과하다. 따라서 확실한 논거의 제시야말로 설득의 과정에서 가장 중요한 작업이라 할 수 있다. 이것 없이는 결코 동의를 얻을 수 없기 때문이다. 발표란 자신의 주장이 보편타당하고 가치 합리적이라는 것을 입증함으로써 동의를 이끌어내는 행위이다. 그런 점에서 확실한 논거의 제시는 생략하고 넘어갈 수 없는 발표의 필수 요건이다.

2.2.3. 반박

주장이 있으면 그에 대한 비판이 반드시 나오기 마련이다. 반박은 그러한 비판이 잘못된 것임을 규명하면서 자신의 주장이 정당함을 입증하는 작업이다. 일단 어떤 주장이 제기되고 그에 대한 비판이 있은 연후에는 반박과 재반박이 끊임없이 이어지게 된다. 그런 만큼 상대방의 비판이나 반박을 어떻게 반박하고 재반박하느냐에 따라 발표의 성패가 크게 좌우된다.

효과적인 반박은 상대방의 논리에 담긴 모순이나 허점을 정확하게 지적할 때 가능하다. 그러려면 먼저 잘 들을 줄 알아야 한다. 듣기의 중요성은 아무리 강조해도 지나치지 않다. 자기 주장을 펼치는 데 급급해 남의 말을 제대로 듣지 않는 경우가 있는데, 이래서는 효과적인 반박을 하기 어려워진다. 남의 말을 잘 듣지 않고서는 거기에 숨어 있는 논리적 허점이나 모순을 찾아낼 수 없기 때문이다.

상대방 논리의 허점과 모순을 찾아내면, 그때부터 본격적인 반박에 들어가게 된다. 반박의 핵심은 어째서 상대방의 논리가 잘못된 것인지를 해명하는 일이다. 반박 역시 하나의 주장이므로 '어째서'를 밝히는 것, 즉 확실한 논거를 제시하는 것이 긴요하다. 그런 연후에는 그에 바탕해 자신의 주장이 옳고 정당함을 재입증해야 한다. 이때에는 비판의 대상이 되었던 사항들을 중심으로 새로운 논거를 제시하는 것이 가장 효과적이다. 다만 상대방의 비판에서 타당한 부분은 적극 수용해 자신의 견해를 보완하는 유연한 태도를 가져야 한다는 점도 명심할 필요가 있다. 반박이 상대방의 비판을 전면 부정하고 자신의 주장만을 고집하는 방식으로 이루어질 경우 오히려 설득력을 떨어뜨릴 수 있기 때문이다.

연습문제

다음의 글을 읽고 그에 대한 찬반 토론을 주장과 설득, 비판과 반박의 순서로 진행해 보시오.

이성과 합리성 대신에 욕망이 인간의 정신을 지배할 때, 사회는 그야말로 '만인에 대한 만인의 투쟁' 상태가 될 수밖에 없다. 물론 이성이나 합리성의 폐해도 적지 않았다. 그러나 이성과 합리성의 폐해는 그것이 무언가를 위한 '도구'로 전락한 데 따른 폐해였지 이성과 합리성이 넘쳐서 생겨난 폐해는 아니었다. 하지만 욕망은 넘치면 넘칠수록 문제가 된다. 이를테면 요사이 자주 운위되고 있는 '경쟁력'이란 것도 사실은 '만인에 대한 만인의 투쟁'의 다른 표현일 뿐이다. 경쟁에서 이겨야 하는 판에 윤리나 도덕이 무슨 쓸모가 있겠는가. 경쟁에서 이기기 위해서는 법에 저촉되지 않는 한 어떤 행동도 용인된다. 보다 심하게 말하면, 경쟁은, 그리고 그 밑바닥에 깔려 있는 욕망은 법마저도 넘어선다. 자본주의는 돈에 대한 욕망을 충족시키기 위해 상품에 대한 욕망을 만들어내고, 상품에 대한 욕망을 충족시키기 위해 돈에 대한 욕망을 갖게 되는 악순환적 구조로 침몰해가고 있다. 침몰의 끝은 약육강식의 끔찍한 정글이다.

참고문헌

가톨릭대학교 교양교육원, 『문제 해결과 의사소통』, 가톨릭대 출판부, 2007.
강병태, 「촛불 시위, 찬탄만 할 것인가」, 한국일보, 2008.6.10.
강태완·김태용·이상철·허경호, 『토론의 방법』, 커뮤니케이션북스, 2001.
건국대학교 글쓰기연구회 편, 『글쓰기의 기술 : 실용편』, 파미르, 2006.
고려대학교 사고와 표현 편찬위원회, 『글쓰기의 기초』, 고려대 출판부, 2004.
고려대학교 사고와 표현 편찬위원회, 『인문학과 글쓰기』, 고려대 출판부, 2005.
김광수, 『논리와 비판적 사고』, 철학과현실사, 1995.
김　구, 『백범일지』, 아이템북스, 2006.
김국태, 『실용논리학』, 철학과현실사, 2005.
김문오, 『좋은 글의 여건』, 국립국어원, 2005.
김복순, 『토론의 방법』, 국학자료원, 2007.
김성묘, 『인터넷 글쓰기』, 서울출판미디어, 2003.
김성호, 「1919년 정통성 vs 1948년 정당성」, 동아일보, 2008.8.1.
김영정, 「고등사고능력의 7범주」, 『자연과 문명의 조화』, 2005.
김영정, 「통합교과형 논술의 이해」, EBSi, 논술교사 직무연수 자료(2006.7), 2006a.
김영정, 「'사고와 논술' 지도의 이론적 토대」, EBSi, 논술교사 직무연수 자료(2006.7), 2006b.
남영신, 『한국어용법핸드북』, 모멘토, 2005.
동덕여자대학교 교양교직학부, 『열린 사고, 창의적 표현』, 동덕여대 출판부, 2007.
말하기와 글쓰기 편찬위원회, 『말하기와 글쓰기』, 원광대 출판국, 2003.
문화교양학과 편, 『문화와 교양』, 한국방송통신대학교출판부, 2006.
박명림, 「21세기 독재 : 시장전체주의」, 한겨레신문, 2007.6.20.

박명림, 「국가적 위기의 원인과 대안」, 한겨레신문, 2008.6.10.

박유희 외, 『우리말 오류사전』, 경당, 2003.

박은진·김희정, 『비판적 사고를 위한 논리』, 아카넷, 2004.

박은진·김희정, 『비판적 사고』, 아카넷, 2008.

박정일, 「논술과 토론의 개념」, 『철학과현실』 70호, 철학문화연구소, 2006.

서강대학교 교양국어 교재편찬위원회, 『움직이는 글쓰기 : 인문사회 계열』, 서강대 출판부, 2006.

송팔성, 『디지털 멀티미디어 글쓰기』, 태학사, 2008.

신문 사설, 「OECD 한국보고서의 따끔한 충고」, 한국경제신문, 2007.6.20.

신문 사설, 「'사랑의 매'까지 금지하면 교실 황폐화한다」, 문화일보, 2010.7.20.

우리 시대의 글쓰기 편찬위원회, 『우리 시대의 글쓰기』, 국민대 출판부, 2006.

윤평중, 「촛불은 우리를 비춘다」, 동아일보, 2008.6.11.

이관춘, 『직업은 직업이고 윤리는 윤리인가』, 학지사, 2006.

이상호·이현지, 『(대학생을 위한) 글쓰기』, 한국학술정보, 2008.

이소영, 「선풍기는 억울하다… 진실은 무엇?」, 한겨레신문, 2010.7.26.

이순원, 「저 광장의 촛불에 대하여」, 한국일보, 2008.6.13.

이정호 외 4인, 『세상읽기와 논술』, 한국방송통신대 출판부, 2005.

임경순, 「문학수업에서 글쓰기 교육의 방향과 유형」, 『문학교육학』 제15호, 역락, 2004.

장경희, 「바른 글쓰기」, 『새국어생활』 9-4, 1999.

조진영, 『프레젠테이션 전략과 실전 노하우』, 길벗, 2002.

한상기, 『비판적 사고와 논리』, 서광사, 2009.

한양대 과학철학교육위원회 편, 『과학기술의 철학적 이해』, 한양대 출판부, 2004.

허철구, 「한국인의 글쓰기에 나타나는 단어와 문장의 오류」, 『새국어생활』 9-4, 1999.

황설중, 「헤겔 『정신현상학』에서 죽음과 의식의 경험 : 노동과 에로티즘의 관계를 중심으로」, 『헤겔연구』 제23호, 용의숲, 2008.

황영식, 「군중이냐, 공중이냐」, 한국일보, 2008.6.11.

A. 토크빌, 박지동 옮김, 『미국의 민주주의』, 한길사, 1986.

B. A. 브로디, 이병욱 옮김, 『철학과의 만남』, 서광사, 1985.

Charles Lipson, 김형주 옮김, 『정직한 글쓰기 : 표절을 예방하는 인용법 길잡이』, 멘토르, 2008.

J. R. 데자르뎅, 김명식 옮김, 『환경윤리』, 자작나무, 1999.
M. 쉘러, 최재희 옮김, 『인간의 지위』, 박영사, 1976.
길버트 라일, 이한우 옮김, 『마음의 개념』, 문예출판사, 1994.
러셀, 임병수 옮김, 『의미와 진리의 탐구』, 삼성출판사, 1985.
마이클 왈쩌, 정원섭 외 옮김, 『정의와 다원적 평등』, 철학과현실사, 1999.
모노, 김용준 옮김, 『우연과 필연』, 삼성출판사, 1985.
모리치오 비롤리, 김경희·김동규 옮김, 『공화주의』, 인간사랑, 2006.
미셸 푸코, 오생근 옮김, 『감시와 처벌』, 나남, 2003.
빌 브라이슨, 이덕환 옮김, 『거의 모든 것의 역사』, 까치, 2003.
슈클로프스키, 「기법으로서의 예술」, 츠베탕 토도로프 엮음, 김치수 옮김, 『러시아 형식주의』(이화문고 10), 이화여자대학교 출판부, 1997.
스티븐 슈트·수잔 헐리 엮음, 민주주의법학연구회 옮김, 『현대사상과 인권』, 사람생각, 2000.
아담 스미스, 박세일·민경국 옮김, 『도덕감정론』, 비봉출판사, 1996.
안토니 기든스, 박영신·한상진 옮김, 『비판 사회학』, 현상과인식, 1991.
알도 레오폴드, 송명규 옮김, 『모래 군(郡)의 열두 달』, 따님, 2003.
알버트 슈바이처, 「나의 삶과 사상」, J. R. 데자르뎅, 김명식 옮김, 『환경윤리』, 자작나무, 1999.
야마타 히로시, 안소현 옮김, 『프레젠테이션 잘하는 법』, 더난출판사, 2006.
에른스트 캇시러, 최명관 옮김, 『인간이란 무엇인가』, 서광사, 1988.
에프라임 키숀, 반성완 옮김, 『피카소의 달콤한 복수』, 마음산책, 2007.
움베르토 에코, 『논문 어떻게 쓸 것인가』, 이론과실천사, 1991.
윌리엄 제임스, 김재영 옮김, 『종교적 경험의 다양성』, 한길사, 2000.
이순신, 김경수 옮김, 『난중일기』, 행복한책읽기, 2004.
장 프랑수와 리오타르, 「타자의 권리」, 스티븐 슈트·수잔 헐리 엮음, 민주주의법학연구회 옮김, 『현대사상과 인권』, 사람생각, 2000.
조셉 캠벨·빌 모이어스, 이윤기 옮김, 『신화의 힘』, 고려원, 1999.
존 롤즈, 황경식 옮김, 『정의론』, 이학사, 2006.
존 스튜어트 밀, 「윌리엄 해밀턴 경의 철학에 대한 고찰」, B. A. 브로디, 이병욱 옮김, 『철학과의 만남』, 서광사, 1985.

칼 포퍼, 이명현 옮김, 『열린사회와 그 적들』 2, 민음사, 1982.
코난 도일, 백영미 옮김, 『셜록 홈즈 전집』 5, 황금가지, 2008.
澤田昭夫, 이명실 옮김, 『논문과 리포트 잘 쓰는 법 : 구상에서 완성까지』, 들린아침, 2005.
파스칼 키냐르, 송의경 옮김, 『혀끝에서 맴도는 이름』, 문학과지성사, 2005.
피터 싱어, 김성한 옮김, 『동물해방』, 인간사랑, 1999.
하랄트 뮐러, 이영희 옮김, 『문명의 공존』, 푸른숲, 1999.
헬레나 노르베리-호지, 김종철·김태언 옮김, 『오래된 미래』, 녹색평론사, 2003.
Paul, R. W·Elder, L., *Critical Thinking : Tools for Taking Charge of Your Professional and Personal Life*, Prentice Hall, 2002.

지은이 **자기표현과 글쓰기 편찬위원회**

강연호 원광대학교 한국어문학부 문예창작학과 교수
박경주 원광대학교 한국어문학부 국어국문학과 교수
정영길 원광대학교 한국어문학부 문예창작학과 교수
최경봉 원광대학교 한국어문학부 국어국문학과 교수
하정일 원광대학교 한국어문학부 국어국문학과 교수
홍성우 원광대학교 인문학부 철학과 강사
황설중 원광대학교 인문학연구소 연구교수

자기표현과 글쓰기

(지식 기반 사회의)
자기표현과 글쓰기::::::::::::개정

2판 1쇄 발행_2011년 03월 20일
2판 2쇄 발행_2015년 01월 30일

엮은곳_자기표현과 글쓰기 편찬위원회
지은이_강연호 박경주 정영길 최경봉 하정일 홍성우 황설중
펴낸이_양정섭
펴낸곳_도서출판 경진
등록_제2010-000004호
블로그_http://kyungjinmunhwa.tistory.com
이메일_mykorea01@naver.com

공급처_(주)글로벌콘텐츠출판그룹
대표_홍정표
주소_서울특별시 강동구 천중로 196 정일빌딩 401호
전화_02-488-3280 **팩스**_02-488-3281
홈페이지_http://www.gcbook.co.kr

값 15,000원
ISBN 978-89-5996-106-1 03800